全国房地产经纪人执业资格考试教材解读与实战模拟

房地产经纪概论

（第2版）

执业资格考试命题研究中心　编

江苏人民出版社

图书在版编目(CIP)数据

房地产经纪概论(第2版)/执业资格考试命题研究中心 编.
—南京:江苏人民出版社,2011.3
(全国房地产经纪人执业资格考试教材解读与实战模拟)
ISBN 978-7-214-06877-4

Ⅰ.①房… Ⅱ.①执… Ⅲ.①房地产业—经纪人—资格考试—中国—自学参考资料
Ⅳ.①F299.233

中国版本图书馆 CIP 数据核字(2011)第 034978 号

房地产经纪概论(第2版)　　　　　　　　执业资格考试命题研究中心　编

责任编辑:刘　焱　夏　莹
责任印制:彭李君
出版发行:江苏人民出版社(南京湖南路 1 号 A 楼　邮编:210009)
销售电话:022-60262226
网　　　址:http://www.ifengspace.cn
集团地址:凤凰出版传媒集团(南京湖南路 1 号 A 楼　邮编:210009)
经　　销:全国新华书店
印　　刷:天津泰宇印务有限公司
开　　本:787 mm×1092 mm　1/16
印　　张:13.5
字　　数:346 千字
版　　次:2011 年 4 月第 1 版　2012 年 2 月第 2 版
印　　次:2012 年 2 月第 2 次印刷
书　　号:ISBN 978-7-214-06877-4
定　　价:37.00 元

(本书若有印装质量问题,请向发行公司调换)

编写委员会

主　任：周　胜

副主任：张海鹰　靳晓勇　郭丽峰

委　员：葛新丽　姜　海　计富元

　　　　张丽玲　梁晓静　李奎江

　　　　薛孝东　张建边　张永方

　　　　赵春海　黄贤英　赵晓伟

　　　　刘　龙　杨自旭　吴志斌

内容提要

　　本书是《全国房地产经纪人执业资格考试教材解读与实战模拟》系列丛书之一。本书根据历年考题的命题规律，经过详细分析，将问题按照知识点和考点加以归类，并对各考点的命题采分点做了总结，有针对性地设置习题，供广大考生有的放矢地复习、应考。

　　本书是从考生的角度汇编的学以致考的辅导材料，适合参加全国房地产经纪人执业资格考试的考生使用。

前　言

　　为帮助考生在繁忙的工作学习期间能更有效地正确领会 2012 年全国房地产经纪人执业资格考试大纲的精神，掌握考试教材的有关内容，有的放矢地复习、应考，同时也应广大考生的要求，我们组织有关专家根据最新修订的考试大纲，编写了《全国房地产经纪人执业资格考试教材解读与实战模拟》系列丛书。该系列丛书包括《房地产基本制度与政策》、《房地产经纪概论》、《房地产经纪实务》、《房地产经纪相关知识》四个分册。

　　本书的特点如下。

　　1. 化繁为简

　　在解决某些问题时，可能会有很多种方法可供考生选择，方法选择不当会造成解决问题的难易程度不同，本书会告诉考生应该在什么情况下选择什么方法。此外，教材中是按理论来讲解的，某些内容可能篇幅多，且不易掌握，本书将为考生介绍一些通俗易懂的方法，考生可依自己喜好有选择地进行掌握。

　　2. 重点突出

　　凡考试涉及的重点，在本书中都有不同程度的体现。

　　3. 引导学法

　　本书根据历年考试的出题规律有针对性地设置习题，为考生提供 2012 年考试的出题方向，把握学习的重点，并选择一些典型的例题进行详细的讲解，可以使考生在解答习题时有一个完整、清晰的解题思路。

　　4. 把握经典

　　本书根据考前专业辅导网站答疑提问频率的情况，对众多考生提出的有关领会辅导教材实质精神、把握考试命题规律的一些共性问题，有针对性、有重点地进行解答，并将问题按照知识点和考点加以归类，是从考生的角度进行学以致考的经典问题汇编，对广大考生具有很强的借鉴作用。

　　5. 体例独到

　　本书的编写体例适合所有参加 2012 年全国房地产经纪人执业资格考试的考生参考使用。

　　6. 通俗易懂

　　本书既能使考生全面、系统、彻底地解决在学习中存在的问题，又能让考生准确地把握考试的方向。作者旨在将多年积累的应试辅导经验传授给考生，对辅导教材中的每一部分都做了详尽的讲解，辅导教材中的问题都能在书中解决，完全适用于自学。

本书是在作者团队的通力合作下完成的，若能对广大考生顺利通过执业资格考试有所帮助，我们将感到莫大的欣慰。在此，我们祝所有参加房地产经纪人考试的考生通过努力学习取得优异成绩，成为合格的房地产经纪人。

为了配合考生的复习备考，我们配备了专家答疑团队，开通了答疑 QQ（1742747522）和答疑网站（www.wwbedu.com），以便随时答复考生所提问题。

由于时间和水平有限，书中难免有疏漏和不当之处，敬请广大读者批评指正。

编者

2012 年 2 月

目　　录

第三部分　实战模拟试卷

第四部分　历年考题

第一部分 命题规律与命题素材盘点

命题规律探究

一、依纲靠本

全国房地产经纪人执业资格考试大纲是确定当年考试内容的唯一根据，而考试教材是对考试大纲的具体化和细化，考试大纲中要求掌握、熟悉、了解的比例为 7：2：1，考试时也是按此比例命题的，而且同一题型的考题顺序基本是按教材的顺序进行排序。此外，考题中不会出现现行法律法规及规范与教材有冲突的内容。

二、重实务轻理论

全国房地产经纪人执业资格考试的命题趋势主要体现其实务性，考题不仅越来越全面细致，而且更注重题干的复杂性和干扰项的迷惑性，命题者倾向于通过对具体实施过程的具体工作的阐述，利用相关理论来对其分析，目的在于考核考生运用基本理论知识和基本技能综合分析问题的能力。

三、陷阱设置灵活

陷阱的设置主要体现在以下几方面：一是直接将教材中的知识点的关键字眼提出来设置其他干扰选项；二是在题干中设置隐含陷阱，教材中以肯定形式表述的内容命题者在题干中会以否定形式来提问，教材中从正面角度阐述的内容命题者在题干中会从反面角度来提问；三是题干和选项同时设置陷阱，命题者会同时选择两个以上的知识点来构造场景。

四、体现知识的关联性

命题者通过某一确切的工程项目，在不同的知识点间建立起内在的逻辑关系，巧妙地设置场景，科学地设置题目。每一问题的解决需要兼顾两个以上的限制条件，这种题型就属于较难的题目。

考试题型点拨

一、概念型选择题

概念型选择题主要依据基本概念来命题，此类题在题干中提出一个基本概念，对基本概念的原因、性质、原则、分类、范围、内容、特点、作用、结果、影响、因素等进行选择，经常出现的主要标志性词语有"内容是"、"标志是"、"性质是"、"特点是"、"准确的理解是"等。备选项则是对这一概念的阐释，多数会在备选项的表述上采用混淆、偷梁换柱、以偏概全、以末代本、因果倒置手法。由于此类题多考查考试教材上的隐性知识，所以在做题时多采用逻辑推理法，要注意一些隐性的限制词，结合相关的知识结论来判断选项是否符合题意，这往往是解题的关键。

二、因果型选择题

因果型选择题，即考查原因和结果的选择题。此类题的基本结构大致有两种表现形式：一是题干列出了某一结果，备选项中列出原因，在试题中常出现的标志性词语有"原因是"、"目的"、"是为了"等；另一种是题干列出了原因，备选项列出的是结果，在试题中常出现的标志性词语有"影响"、"结果"等。因果型选择题在解题时需注意如下几点：一是要正确理解有关概念的含义；二是要注意相互之间的内在联系，全面分析和把握影响的各种因素；三是在做题时要准确把握题干与备选项之间的逻辑关系，弄清二者之间谁是因、谁是果。

三、否定型选择题

否定型选择题即要求选出不符合的选项，也称为逆向选择题。该题型题干部分采用否定式的提示或限制，如"不是"、"无"、"没有"、"不正确"、"不包括"、"错误的"、"无关的"、"不属于"等提示语。解答的关键是对其本质、原因、影响、意义、评价等有一个完整的、准确的认识；其次，此类题较多地考查对概念的理解能力。在做此类题时，要全面理解和把握概念的内涵和外延，在分析问题时要注意对逆向思维和发散性思维的培养。此类题的主要做题方法有：排除法（通过排除符合题干的选项，选出符合题意的选项）；推理法（若不能确定某个选项时，可以先假设此选项正确，然后再根据所学知识进行推理，分析其结论是否符合逻辑关系）；直选法（根据自己对事实的认识和理解，直接确定不符合的选项）。

四、组合型选择题

组合型选择题是将同类选项按一定关系进行组合，并冠之以数字序号，然后分解组成备选项作为选项；也可以构成否定形式，可根据题意从选项中选出符合题干的应该否定的一个组合选项。解答组合型选择题的关键是要有准确、扎实的基础知识，同时由于该题型的逻辑性较强，所以还要求具备一定的分析能力。解答此类题的方法主要是筛选法，而筛选法又分为肯定筛选法和否定筛选法。肯定筛选法是先根据试题要求分析各个选项，确定一个正确的选项，这样就可以排除不包含此选项的组合，然后一一筛选，最后得出正确答案。否定筛选法又称排除法，即确定一个或两个不符合题意的选项，排除包含这些选项的组合，得出正确答案。解答此类选择题也可采取首尾两端法（从头或从尾判断），即先确定不符合题干要求的选项，如能确定最早或最后一个，即使其中个别时间未掌握，也可能选出正确答案，大大提高命中率。能否准确、牢固地掌握时间概念是答好此种题型的关键。

五、程度型选择题

这类型选择题的题干多有"最主要"、"最重要"、"主要"、"根本"等表示程度的副词或形容词，其各备选项几乎都符合题意，但只有一项最符合题意，其他选项虽有一定道理，但因不够全面，或处于次要地位，或不合题意而不能成为最佳选项。解答该类型题的方法主要是运用优选法，逐个比较、分析备选项，找出最佳答案。谨防以偏概全的错误。

六、比较型选择题

比较型选择题是把具有可比性的内容放在一起，让考生通过分析、比较，归纳出其相同点或不同点。此类题在题干中一般都有"相同点"、"不同点"、"共同"、"相似"等标志性词语，有些题也有反映程度性的词语，如"最大的不同点"、"最根本的不同"、"本质上的相似之处"等。比较型选择题主要考查同学们的分析、归纳和比较能力。比较型选择题都是对教材内容的重新整合，所以备选项中的表述基本上都是教材中没有的，因此在做此类题时要善于运用理论进行分析判断。经常用的基本理论是共性和个性关系的原理，要从同中找异，从异中求同。解答比较型选择题最常用的是排除法。

七、计算型选择题

对于计算型的选择题，一般情况下计算量不会很大，如果对解决该问题的计算方法很明白，就可轻而易举地作答，而且备选项还可以起到验算的作用。如果对解决该问题的计算方法不太明白，则可以采取以下方法：估算法（有些计算型选择题，表面上看起来似乎要计算，但只要认真审题，稍加分析，便可以目测心算，得到正确答案。估算法是通过推理、猜测得出答案的一种方法）；代入法（有些题目直接求解比较麻烦，若将选项中的答案代入由题设条件推出的方程，可比较简单地选出正确答案）；比例法（根据题目所给的已知条件和有关知识列出通式，找出待求量和已知量的函数关系，即可求出正确答案）；极端法（有些题目中涉及"变小"或"变大"问题，如果取其变化的极端值来考虑，将会使问题简化。例如，将"变小"变为零来处理，很快即可得出正确答案）。

八、简答型综合分析题

这种题型表面看来是综合分析题，实际上是简答题。这种题型要求考生凭记忆将该部分内容再现，重点是考查记忆能力而不是考分析问题和解决问题的能力。简答型的综合分析题一般情节简单、内容覆盖面较小，要求回答的问题也直截了当，因此难度较小。由于主要是考查考生掌握基本知识的能力，只需问什么答什么就够了，不必展开论述，否则会浪费宝贵的时间。

九、判断型综合分析题

这种题型本质上已属于综合分析题，因为需要考生作出分析，只不过在回答问题时省略掉了分析的过程和理由，只要求写出分析的结果即可。一个综合分析题往往包含相关联的多个问题，判断题往往是第一问，然后接着再在判断的基础上对考生提出其他更为复杂的问题。由于判断正确与否是整个综合题解是否成功的前提，因此，一旦判断失误，相关的问题就会跟着出错，甚至整道题全部答错。所以这种题型是关键题型，不能因为分值少而马虎大意。对于这种判断型综合分析题，一般来讲，只要答出分析结论即可，如果没有要求回答理由，或没有问为什么，考生一般不用回答理由或法律依据。

十、分析型综合分析题

这是资格考试中最常见的一种综合分析题型。与简答型综合分析题相比，这种综合分析题的题干没有直接提供解答的依据，需要考生自己通过分析背景材料来找出解决问题的突破口。与判断型综合分析题相比，这种题型不仅要求答出分析结果，同时要求写出分析过程和计算过程。这种题型的提问方式主要有三种：一是在判断题型的基础上加上"为什么"；二是在判断题型的基础上加上"请说明理由"；三是以"请分析"来引导问题。典型的分析型综合题的情节较为复杂，内容涉及面也较广，要求回答的问题一般在一个以上，问题具有一定的难度，涉及的内容也不再是单一的。答题时要针对问题作答，并要适当展开。

十一、计算型综合分析题

该类题型有一定的难度，既要求考生掌握计算方法，又要理解其适用条件，还要提高计算速度和准确性。计算型综合分析题的关键是要认真仔细。

必考知识盘点

命题涉及的知识点	重要考点清单
房地产经纪概述	房地产经纪的含义、分类
	经纪的特性、房地产经纪的特性
	房地产经纪的必要性、作用
	房地产经纪的产生与历史沿革、发展现状、发展展望
房地产经纪人员	房地产经纪人员的执业资格、权利、义务
	房地产经纪人员的心理素质、知识结构、职业技能
	房地产经纪人员职业道德的内涵、形成、作用、主要内容
	房地产经纪人员的职业责任
房地产经纪机构	房地产经纪机构的界定、变更、注销、权利、义务
	房地产经纪机构设立的条件和程序
	不同企业性质、业务类型的房地产经纪机构
	房地产经纪机构经营模式的概念、类型、演进
	房地产经纪直营连锁与特许加盟连锁经营模式的比较
	房地产经纪机构的组织结构形式、部门设置、岗位设置
	房地产经纪门店开设的工作程序
	房地产经纪门店设置的区域选择
	房地产经纪门店的选址、租赁、布置、人员配置
	售楼处设置的工作程序
	售楼处的选址、布置、人员布置
房地产经纪机构的企业管理	现代企业的战略管理、品牌管理、客户关系管理
	房地产经纪机构的战略选择、战略管理
	房地产经纪机构的品牌管理、客户关系管理
	房地产经纪机构客户关系管理系统的设计
	房地产经纪机构经营模式的选择
	房地产经纪机构业务流程管理
	房地产经纪机构办公系统组织
	企业财务管理的含义、目的、内容
	房地产经纪机构财务管理
	人力资源管理的目标、内容
	房地产经纪机构的人力资源管理、薪酬制度与激励制度
	企业风险与风险管理
	房地产经纪机构的风险管理

命题涉及的知识点	重要考点清单
房地产经纪基本业务	房地产居间业务与房地产代理业务
	新建商品房经纪业务与存量房经纪业务
	房地产买卖经纪业务与房地产租赁经纪业务
	存量房经纪业务基本流程
	新建商品房销售代理业务基本流程
	房源客源管理网络化
	房源发布网络化
	网上门店
	经纪人工作辅助系统
房地产经纪延伸服务	房地产登记的信息查询、手续代办
	房地产抵押贷款手续代办
	房地产投资咨询
	房地产价格咨询
	房地产法律咨询
	房屋质量保证
	履约保证
房地产经纪服务合同	房地产经纪服务合同的概念、主要特征、作用
	房地产经纪服务合同内容的界定
	房地产经纪服务合同条款
	房地产代理合同与房地产居间合同
	房地产买卖经纪服务合同与房地产租赁经纪服务合同
	新建商品房经纪服务合同与存量房经纪服务合同
	房地产买方代理合同与房地产卖方代理合同
	缔约过失造成的纠纷
	合同不规范造成的纠纷
房地产经纪信息	房地产经纪信息的含义、特征、重要性
	房地产经纪信息管理的原则
	房地产经纪信息的收集、整理、利用
	房地产经纪信息管理系统设计的原则
	房地产经纪信息计算机管理系统
	MLS 系统的含义、特点、类型、作用
	MLS 系统运行规则
房地产经纪执业规范	房地产经纪执业规范的概念、作用
	房地产经纪规范的制定和执行
	房地产经纪执业应遵循的合法、平等、自愿、公平、诚信、保密、回避原则

续表

命题涉及的知识点	重要考点清单
房地产经纪执业规范	经纪业务招揽、承接、办理中的行为规范
	处理房地产经纪合同关系的规范
	房地产经纪活动中的争议处理
	房地产经纪违规执业法律责任
房地产经纪行业管理与发展	房地产经纪行业管理的含义、作用、基本原则、基本模式
	房地产经纪行业管理的基本框架、法律法规依据、发展方向
	我国现行房地产经纪行业管理的主要内容
	房地产经纪行业组织的性质、组织形式、管理职责
	我国的房地产经纪行业自律管理体系
	我国房地产经纪行业面临的主要问题

第二部分 教材解读与命题考点解析

第一章 房地产经纪概述

命题考点一 房地产经纪的含义

一、经纪的含义及经纪服务的主要方式（表 1-1）

表 1-1   经纪的含义及经纪服务的主要方式

项目		内 容
	含义	经纪是商品经济发展到一定阶段而出现的促进商品交易的中介服务活动。 经纪的完整定义可表述为：经纪是经济活动中的一种中介服务活动，具体是指自然人、法人和其他经济组织通过居间、代理、行纪等服务方式，促成委托人与他人的交易，并向委托人收取佣金的经济活动
主要方式	居间	居间是指经纪人向委托人报告订立合同的机会或者提供订立合同的媒介服务，撮合交易成功并向委托人收取佣金等经纪服务费用的经济行为。 居间是经纪行为中最原始的一种方式，其特点是经纪人在撮合交易成功之前与委托人之间一般没有明确的法律关系
	代理	代理是指经纪人在受托权限内，以委托人的名义与第三方进行交易，并由委托人承担相应法律责任的经济行为。 代理活动中产生的权利和责任由委托人承担，经纪人只收取委托人的佣金
	行纪	行纪是指经纪人受委托人的委托，以自己的名义与第三方进行交易，并承担规定的法律责任的经济行为。 行纪主要有以下两个特征：一是经委托人同意，或双方事先约定；二是除非委托人不同意，对具有市场定价的商品，经纪人自己可以作为买受人或出卖人

二、房地产经纪的作用、方式及含义（表 1-2）

表 1-2   房地产经纪的作用、方式及含义

项目	内 容
作用	房地产经纪是为促成委托人与他人的房地产交易而进行的中介服务活动，与其他经纪活动一样，房地产经纪是一种专业服务。因此，从事房地产经纪活动的主体具有特殊性
方式	房地产经纪的主要方式是居间和代理
含义	房地产经纪是指房地产经纪机构和房地产经纪人员根据委托人的委托，为促成委托人与第三方进行房地产交易所提供的居间或代理等专业服务，并收取佣金等服务费用的经济活动

三、中介机构的含义及分类（表1-3）

表 1-3   中介机构的含义及分类

项目		内 容
含义		中介机构是指依法通过专业知识和技术服务，向委托人提供公证性、代理性、信息技术服务性等中介服务的机构
类型	公证性中介机构	公证性中介机构具体指提供土地、房产、物品、无形资产等价格评估和企业资信评估服务，以及提供仲裁、检验、鉴定、认证、公证服务等机构
	代理性中介机构	代理性中介机构具体指提供律师、会计、收养服务，以及提供专利、商标、企业注册、税务、报关、签证代理服务等机构
	信息技术服务性中介机构	信息技术服务性中介机构具体指提供咨询、招标、拍卖、职业介绍、婚姻介绍、广告设计服务等机构
中介服务的类型		第一类，为交易的顺利进行提供关于交易标的品质、技术或其他综合信息的活动。这实际上是解决交易标的不易"识别"的问题。 第二类，为交易的顺利进行提供关于买方或买方信息（即交易主体信息）的活动。这实际上是解决交易对象不易集中、不易被发现的问题。 第三类，直接代理交易的一方完成交易具体程序的活动

四、佣金和信息费的概念（表1-4）

表 1-4   佣金和信息费的概念

项目		内 容
佣金	性质	佣金是经纪收入的基本来源。其性质是劳动收入、经营收入和风险收入的综合体，是对经纪人开展经纪活动所付出的劳动时间、花费的资金和承担的风险的总回报
	类型	佣金可分为法定佣金和自由佣金两种。法定佣金是指经纪人从事特定经纪业务时按照国家对特定经纪业务规定的佣金标准收取的佣金。法定佣金具有强制力，当事人各方都应遵守。自由佣金是指经纪人与委托人协商确定的佣金。自由佣金一经确定并写入经纪合同后，便具有法律效力，违约者必须承担违约责任
	作用	佣金是对经纪人提供服务的报酬，这种服务是经纪人为了满足委托人与第三方达成交易的具体目的。只有当这一目的实现了，一项经纪业务才算最终完成，此时经纪人才能向委托方收取佣金
信息费		信息费是卖出信息商品的销售收入，无论信息以何种介质为载体，也无论信息有何种用途，只要所售出的信息在质量上符合信息买卖双方事先达成的协议所规定的标准，即可收取信息费

五、经纪、代理与居间的内容（表1-5）

表 1-5   经纪、代理与居间的内容

项目	内 容
经纪	在《大英百科全书》中，"经纪人是指完全独立于他的委托人的职业代理人"。 在《美国传统词典》中，"经纪人是指作为他人的代理人，代理他人进行谈判签约、购买或销售以获取费用或佣金的人"

续表

项目	内 容
代理	《民法通则》规定："公民、法人可以通过代理人实施民事法律行为。""代理人在代理权限内，以被代理人的名义实施民事法律行为。被代理人对代理人的代理行为，承担民事责任。"可见，民法上的代理本是一个涉及范围很广的民事行为。关于商法上的代理，可以理解为：代理人根据与被代理人达成的某种合同关系，从事合同规定领域、程度、时间的商务活动行为。经纪活动中的代理，属于商法上的代理，是特指代理人在代理权限内，以被代理人的名义，实施商品交易并收取佣金的行为
居间	居间是指提供交易信息并撮合成交收取佣金的行为，它与代理的根本区别在于：在居间活动中，经纪人不作为任何一方的代理人

六、经纪、行纪、经销几个概念的区别 (表1-6)

表1-6 经纪、行纪、经销几个概念的区别

概念	同交易标的之间关系	报酬的形式	同交易主体之间的关系
经纪	不占有交易标的	佣金	以交易标的所有者的名义进行活动
经销	占有交易标的	差价	以自己的名义进行活动
行纪	不占有交易标的	差价	以自己的名义进行活动，但行为受到一定的限制
行纪的特殊形式（包销）	不占有交易标的	佣金＋差价	以交易标的所有者的名义进行活动，行为受到一定限制

命题考点二 房地产经纪的分类

一、房地产居间与房地产代理 (表1-7)

表1-7 房地产居间与房地产代理

项目	内 容
房地产居间	房地产居间是指向委托人报告订立房地产交易合同的机会或者提供订立房地产交易合同的媒介服务，并向委托人收取佣金等服务费用的经济行为。为了适应这种市场需求，不同内容的房地产居间活动也逐步发展成为专业化操作的相对独立的工作领域，如房地产买卖居间、房地产租赁居间、房地产抵押居间、房地产投资居间等
房地产代理	房地产代理是指房地产经营机构及人员以委托人的名义，在委托协议约定的范围内，代表委托人与第三人进行房地产交易，并向委托人收取佣金等服务费用的经济行为。其中，新建商品房销售代理是目前房地产代理活动的主要类型
房地产居间与房地产代理的区别	房地产居间与房地产代理是两种不同的房地产经纪服务方式，在法律性质上有明显的差异：在房地产居间业务中，房地产经纪机构可以同时接受一方或相对两方委托人的委托，向一方或相对两方委托人提供居间服务。而在房地产代理业务中，房地产经纪机构只能接受一方委托人的委托代理事务，因为国家法律没有有关代理人可以同时接受相对两方委托人的委托代理业务的解释

项目	内 容
房地产拍卖	拍卖机构受有关主体的委托，以公开竞价的方式将标的房地产卖给最高出价者。这可以看作是一种特殊的代理形式

二、新建商品房经纪与存量房经纪（表1-8）

表1-8 新建商品房经纪与存量房经纪

项目	内 容
新建商品房市场经纪	新建商品房市场经纪，即房地产经纪机构为促成房地产开发商与购房者的交易而提供的专业服务，这类经纪活动通常采取代理的经纪方式，由房地产经纪机构代理房地产开发商出售或出租其开发的商品房，并向房地产开发商收取佣金
存量房经纪	存量房市场上的房地产经纪涉及住宅、商业地产、工业地产等多种类型房地产的买卖和租赁，既有采用居间方式进行的，也有采用代理方式进行的。采用代理方式的存量房经纪活动中，既有卖方代理又有买方代理业务

三、房地产买卖经纪与房地产租赁经纪（表1-9）

表1-9 房地产买卖经纪与房地产租赁经纪

项目	内 容
房地产经纪的核心功能	房地产经纪的核心功能是促成房地产交易
房地产交易的概念	房地产交易是一种特定的法律行为，指房地产的所有权、使用权及他项权利的有偿取得或转让，其内容主要包括房地产转让、房屋租赁和房地产抵押
房地产转让最主要的特征	房地产转让最主要的特征是发生权属变化，即房屋所有权与房屋所占用的土地使用权发生转移
房地产转让方式	房地产买卖、交换、赠与、以房地产抵债、以房地产作价出资或者作为合作条件与他人成立法人使得房地产权利发生转移、因企业兼并或者合并房地产权属随之转移等六种方式。其中买卖是发生频率最高、交易量最大的一种转让方式。目前，房地产经纪活动主要涉及的房地产交易方式是房地产买卖和房地产租赁
房地产经纪的分类	房地产经纪根据房地产经纪促成的房地产交易的具体方式不同，可将房地产经纪分为房地产买卖经纪和房地产租赁经纪
房地产买卖经纪的内容	房地产买卖经纪包括新建商品房销售代理、存量房买卖居间和代理，是目前我国房地产经纪活动的主要类型，并主要集中于住宅房地产市场
房屋租赁经纪活动的对象	房屋租赁经纪活动的对象，涉及住宅、办公楼、商业房地产、工业仓库等多种类型物业

命题考点三　房地产经纪的特性

经纪与房地产经纪的特性（表 1-10）

表 1-10　　　　　　　　　　　经纪与房地产经纪的特性

项目		内　容
经纪的特性	活动主体的专业性	经纪活动主体的专业性是经纪活动自身的必然要求
	活动地位的中介性	中介是指不同事物或同一事物内部不同要素之间的联系。经纪是为促成其他相对两方的交易而提供服务的活动
	活动内容的服务性	在经纪活动中，经纪主体只是为促成交易提供服务，不直接作为交易主体从事交易
房地产经纪不同于其他经纪活动的两个特性	活动范围的地域性	房地产是不动产，房地产市场是区域性市场，无法像其他商品市场那样，通过商品从某个区域向另一个区域的空间移动来平衡不同区域的市场供求。因此，每个地区、城市的房地产市场，都具有强烈的区域特性，其市场供求、交易方式都受到当地特定的社会、经济条件及其历史演变以及地方政府政策的影响
	活动后果的社会性	房地产是各种社会经济活动的基础载体，既是最基本的生产资料，又是最基本的生活资料。房地产经纪活动直接影响到这种生产、生活资料的使用效率，因而其活动后果具有广泛的社会性，对各行各业和人民生活都有直接的影响。而且，由于房地产的价值高昂和房地产交易的复杂性，房地产交易中潜伏着巨大的经济风险，并有可能引发相应的社会风险，因此，房地产经纪活动的后果具有巨大的社会影响

命题考点四　房地产经纪的作用

一、房地产经纪的必要性（表 1-11）

表 1-11　　　　　　　　　　　房地产经纪的必要性

必要性	内　容
房地产的特殊性决定房地产经纪必不可少	首先，房地产是不可移动的商品，无法像一般商品那样，集中到固定的市场上进行展示，相反，其交易过程是把供求信息汇集、匹配，或者把购买者集中到房地产所在地进行交易； 其次，房地产是构成要素极为复杂的商品； 再次，在商品经济运行体系中，大多数商品的流通环节是由商品经销商来完成的
房地产交易的复杂性决定房地产经纪必不可少	任何一宗商品交易都包含交易标的和交易对家的信息搜寻、交易谈判与决策、交易标的交割这三大环节。房地产商品构成要素的复杂性和无法通过有形市场集中展示的特征，造成了房地产市场信息搜寻极其困难、成本高昂。房地产经纪正是通过房地产经纪机构和人员的专业化服务，来提高房地产交易的信息搜寻效率，降低信息搜寻成本，克服交易谈判和决策的困难，避免决策失误，保证交易标的安全、顺利地交割。因此，房地产经纪是房地产市场流通不可缺少的环节
房地产信息不对称性决定房地产经纪必不可少	市场经济发展的历史表明，市场经济条件下，信息不对称的现象经常存在，信息不对称会催生欺诈、寻租等机会主义行为，从而给市场经济活动的主体带来经济风险。房地产商品和房地产交易的复杂性，强化了房地产市场的信息不对称

二、房地产经纪的作用（表 1-12）

表 1-12　　　　　　　　　　房地产经纪的作用

作用	内　　容
降低交易成本，提高市场效率	专业化的房地产经纪机构可以通过集约化的信息收集和积累、专业化的人员培训和实践，通过掌握了解丰富的市场信息、具有扎实的房地产专业知识和从事房地产交易的专业技能的房地产经纪人员，为房地产交易主体提供一系列有助于房地产交易的专业化服务，从而降低每一宗房地产交易的成本，加速房地产流通，提高房地产市场的整体运行效率
规范交易行为，保障交易安全	房地产经纪机构可以通过房地产经纪人员的专业化服务，向房地产交易主体宣传房地产交易的相关法律、法规，警示不规范行为及其可能产生的后果，并通过良好的内部管理制度，监控客户在房地产交易中的不规范行为，从而规范房地产交易行为。同时，房地产经纪主体作为房地产交易的中介，可以提供一系列交易保障的服务，从而保障房地产交易安全，维护房地产市场的正常秩序
促进交易公平，维护合法权益	房地产经纪作为市场中介，通过向客户提供丰富的市场信息和决策参谋服务，能够大大减少房地产市场信息不对称对房地产交易的影响。帮助客户实现公平的房地产交易，维护客户的合法权益

命题考点五　房地产经纪的产生与发展

一、房地产商品经济的发展程度（表 1-13）

表 1-13　　　　　　　　　　房地产商品经济的发展程度

项目	内　　容
从经纪产生的历史看	经纪是商品生产和商品交换发展到一定阶段的产物。最初的商品交换是分散进行的，没有固定的场所和时间。随着商品生产的发展，商品交换越来越频繁，出现了把众多的买者和卖者集中到一起进行交易的集市
近代和现代的房地产经纪	社会分工日益发展，生产社会化程度日益提高，市场迅速扩大，商品市场内在的信息不对称问题日益突出。一方面，众多的生产者不能及时找到消费者；另一方面，众多的消费者找不到合适的商品。 传统的商业形式并不能解决这一矛盾，新的商业组织形式和经营方式不断革新涌现。一部分掌握各种信息和购销渠道的人为交易双方提供信息介绍和牵线服务，促成交易的实现，由此产生了人类经济活动的全新行业——经纪业
我国房地产经纪活动	我国房地产经纪活动的兴起可以追溯到唐宋时期，随着商品经济进一步发展，商品交易范围和品种扩大，牙人之间的分工和专业化也进一步发展起来。 1840 年鸦片战争以后，我国上海等一些通商口岸城市，出现了房地产经营活动，房地产掮客也应运而生。到这一时期，房地产经纪活动主要是由个人化的经纪人员来实施的，尚未形成独立的房地产经纪行业
西方各国房地产经纪活动	西方各国房地产经纪活动的起源相对较早。以美国为例，在早期的房地产交易中，主要由律师和公证人为买卖双方作见证，并处理产权转让等具体事宜。后来，介绍房地产买卖的房地产经纪人逐步熟悉了房地产方面的法律以及产权转让程序，除了买卖居间，还能代交易双方办理产权过户手续。这样，房地产经纪人在房地产的交易中，渐渐取代了律师和公证人，成为房地产交易的中介环节。这种真正意义上的房地产经纪人的出现，大大促进了美国房地产业的发展。到了近代，随着房地产市场的发展，较为规范、完善的房地产经纪业开始形成

二、1949—1978 年我国内地房地产经纪业的发展（表 1-14）

表 1-14　　　　　　　1949—1978 年我国内地房地产经纪业的发展

项目	内　　容
新中国成立初期	民间的房地产经纪活动仍较为活跃。当时整个房地产经纪活动比较混乱，一部分不**法房地产**经纪人员用欺骗、威胁等手段，对房东、房客或房屋的买主、卖主进行敲诈，索取高额费用，并哄抬房价
20 世纪 50 年代初	政府加强了对经纪人员的管理，采取淘汰、取缔、改造、利用以及惩办投机等手段，整治了当时的房地产经纪业
1978 年改革开放时期	由于住房作为"福利品"由国家投资建设和分配，整个社会的房地产资源配置并不是通过市场交易，房地产经纪活动基本上消失了

三、1978 年到现在的我国内地房地产经纪业的发展（表 1-15）

表 1-15　　　　　　1978 年到现在的我国内地房地产经纪业的发展

时间	阶　　段
20 世纪 80 年代到 90 年代初	萌芽阶段
1992—1996 年	起步阶段
1997—1999 年	崛起阶段
2000—2004 年	扩张阶段
2005—2008 年	盘整阶段

四、我国香港地区房地产经纪业的发展（1949 年以后）（表 1-16）

表 1-16　　　　　　我国香港地区房地产经纪业的发展（1949 年以后）

项目	内　　容
20 世纪 50、60 年代	香港的地产代理处于个人代理阶段，以独立个人的方式运作。 20 世纪 50、60 年代的地产代理之间交换信息的活动是建立在房地产经纪人员彼此信任的基础上的，没有信用的地产代理为同行所不齿，很难在行业内立足。 1968 年是香港房地产经纪业发展的一个转折点。当时，大型私人住宅——美孚新村落成后，楼花开始发售，分期付款也逐步流行，吸引了更多人加入从事地产代理行业
20 世纪 80 年代初	香港房地产经纪业，真正意义上由个人为主的经营方式向企业化转变。开始引入佣金制度，即员工为公司赚取的佣金越多，所分得的该笔佣金的比例越高。地产代理公司已经遍布香港各区，其经营业务由专营楼花逐步扩展至现楼市场。这一时期的房地产经纪行业，其代理活动是代表买卖双方的，很少有仅代表买方或卖方的单一代理
20 世纪 80 年代末至 90 年代	房地产经纪业开始逐步网络化、信息化，从事的业务更加多元化，其业务范围扩展到策划、咨询、物业管理等方面，并逐步拓展我国内地及海外市场。 香港房地产经纪行业的公司数量、分行数量以及从业人数均稳步上升。20 世纪 90 年代是香港地产代理公司大力扩张的时期，不少公司已经成长为大型连锁集团，拥有遍布香港的分行网络，员工数百，朝着集团化方向发展。

项目	内 容
20 世纪 80 年代末 至 90 年代	1998 年以后，亚洲金融风暴的爆发使香港地产业受到了很大的影响，香港的房地产经纪行业开始面临困境，一些企业出现亏损。因此，整个房地产经纪行业开始有所调整，以谋求更好的生存发展。其中，部分大型的地产代理商将目光转向我国内地，开设分支机构，谋求新的业务发展

五、我国台湾地区房地产经纪业的发展（1949 年以后）（表 1-17）

表 1-17　　　　　　　　我国台湾地区房地产经纪业的发展（1949 年以后）

时 间	时 期
20 世纪 70 年代以前	传统时期
1971—1980 年	中介雏形时期
1980—1985 年	零星户时期
1985—1991 年	中介公司建立时期
1991—1996 年	中介发展时期

六、西方国家房地产经纪业发展概况（表 1-18）

表 1-18　　　　　　　　　　西方国家房地产经纪业发展概况

项目	内 容
早期阶段	以美国为例，早期房地产经纪人在开展活动时，主要靠个人资信担保，各州政府对房地产经纪人的资格及执业行为都没有相关的法律加以管理
1917 年的西方国家 房地产经纪	加利福尼亚州首先在这方面立下管理法案，后来各州政府也陆续立法，规范房地产经纪行业
现在	西方发达国家的房地产经纪业普遍建立了较为完善的房地产经纪制度。西方发达国家的房地产经纪制度，一般都以一定的法律形式，对职业人员资格、执业保证金、佣金、契约等方面的内容进行规定，并由有关政府主管机关进行监管。同时，又注重发挥房地产经纪行业组织在进行教育培训，建立执业规范、职业道德、信誉制度等方面的作用

七、房地产经纪的发展现状（表 1-19）

表 1-19　　　　　　　　　　　房地产经纪的发展现状

项目	内 容
房地产经纪行业 的规模	根据国家工商总局 2008 年年初的不完全统计，全国企业名称中含有"房地产经纪"字样的机构有 3 万家。根据中国房地产估价师与房地产经纪人学会的统计，截止到 2010 年 5 月，全国房地产经纪行业从业人员近 100 万人，房地产经纪机构 5 万余家。全国取得房地产经纪人执业资格的有 34 828 人，其中 21 419 人进行了注册，聘用了注册房地产经纪人的房地产经纪机构有 15 038 家
房地产经纪行业 的地位	按照《国民经济行业分类》（GB/T 4754—2002），中国的国民经济被划分为 21 个门类，98 个大类。其中房地产业作为一个单独的大类，在 98 个大类中排列在第 72 类，即第 K 类。在这一大类中，又包括四个小类：房地产开发经营业、物业管理业、房地产中介服务业及其他房地产活动。

项目	内　容
房地产经纪行业 的地位	联合国 1971 年颁布、1986 年修订的《全部经济活动的国际标准产业分类索引》，将全部经济活动分为大、中、小、细四个层次。它将全部经济活动分为 10 个大项，其中不动产业属于第 8 项，该项的内容是金融业、不动产业、保险业和商业性服务业。其中，房地产经纪业属于不动产业。与中国标准不同的是，不动产业并没有被划分为单独的类别，而是与金融、保险和商业性服务业放在了一起。 　在北美产业分类体系（NAICS）中，关于房地产的分类为"房地产与租金租约服务"，这一类的代码为 53。这一类又分为房地产、租金和租约服务。在房地产这一分类中，又分为三个小类：房地产出租、房地产代理和经纪、与房地产相关的其他活动。非常值得注意的是，房地产代理和经纪在房地产这一项目下被单列为一类，而其他中介服务活动如房地产估价则属于与房地产相关的其他服务的下一个分类级别。由此可见房地产经纪业的地位

八、现代服务业的发展与房地产经纪业（表 1-20）

表 1-20　　　　　　　　　现代服务业的发展与房地产经纪业

项目	内　容
服务业迅猛 发展的原因	（1）它是工业生产自动化不断提高和社会经济结构相应变革的结果。 （2）专业化分工越细，生产过程越迂回，经济活动日益网络化，因而沟通各类经济主体之间"物"的流通和信息流通的部门也就越多。 （3）随着生活水平的提高，人们不再仅仅满足于商品的消费，需要各种适应个性化需求的服务来不断提高生活质量，这也推动了服务业的发展
现代服务业的特征	主要是知识密集、基于网络技术，以及现代化的经营理念与经营模式
现代服务业的 理论解释	现代服务业是为了满足企业和其他社会组织商务活动（公务活动）的功能强化与职能外化的需要而发展起来的，主要为企业和其他社会组织的商务活动（公务活动）降低成本、扩展功能、提升效率而提供服务的相关产业部门
现代服务业的内容	既包括新兴服务业，如以互联网为基础的网络服务、移动通信、信息服务、现代物流等；也包括对传统服务业的技术改造和升级，如电信、金融、中介服务、房地产等。其本质是实现服务业的现代化
房地产经纪业开始 向现代服务业转型 的主要体现	（1）以先进的信息技术为主要依托，信息整合、开发与利用能级大大提高； （2）行业知识和技术密集程度提高，专业化分工向纵深发展； （3）企业规模扩大，现代企业制度成为龙头企业的发展根本

九、房地产业的发展、房地产经纪业与现代房地产经纪业（表 1-21）

表 1-21　　　　　　房地产业的发展、房地产经纪业与现代房地产经纪业

项目	内　容
房地产业的发展与 房地产经纪业	房地产业的形成与发展，是分工不断深化的结果。房地产流通方式的演进是沿着如何通过流通中的产权形式创新来实现房地产价值运动的重构这一方向发展的，而房地产价值运动的重构总是以有利于提高价值实现的可能性为宗旨的，它或者是通过价值支付时点的分散化，或者是通过价值支付主体的分散化，或者是将以上两者结合。在这一演进过程中，房地产业

续表

项 目		内 容
房地产业的发展与房地产经纪业		内部逐渐产生行业分化，将自发地形成资金和专业实力雄厚的房地产投资业（它们也是最主要的房地产出租人），和为房地产投资业服务的房地产开发、房地产金融、房地产经纪、房地产设施管理等细分行业。房地产业从以生产环节（房地产开发）为主的"类制造业"，转化为真正意义上的服务业，从向社会提供有形的产品—房地产，转为提供"服务"——房地产的使用功能或者从事房地产专业活动的人力资源及相关资源的使用功能
我国房地产经纪业向现代房地产经纪业发展趋势的具体表现	资本和信息化成为推动房地产经纪业发展的两大支柱	资本和信息化将成为推动中国房地产经纪业发展的两大支柱。房地产经纪业的生产要素、业务类型的转型、新型业态的形成、行业整体的产业升级，无一不是在这两大因素的作用下进行的
	主要生产要素由劳动密集型转向知识密集型转变	作为现代服务业的房地产经纪更多地拓展到了种类繁多的商业房地产领域，不仅为各类企业提供房地产租赁、购置交易过程的代理，还要为具体的对象企业提供房地产使用成本测算、房地产使用方案筹划等咨询服务。这就要求房地产经纪业大大提高知识和技术密集程度，逐步完成由劳动密集型向知识密集型和技术密集型转变
	主要业务逐渐由传统经纪业务向现代经纪业务转变	随着信息技术的应用和推广，房地产经纪向专业化和精细化方向发展，房地产经纪经纪人之间由房源竞争转化到服务竞争，经纪业务不仅仅包括信息的传播，更注重交易流程的整合，并根据委托人的需要，针对性地提供一系列专业化服务
	以互联网为依托的新型房地产经纪业态将迅速发展	随着存量房信息发布的网络化，一些房地产专业网站和重要门户网站的房地产频道，也为房地产经纪人提供了开设网上房地产经纪门店的平台，房地产经纪人可以在这些网站开设个性化的网上店铺，呈现自己的电子名片、房源信息，并通过店铺留言和网民实现沟通
	由传统服务业向现代服务业转变的产业升级将全面呈现	房地产经纪企业介入到房地产开发过程的前期，为开发商提供市场调查、投资咨询、产品定位、营销策划服务；一些主要从事办公楼经纪的公司，为使用办公楼的公司提供选址、场地布置策划、搬迁方案策划和管理等，也都表明房地产经纪业的生产服务内容在日益加强。现代服务业的发展本质上来自于社会进步、经济发展、社会分工的专业化等需求。房地产经纪业从传统服务业向现代服务业转变的趋势正是在这一大形势下的必然趋势

第二章 房地产经纪人员

命题考点一 房地产经纪人员的职业资格和权力、义务

一、房地产经纪人员的概念和我国房地产经纪人员的职业资格分类（表2-1）

表 2-1　　　　　房地产经纪人员的概念和我国房地产经纪人员的职业资格分类

项目	内　　容
概念	房地产经纪人员是指具有房地产经纪专业知识和经验，取得房地产经纪人员职业资格并经注册，从事房地产经纪活动的专业人员
分类	我国参照了国际上的通行做法，把房地产经纪人员职业资格分为房地产经纪人执业资格和房地产经纪人协理从业资格两种

二、房地产经纪人员的职业资格（表2-2）

表 2-2　　　　　　　　　房地产经纪人员的职业资格

项目	内　　容
申请注册的人员必须同时具备的条件	(1) 取得房地产经纪人执业资格证书； (2) 无犯罪记录； (3) 身体健康，能坚持在注册房地产经纪人岗位上工作； (4) 经所在经纪机构考核合格
房地产经纪人不予注册的情形	(1) 不具有完全民事行为能力的； (2) 因受刑事处罚，自刑事处罚执行完毕之日起至申请注册之日止不满5年的； (3) 在房地产经纪或者相关业务中犯有严重错误受行政处罚或者撤职以上行政处分，自处罚、处分决定之日起至申请注册之日止不满5年的； (4) 不在房地产经纪机构执业或者同时在两个或者两个以上房地产经纪机构执业的； (5) 依本本办法被注销注册的，自被注销注册之日起至申请注册之日止不满3年的； (6) 法律、法规规定不予注册的其他情形
由中国房地产估价师与房地产经纪人学会注销注册、收回或者公告收回房地产经纪人注册证书的情形	(1) 死亡或者被宣告失踪的； (2) 完全丧失民事行为能力的； (3) 受刑事处罚的； (4) 在房地产经纪或者相关业务中犯有严重错误，受行政处罚或者撤职以上行政处分的； (5) 连续2年以上（含2年）脱离房地产经纪工作岗位的； (6) 同时在两个或者两个以上房地产经纪机构执业的； (7) 严重违反房地产经纪职业道德的； (8) 以欺骗、贿赂等不正当手段取得房地产经纪人注册证书的

三、房地产经纪人员的权利与义务（表 2-3）

表 2-3 房地产经纪人员的权利与义务

项目		内　容
权利	房地产经纪人享有的权利	（1）依法发起设立房地产经纪机构； （2）加入房地产经纪机构，承担房地产经纪机构关键岗位； （3）指导房产经纪人协理进行各种经纪业务； （4）经所在机构授权订立房地产经纪合同等重要文件； （5）要求委托人提供与交易有关的资料； （6）有权拒绝执行委托人发出的违法指令； （7）执行房地产经纪业务并获得合理报酬
	房地产经纪人协理享有的权利	（1）房地产经纪人协理有权加入房地产经纪机构； （2）协助房地产经纪人处理经纪有关事务并获得合理的报酬
义务		（1）遵守法律、法规、行业管理规定和职业道德； （2）不得同时受聘于两个或两个以上房地产经纪机构执行业务； （3）向委托人披露相关信息，充分保障委托人的权益，完成委托业务； （4）为委托人保守商业秘密； （5）接受国务院住房和城乡建设行政主管部门和当地地方政府房地产行政主管部门的监督检查； （6）接受职业继续教育，不断提高业务水平； （7）不得进行不正当竞争

命题考点二　房地产经纪人员的职业修养和职业技能

一、房地产经纪人员的心理素质（表 2-4）

表 2-4 房地产经纪人员的心理素质

心理素质	内　容
自知、自信	所谓自知，是指对自己的了解。房地产经纪人员对自己的职业应有充分而正确的认识，要对这一职业的责任、性质、社会作用和意义、经济收益等各个方面有一个全面和客观的认识。所谓自信，对于房地产经纪人员来讲，是指在自知基础上形成的一种职业荣誉感、成就感和执业活动中的自信力
乐观、开朗	在人与人的交往中，乐观、开朗的人使人容易接近，因而更受人欢迎。房地产经纪人员如果本身不具备这种性格，就应主动培养自己乐观、开朗的气质
积极、主动	房地产经纪是一种中介服务，无论是房源还是客源，都要靠房地产经纪人员自己去寻找。因此房地产经纪人员必须具有积极、主动的心理素质，每天都要积极、热情地投入工作，主动做好每一件事，一天工作结束时再反思一下一天的工作过程，找出不完善之处，第二天再主动消灭这种不完善。争取"每天进步一点点"
坚韧、奋进	房地产经纪工作中会经常遭到挫折，房地产经纪人员不仅要以乐观的心态来面对挫折，还需要以坚忍不拔的精神来化解挫折

二、房地产经纪人员的知识结构（图2-1）

图2-1 房地产经纪人员的知识结构

三、房地产经纪人员职业技能（表2-5）

表2-5 房地产经纪人员职业技能

技能	内　容
收集信息的技能	（1）一般信息收集技能，包括对日常得到的信息进行鉴别、分类、整理、储存和快速检索的能力； （2）特定信息收集的技能还包括：根据特定业务需要，准确把握信息收集的内容、重点、渠道，并灵活运用各种信息收集方法和渠道，快速有效地收集到针对性信息
市场分析的技能	市场分析技能是指经纪人根据所掌握的信息，采用一定的方法对其进行分析，进而对市场供给、需求、价格的现状及变化趋势进行判断。对信息的分析方法包括：简单统计分析、比较分析、因果关系分析等
人际沟通的技能	包括了解对方心理活动和基本想法的技能、适当运用向对方传达意思方式的技能、把握向对方传达关键思想的时机的技能等
供需搭配的技能	房地产经纪人员不仅要充分知晓供需搭配的具体方法，更要能熟练掌握，从而使之内化为自身的一种能力，这就是供求搭配的技能
议价谈判的技能	议价谈判中，最为重要的是两点：一是要将坚持原则与适当让步有机结合，二是要将把控主动权与营造良好的谈判氛围有机结合。坚持原则就是要明确自身的谈判诉求并保证其得以实现，但如果没有适当的让步，常常就会使谈判陷入僵局，因此要把握好坚持原则与妥协的平衡点，这是议价谈判技能的要点之一
促成交易的技能	交易达成，是房地产经纪人劳动价值得以实现的基本前提，因此它是房地产经纪业务流程中关键的一环

命题考点三　房地产经纪人员的职业道德和职业责任

一、道德和职业道德的概念（表2-6）

表2-6 道德和职业道德的概念

项目	内　容
道德	道德包括客观和主观两个方面。 客观方面是指一定的社会对社会成员的要求，表现为道德关系、道德理想、道德标准、道德规范等。

续表

项目	内　　容
道德	主观方面是指人们的道德实践，包括道德意识、道德信念、道德判断、道德行为和道德品质等
职业道德	职业道德是指人们在从事各种职业活动的过程中应该遵循的思想、行为准则和规范。 为了协调每个职业与社会以及同一职业中各个主体之间的关系，就逐渐形成了职业道德

二、房地产经纪人员职业道德的内涵、形成及作用（表2-7）

表 2-7　　　　　　　　　房地产经纪人员职业道德的内涵、形成及作用

项目	内　　容
房地产经纪人员职业道德的内涵	房地产经纪人员职业道德是指房地产经纪业的道德规范，是房地产经纪人员就这一职业活动所共同认可并拥有的思想观念、情感和行为习惯的总和。 从内容上讲，主要涉及三个方面：职业良心、职业责任感和执业理念。 房地产经纪人员职业道德的情感层面涉及房地产经纪人员的职业荣誉感、成就感及在执业活动中的心理习惯等
房地产经纪人员职业道德的形成	房地产经纪人员职业道德是一种在房地产经纪人员的思想、情感和行为等方面所形成的内在修养。从整个行业的角度讲，它是通过广大从业人员的长期实践摸索，有关管理者或研究者的总结、提炼以及一些杰出人物的身体力行，并经由行业团体的集体约定而形成的。对于具体的从业人员个体而言，职业道德是通过一定的教育训练、行业氛围的熏陶、社会舆论的引导而形成的
房地产经纪人员职业道德的作用	房地产经纪人员职业道德则是指内化于房地产经纪人员思想意识和心理、行为习惯的一种修养，它主要通过良心和舆论来约束房地产经纪人员。职业道德虽然不如法律、法规和行业规则那样具有很大的强制性，但它一旦形成，则会从房地产经纪人员的内心深处产生很大的约束力，并促使房地产经纪人员更加主动地去遵循有关法律、法规和行业规则。因此，房地产经纪人员职业道德对房地产经纪业的规范运作和持续发展将产生重大的积极作用

三、房地产经纪人员职业道德的主要内容（表2-8）

表 2-8　　　　　　　　　　房地产经纪人员职业道德的主要内容

职业道德	内　　容
遵纪守法	遵纪守法本是每个公民的基本道德修养，但是，作为房地产经纪人员，更应牢固树立这一思想观念，并理解其对于自己职业活动的特殊意义。 房地产是不动产，它的产权完全依靠有关的法律文件来证明其存在，其产权交易也必须通过有关的法律程序才能得以完成。房地产经纪人员是以促使他人的房地产交易成交作为自己的服务内容的，因此，必须严格遵守有关的规律、法规；否则，自己的服务就不能实现其价值，自己也就失去了立身之本
规范执业	房地产经纪人员应充分认识行业或企业的各种规范，是为了保证行业或企业的服务品质，从而保持、提升房地产经纪行业或企业的社会形象的重要手段，是每一个行业从业人员安身立命的根本，每个行业从业人员都会自觉、自愿地遵守、维护这些规范

职业道德	内　容
诚实守信	房地产经纪人员提供的服务主要是促成他人房地产交易，这种服务实质上是一种以信息沟通为主的动态过程。因此，房地产经纪人员要促成交易，首先必须使买卖双方相信自己。但是，与普通的商业服务业相比，房地产经纪人员及其就职的房地产经纪机构，并不实际占有具有实体物质形态的商品，要想使买卖双方相信自己的最基本要素就是：诚。"诚"的第一要义是真诚，即真心以客户的利益为己任；"诚"的第二要义是坦诚，即诚实地向客户告知自己的所知
尽职尽责	房地产经纪人员的责任，就是促成他人的房地产交易，因此应尽最大努力去实现这一目标
公平竞争	市场经济是以优胜劣汰为基本原则的，激烈的市场竞争是市场经济的必然现象。竞争与合作是房地产经纪人时刻面对的问题。"公平竞争，注重合作"是制胜的前提

四、房地产经纪人员的职业责任（表2-9）

表2-9　　　　　　　　　　房地产经纪人员的职业责任

项目	内　容
概念	房地产经纪人员的职业责任是指房地产经纪人员在从事房地产经纪活动时所应尽的义务，以及因自己在职业活动中的过失或故意行为而给他人造成伤害或损失而应承担的法律责任
义务层面的内容	就义务层面而言，有很大一部分是以房地产经纪企业的内部规章制度、房地产行业的执业规范或政府有关部门制定的行政规章形式出现的，这就要求房地产经纪人员要严格遵守这些规范、规章。一旦违反就要接受相应的处罚，这是房地产经纪人员职业责任中的行政责任。从另一方面看，规范、规章不可能包罗万象，总有一些未能列入其中的内容，这就常常以房地产经纪人员的职业道德形式来出现。如尽自所能向客户提供最充足的信息，以利于客户的交易决策。违反职业道德的行为，会受到同行和社会的谴责和良心的拷问，这是房地产经纪人员职业责任中的道德责任
法律责任而言的内容	就法律责任而言，房地产经纪人员在履行自己职责的过程中，因违反合同或不履行其他法律义务，侵害国家集体财产，侵害他人财产、人身权利的，应承担相应的民事责任。如果房地产经纪人员的行为触犯了刑法，则要承担相应的刑事责任

第三章 房地产经纪机构

命题考点一 房地产经纪机构的设立

一、房地产经纪机构的界定（表3-1）

表3-1 房地产经纪机构的界定

项目	内 容
界定	房地产经纪机构（包括分支机构），是指依法设立并到工商登记所在地的县级以上人民政府房地产管理部门备案，从事房地产经纪活动的中介服务机构。 目前在我国，房地产经纪机构主要是从事新建商品房销售代理和存量房租售居间、代理活动。长期以来，大多数企业在这两类业务中专攻其一，只有少数大型企业同时从事新建商品房经纪和存量房经纪业务，还有极少数特大型企业还兼营房地产咨询、房地产广告、传媒业务。从总体来看，目前我国的房地产经纪机构就是主营业务为房地产经纪的企业
特点	（1）房地产经纪机构是企业性质的中介服务机构； （2）房地产经纪机构是轻资产类型企业； （3）房地产经纪机构的企业规模具有巨大的可选择范围

二、房地产经纪机构设立的条件和程序（表3-2）

表3-2 房地产经纪机构设立的条件和程序

项目	内 容
设立的条件	房地产经纪机构的设立应符合《中华人民共和国公司法》、《中华人民共和国合伙企业法》、《中华人民共和国个人独资企业法》等法律法规及其实施细则和工商登记管理的规定。 此外，设立房地产经纪机构应当具备一定数量的房地产经纪人和房地产经纪人协理，具体数量由各市、县房地产主管部门制定
设立的程序	设立房地产经纪机构，应当首先向当地工商行政管理部门申请办理工商登记。 房地产经纪机构在领取工商营业执照后的30日内，应当持营业执照、章程、注册房地产经纪人员情况等书面材料到登记机构所在地的市、县人民政府房地产行政管理部门或其委托的机构备案，领取备案证明文件

三、房地产经纪机构的变更、注销（表3-3）

表3-3 房地产经纪机构的变更、注销

项目	内 容
变更	房地产经纪机构（含分支机构）的名称、法定代表人（执行合伙人、负责人）、住所、注册房地产经纪人员等备案信息发生变更的，应当在变更后30日内，向原备案机构办理备案变更手续

续表

项目	内 容
注销	房地产经纪机构的注销，标志着其主体资格的终止。注销后的房地产经纪机构不再有资格从事房地产经纪业务，注销时尚未完成的房地产经纪业务应与委托人协商处理，可以转由他人代为完成，可以终止合同并赔偿损失，在符合法律规定的前提下，经委托人约定，也可以用其他方法处理。 　　房地产经纪机构的备案证书被撤销后，应当在规定的期限内向所在地的工商行政管理部门办理注销登记。房地产经纪机构歇业或因其他原因终止经纪活动的，应当在向工商行政管理部门办理注销登记后30日内向原办理登记备案手续的房地产管理部门办理注销手续，逾期不办理视为自动撤销

四、房地产经纪机构的权利和义务（表3-4）

表3-4　　　　　　　　　　　　　房地产经纪机构的权利和义务

项目	内 容
权利	（1）享有工商行政管理部门核准的业务范围内的经营权利，依法开展各项经营活动，并按规定标准收取佣金及其他服务费用； （2）按照国家有关规定制定各项规章制度，并以此约束在本机构中注册经纪人员的执业行为； （3）有权在委托人隐瞒与委托业务有关的重要事项、提供不实信息或者要求提供违法服务时，中止经纪服务； （4）由于委托人的原因，造成房地产经纪机构或房地产经纪人员的经济损失的，有权向委托人提出赔偿要求； （5）有权向房地产管理部门提出实施专业培训的要求和建议； （6）法律、法规和规章规定的其他权利
义务	（1）依照法律、法规和政策开展经营活动； （2）认真履行房地产经纪合同，督促房地产经纪人员认真开展经纪业务； （3）在经营场所公示营业执照、备案证明、房地产经纪人员注册证书、服务流程等的义务； （4）维护委托人的合法权益，按照约定为委托人保守商业秘密； （5）严格按照规定标准收费； （6）接受房地产管理部门的监督和检查； （7）依法缴纳各项税金和行政管理费； （8）法律、法规和规章规定的其他义务

命题考点二　房地产经纪机构的基本类型

一、不同企业性质的房地产经纪机构（表3-5）

表3-5　　　　　　　　　　　　　不同企业性质的房地产经纪机构

机构类型	内 容
公司制房地产经纪机构	房地产经纪公司是指依照《公司法》和有关房地产经纪管理的规定，在我国境内设立的经营房地产经纪业务的有限责任公司和股份有限公司。有限责任公司和股份有限公司都是机构法人。出资设立公司的出资者可以是自然人也可以是法人，出资可以是国内资产也可以是国外投资，出资形式可以是货币资本也可以是实物、工业产权、非专利技术、土地使用权作价出资，但对作为出资的实物、工业产权、非专利技术或者土地使用权，必须进行评估作价，核实财产，不得高估或者低估作价。土地使用权的评估作价，依照法律、行政法规的规定办理。资金来源于国外的房地产经纪机构，按其资金组成形式不同，还可把房地产经纪公司分为中外合资房地产经纪公司、中外合作房地产经纪公司和外商独资房地产经纪公司

续表

机构类型	内　　容
合伙制房地产经纪机构	合伙制房地产经纪机构是指依照《合伙企业法》和有关房地产经纪管理的规定在我国境内设立的由合伙人订立合伙协议、共同出资、合伙经营、共享收益、共担风险，并对合伙机构债务承担无限连带责任的从事房地产经纪活动的营利性组织。合伙人原则上以个人财产对合伙机构承担无限连带责任，但如果合伙人是以家庭财产或夫妻共同财产出资并把合伙收益用于家庭或夫妻生活的，应以家庭财产或夫妻共同财产对合伙机构承担无限连带责任
个人独资房地产经纪机构	个人独资房地产经纪机构是指依照《个人独资企业法》和有关房地产经纪管理的规定在我国境内设立，由一个自然人投资，财产为投资人个人所有，投资人以其个人财产对机构债务承担无限责任的，从事房地产经纪活动的经营实体
房地产经纪机构设立的分支机构	在中华人民共和国境内设立的房地产经纪机构（包括房地产经纪公司、合伙制房地产经纪机构、个人独资房地产经纪机构）、国外房地产经纪机构，经拟设立的分支机构所在地主管部门审批，都可以在我国境内设立分支机构

二、不同业务类型的房地产经纪机构（表3-6）

表3-6　　　　　　　　　　　　不同业务类型的房地产经纪机构

机构类型	内　　容
存量房经纪业务为主的房地产经纪机构	这类机构主要从事存量房，特别是存量住宅的买卖、租赁经纪业务。目前大多采用开设经纪门店的方式，承接个人或机构委托的二手住宅买卖、租赁经纪业务。 从企业数量看，在以存量房经纪业务为主的房地产经纪机构中，存在着大量仅有一两间门店的小中介，因此目前国内以存量房经纪业务为主的房地产经纪机构远远大于以新建商品房经纪业务为主的房地产经纪机构
新建商品房经纪业务为主的房地产经纪机构	这类机构主要为房地产开发企业提供新建商品房销售、租赁代理服务。这类机构是我国房地产经纪行业中较早发展起来的机构，但目前在新建商品房市场上，这类机构的市场参与度尚不够高
策划、顾问业务为主的房地产经纪机构	这类机构的经营业务中，房地产市场分析、房地产投资项目可行性分析、房地产营销方案策划等咨询服务业务占据了很大比例。当然，这些机构通常还有大量的房地产租售代理业务，主要侧重于办公楼、综合性商业物业和高端住宅，有些机构还有相当规模的物业管理业务。在中国本土的房地产经纪机构中，在20世纪90年代曾有少数以商品房营销策划为主的机构，但后来大多与新建商品销售代理机构融合，目前以咨询业务为主的机构不多
综合性房地产经纪机构	这类机构同时经营存量房经纪业务、新建商品房经纪业务，以及房地产咨询、顾问、策划等多种业务。这类机构大多是通过业务多元化而在原来相对单纯的主营业务基础上逐步扩展而成长起来的。在我国房地产经纪行业发展的初期，房地产经纪企业往往只经营某一类业务，或专注于新建商品房经纪业务，或主营存量房经纪业务
其他房地产经纪机构	除以上类型的房地产经纪机构外，随着产业分化与融合的不断发展，中国房地产市场上也出现了一些边缘性的房地产经纪机构，它们往往是其他行业渗入房地产经纪行业，或房地产经纪行业与其他行业结合后的产物

命题考点三 房地产经纪机构的经营模式

一、房地产经纪机构经营模式的概念 (表3-7)

表3-7 房地产经纪机构经营模式的概念

项目	内　容
广义的企业经营模式的概念	广义的企业经营模式是指企业根据自己的经营宗旨，为实现企业所确认的价值定位所采取某一类方式方法的总称，包括企业对自己在产业链中所处位置、业务范围、竞争战略的选择。房地产经纪机构在房地产产业链中的位置已相对固定，即处于房地产的市场流通环节
房地产经纪机构的业务范围根据房地产的类型分类	分为住宅经纪业务、商业房地产经纪业务，或根据房地产市场的级别分为存量房地产经纪业务、新建商品房经纪业务等
房地产经纪机构的经营模式根据是否有店铺分类	根据房地产经纪机构是否有店铺，可将房地产经纪机构的经营模式分为无店铺模式和有店铺模式两大基本类型
房地产机构的经营模式根据下属分支机构的数量及分支机构的商业组织形式分类	根据房地产经纪机构下属分支机构的数量及分支机构的商业组织形式，可将房地产机构的经营模式分为单店模式、多店模式和连锁经营模式，其中连锁经营模式又可根据房地产经纪机构与分支机构的关系分为直营连锁经营模式和特许加盟连锁经营模式

二、房地产经纪机构经营模式的类型 (表3-8)

表3-8 房地产经纪机构经营模式的类型

项目		内　容
无店铺经营模式	影响因素	首先，客户类型是一个重要的影响因素； 其次，房地产经纪机构所在地的社会经济特征也是一个关键的影响因素
	主要机构客户	目前在我国，采用无店铺经营模式的主要是以新建商品经纪业务或存量商业房地产租售代理业务为主的房地产经纪机构，它们的客户主要是机构客户——房地产开发商、商业房地产业主
单店经营模式		这种模式即房地产经纪机构直接从事房地产经纪业务的经营，没有下设的分支机构。对于有店铺经营模式的机构而言，其表现形式就是只有一家门店。这是多数小型房地产经纪所采用的方式。由于房地产经纪行业大量小型机构的存在，无论是否有店铺，采用这种模式的机构数量是非常大的。目前我国约有三分之一的房地产经纪机构采用这种模式
连锁经营模式	特许经营具有的共同特点	(1) 法人对商标、服务标志、独特概念、专利、经营诀窍等拥有所有权； (2) 权利所有者授权其他人使用上述权利； (3) 在授权合同中包含一些调整和控制条款，以指导受许人的经营活动； (4) 受许人需要支付权利使用费和其他费用
	内容	连锁经营也成为房地产经纪机构规模化运作的一种方式，它通过众多直接经营组织单元统一运营管理模式、统一品牌标志和宣传、统一人员培训、并通过机构内部的信息系统进行一定的信息共享，扩大企业的服务范围，可以获得房地产经纪机构的规模效益。目前这是国内外规模化房地产经纪机构普遍采纳的一种经营模式

续表

项目	内 容
混合经营模式	混合经营模式首先是指直营连锁与特许加盟连锁经营的混合。由于直营连锁与特许加盟连锁经营各有利弊，一些大型房地产经纪就采取了两者并举的混合模式。即在拥有分支机构的同时，授权其他房地产经纪机构经营与分支机构同样的业务。 　　此外，随着计算机网络技术的发展，房地产经纪行业内还出现了一种新的经营模式——由一家房地产专业网站联合众多中小房地产经纪机构乃至大型房地产经纪机构而组成的网上联盟经营模式，联盟内的各成员机构均可通过一个专业的房地产网站来承接、开展业务。从目前情况来看，参与这种网上联盟的房地产经纪机构大多主要从事存量房买卖和房屋租赁的居间、代理，通常还同时保留其有形的店铺。这是另一种形式的混合经营模式

三、直营连锁与特许经营连锁的差异（表3-9）

表3-9　　　　　　　　　　直营连锁与特许经营连锁的差异

项目	直营连锁	特许经营
连锁经营组织与房地产经纪机构的关系	资产隶属关系	契约合作关系
连锁经营组织的资金	投资	加盟者投资
连锁经营组织的经营权	非完全独立	完全独立
房地产经纪机构对连锁经营组织的管理	行政管理	合同约束与沟通督导
房地产经纪机构与连锁经营组织的经济关系	收入、支出统一核算	各自独立核算，连锁经营组织按特许经营合同向房地产经纪支付加盟费

四、房地产经纪直营连锁与特许加盟连锁经营模式的比较（表3-10）

表3-10　　　　　　房地产经纪直营连锁与特许加盟连锁经营模式的比较

项目	内 容
直营连锁模式的优点	(1) 由于所有权与经营权的统一，加上直接行政管理的管理制度，这种模式的可控程度高，有利于制度的贯彻执行； 　　(2) 信息搜集范围扩大，信息利用率高，在房源、客源不断增加的同时提高了双方的匹配速度，使得成交比例提高； 　　(3) 对员工的统一培训和管理，使业务水平提高，客户信任度增大，竞争能力相应提高，同时，完善的培训体系和较大的发展空间可以留住很多优秀的房地产经纪人
直营连锁经营的劣势	由于直营连锁不仅是经营模式的克隆，还是资本的扩张，每一家连锁分店的扩充，都是由总店直接投资，在企业发展到一定阶段后，容易出现总店资金周转不灵或亏损的情况，而且在跨区域扩张的时候，还经常出现时间、地域、地方法规、文化等方面的限制，企业发展逐渐缓慢；加上各直营连锁店的自主权力较少，积极性不高，也不利于企业的长期发展

续表

项目	内　容
特许经营模式的优势	对于特许人而言，可以不受资金的限制迅速扩张，品牌影响可以迅速扩大；在经纪全球化的趋势下，可以加快国际发展战略；可以降低经营费用，集中精力提高企业的管理水平；由于加盟者是自负盈亏，在市场发生变化的情况下，加盟者承担主要风险，降低了特许者的风险。 对加盟者而言，特许经营模式解决了他们在资金和经验上的限制，一旦加盟，就可以得到一个已被实践检验行之有效的商业模式和经营管理方法，以及一个价值很高的品牌的使用权，还可以得到特许者的指导和帮助，这些都将大大降低加盟者的投资创业风险；由于自主权较多，能够最大限度地发挥加盟商的积极性、主动性和创新性，有利于企业的长期发展

五、房地产经纪机构经营模式的演进（表 3-11）

表 3-11　　　　　　　　　房地产经纪机构经营模式的演进

项目	内　容
从主要发达国家（地区）房地产经纪行业发展的历史来看	从主要发达国家（地区）房地产经纪行业发展的历史来看，早期的房地产经纪活动大多以房地产经纪人员的无固定场所、移动式活动为主，后来逐步出现了固定的经营场所
从我国房地产经纪业的发展历史来看	从我国房地产经纪业的发展历史来看，新中国成立前的房地产经纪活动也无固定场所。改革开放以后形成的房地产经纪企业都有了固定的经营场所，其中，以存量房经纪为主的机构，在港台房地产经纪企业的示范效应下，都采用了有店铺的经营模式。由于行业形成初期成立的企业绝大多数是小型企业，因而大多采用单店模式。近十年来，在我国沿海发达地区的特大城市，房地产经纪服务的对象有两个变化趋势：一是购房群体中高收入群体比重加大；二是投资性购房客户群体增加。而这两类客户对房地产经纪服务的"专业"、"高效"、"规范"要求更高，对房地产经纪服务的价格敏感度却相对较低
从发达国家的情况看	从发达国家的情况看，鉴于特许经营模式的诸多优势，特许经营模式在 20 世纪 70 年代的美国一经出现，便引起了房地产经纪行业的普遍关注和初步发展。但是，进入 90 年代之后，特许经营模式迅猛发展的同时，由于行业内边际利润降低、经纪人数量减少、特许经营劣势显现，以及经纪机构所面临的网络经济的冲击，使美国的房地产经纪机构开始出现了两极分化的现象：一方面是连锁经营的大型、超大型房地产经纪机构，另一方面则是为数众多的采用单店模式甚至单人模式的小型房地产经纪机构

命题考点四　房地产经纪机构的组织结构形式

一、房地产经纪机构的直线-参谋制组织结构形式（表 3-12）

表 3-12　　　　　　　房地产经纪机构的直线-参谋制组织结构形式

项目	内　容
概念	又称直线—职能制，是一种被广泛采用的企业组织结构形式
特点	是为各层次管理者配备职能机构或人员，充当同级管理者的参谋和助手，分担一部分管理工作，但这些职能机构或人员对下级管理者无指挥权

项目	内 容
缺点	(1) 高层管理者高度集权，难免决策迟缓，对环境变化的适应能力差； (2) 只有高层管理者对组织目标的实现负责，各职能机构都只有专业管理的目标； (3) 职能机构和人员相互间的沟通协调性差，各自的观点有局限性； (4) 不利于培养高层管理者的后备人才
优点	这种结构形式的职能部门和人员一般是按管理业务的性质（如销售、企划、研展、财务、人事等）分工，分别从事专业化管理，这就可以聘用专家，发挥他们的专长，弥补管理者之不足，且减轻管理者的负担，从而克服直线制形式的缺点，保证了管理者的统一指挥，避免了多头领导

二、房地产经纪机构的分部制组织结构形式（表 3-13）

表 3-13   房地产经纪机构的分部制组织结构形式

项目	内 容
特点	在高层管理者之下按商品类型（如住宅、办公楼、商铺）、地区（如东城区、西城区、南城区、北城区）或顾客群体设置若干分部或事业部，由高层管理者授予分部处理日常业务活动的权力，每个分部近似于一个小组织，可按直线一参谋制形式建立结构
优点	(1) 各分部有较大的自主经营权，利于发挥分部管理者的积极性和主动性，增强适应环境变化的能力，由于房地产市场具有很强的地域性、细分市场纷繁复杂，这一点尤为重要； (2) 利于高层管理者摆脱日常事务，集中精力抓全局性、长远性的战略决策； (3) 利于加强管理，实现管理的有效性和高效率； (4) 利于培养高层管理者的后备人才
缺点	(1) 职能部门重叠，管理人员增多，费用开支大。 (2) 如分权不当，易导致各分部闹独立性，损害组织整体目标和利益。 (3) 各分部之间的横向联系和协调较难。这种形式适用于特大型组织，在采用时也应注意扬长避短

三、房地产经纪机构的矩阵制组织结构形式（表 3-14）

表 3-14   房地产经纪机构的矩阵制组织结构形式

项目	内 容
特点	采用这种形式时，由职能机构派出、参加横向机构（事业部或项目组）的人员，既受所属职能机构领导，又接受横向机构领导
优点	有利于加强横向机构内部各职能人员之间的联系，沟通信息，协作完成横向机构的任务
缺点	矩阵制的双重领导违反了统一指挥原则，又会引起一些矛盾，导致职责不清、机构间相互扯皮的现象

四、房地产经纪机构的网络制组织结构形式（表3-15）

表3-15　　　　　　　　　　房地产经纪机构的网络制组织结构形式

项目	内容
特点	公司成为一种规模较小，但可以发挥主要商业职能的核心组织——虚拟组织，依靠长期分包合同和电子信息系统同有关各方建立紧密联系
优点	给予组织高度的灵活性和适应性，特别适合科技进步快、消费时尚变化快的外部环境，组织可集中力量从事自己具有竞争优势的那些专业化活动
缺点	将某些基本职能外包，必然会增加控制上的困难，对外包业务缺乏强有力的控制

命题考点五　房地产经纪机构的部门设置与岗位设置

一、房地产经纪机构的部门设置（表3-16）

表3-16　　　　　　　　　　房地产经纪机构的部门设置

项目		内容
业务部门	公司总部的业务部门	（1）根据物业类别不同进行设置； （2）根据业务类型不同进行设置； （3）根据业务区域范围进行设置
	连锁店（办事处）	在连锁店（办事处）必须有一名以上的取得房地产经纪人执业资格并注册的房地产经纪人
支持部门	交易管理部	交易管理部主要负责对房地产经纪人与客户签订的合同进行管理，维护经纪机构的利益
	评估部	评估部主要是对某些需要提供价格意见的业务出具参考意见
	网络信息部	网络信息部的主要职责就是负责信息系统软硬件的管理和维护
	研究拓展部	负责市场调查分析，制定业务调整方案，研究开发新业务品种等工作
	办证部	负责为客户到房地产交易中心办理房地产权过户、合同登记备案，以及协助客户办理有关商业贷款、公积金贷款申请手续等
客户服务部门		任务既包含了对客户服务以及受理各类客户的投诉，同时也包括对经纪人业务行为的监督
基础部门	行政部	主要负责公司的日常行政工作和事务性工作
	人事部	主要负责人事考核、人员奖惩，制定员工培训方案，制定员工福利政策等事务
	财务部	主要负责处理公司内的账务以及佣金、奖金结算等工作

二、房地产经纪机构的岗位设置的原则（表3-17）

表3-17　　　　　　　　　　房地产经纪机构的岗位设置的原则

原则	内容
因事设岗、因岗设人	"因事设岗、因岗设人"是企业内部岗位设置的基本原则，要求以公司业务流程为基础，在对业务流程进行细致分析的基础上定编定员，保证每一个岗位都有明确清晰的功能，能够充分发挥自己的作用
工作丰富化	工作丰富化是指工作内容的纵向扩展，使员工所做的活动具有完整性，增强员工的自由度和独立性，增强员工的责任感，及时提供工作反馈，以便员工了解自己的绩效状况，并加以改进

三、房地产经纪机构主要岗位的销售序列（表3-18）

表3-18　　　　　　　　　　　房地产经纪机构主要岗位的销售序列

项目		内　容
销售员岗位	直接上级	案场销售经理（新建商品房营销代理机构）或是连锁店经理（二手房居间代理机构）
	主要工作	（1）全力完成公司下达的各项工作指标； （2）自觉遵守公司制定的一切规章制度，对同事的不良行为不包庇，不纵容； （3）积极参加公司对员工的各项专业知识方面的培训并争取优良成绩； （4）培养良好的团队合作精神，提高工作效率； （5）爱护公司财产，看到他人破坏行为及时阻止； （6）接洽客户热情、周到，保证自己的服务让客户满意，遇事不与客户争执并及时向上级汇报； （7）妥善保管销售手册并确保其内容不外泄； （8）主动配合公司做好针对所在销售个案的调研工作； （9）认真做好客户登记并确保资料的准确性； （10）认真填写各类表单，确保内容及数据的准确性； （11）高资历销售员主动提携帮助其他浅资历销售员，完成团队及个人指标； （12）严格遵守公司保密制度，维护公司利益； （13）贯彻实施部门制定的关于公司稽核发现问题的改进计划； （14）个案销售结束后主动、积极配合市场部做好各类市场调研工作
案场销售经理岗位	直接上级	销售副总经理
	主要工作	（1）负责整个案场的管理工作，协调与甲方及施工单位在销售过程中的关系。 （2）严格执行各项案场工作守则及作业流程。 （3）具有高尚品质，良好的职业道德及行为准则；对公司忠诚，杜绝各种不良习气及损害消费者与公司利益行为的发生。 （4）具有良好的沟通及协调组织能力，对内做好带头表率、上传下达，关心下属员工，为其解决工作中遇阻问题，培训案场人员团队精神。 （5）具备全面广泛的专业知识；熟悉房地产政策、法规、房产市场发展趋势、本市各区房产地域分布；积累有丰富的房地产知识，能从专业的角度分析产品的特征、特性；具有敏锐的判断力及商务谈判技巧。 （6）具有一定的业务培训能力及管理能力；带领团队按时完成公司布置的业绩指标任务，在工作中协助上级领导依据实际情况调整原有的工作程序、管理制度，使各项工作更趋于合理化、规范化。 （7）项目前期做好市场调查分析，配合相关部门制订合理的企划计划与销售计划；统一销售口径，组织小组人员产品培训；做好项目筹备工作。 （8）项目中建立完整的项目销售档案及客户档案；能主动、积极配合领导完成各项工作；制订周、月工作计划，并按期进行总结；协助发展商处理定金、合同、按揭等工作；反馈客户意见及市场动态。 （9）销售经理对所有案场工作人员有上岗考核、业务评定、建议停职或推荐调升的权力。 （10）完成销售任务后协助做好个案结案报告，并带领销售员做好公司交办的新任务

续表

项目		内　容
连锁店经理岗位	直接上级	销售副总经理
	主要工作	(1) 根据公司的授权负责该连锁店业务的运营及管理； (2) 执行公司的有关业务部署； (3) 负责对连锁店人员的管理和工作评估并及时将有关情况报告公司的有关部门
销售副总经理岗位	直接上级	总经理
	主要工作	(1) 负责领导各个案场销售经理的工作，对各个案场实施宏观管理、控制； (2) 负责销售员及各种资源在各案场中调配； (3) 负责组织各项目的前期谈判和准备工作，以及项目营销方案的审定； (4) 负责销售员、案场经理的佣金发放、审核等工作

四、房地产经纪机构主要岗位的研发序列（表 3-19）

表 3-19　　　　　　房地产经纪机构主要岗位的研发序列

项目		内　容
项目开发岗位	直接上级	所在部门的部门经理
	主要工作	捕捉商机，即针对各种渠道得来的信息进行项目跟踪，与潜在客户（如房地产开发商）进行初步洽谈，形成某种意向后提交给上级
市场调研岗位	直接上级	所在部门的部门经理
	主要工作	包括专案市调、热点楼盘市调、开发市调等
信息管理岗位	直接上级	所在部门的部门经理
	主要工作	负责管理公司内部初期的商机信息及收集工作
专案研究岗位	直接上级	所在部门的部门经理
	主要工作	对公司项目进行市场专案研究，并撰写研究、策划报告
市场研究岗位	直接上级	所在部门的部门经理
	主要工作	针对房地产市场情况，包括供求情况、交易情况、政策法规等进行总体研究，并撰写研究报告

五、房地产经纪机构主要岗位的管理序列（表 3-20）

表 3-20　　　　　　房地产经纪机构主要岗位的管理序列

项目		内　容
部门经理岗位	直接上级	分管副总经理
	主要工作	具体负责房地产经纪机构内各部门的工作计划制订、工作安排，监控各部门的工作进度，考核本部门的工作人员
副总经理岗位	直接上级	总经理
	主要工作	参与机构整体工作计划的制订，协助总经理分管房地产经纪机构内某一个或几个方面工作
总经理岗位	责任	对董事会（有限责任公司或股份责任公司）或投资人（合伙企业）负责
	主要工作	负责房地产经纪机构的全面管理，包括组织制定和调整机构经营模式、内部组织结构、内部管理制度和任免各岗位的工作人员等

六、房地产经纪机构主要岗位的业务辅助序列和辅助序列（表 3-21）

表 3-21　　　　　　　　房地产经纪机构主要岗位的业务辅助序列和辅助序列

项目		内　容
业务辅助序列	办事员岗位	直接上级：所在部门的部门经理。 主要工作：代办产权登记、抵押贷款代办与房地产登记信息查询等
	咨询顾问岗位	直接上级：所在部门的部门经理。 主要工作：为客房提供信息、法律等方面咨询
辅助序列		主要包括会计、出纳，较大规模的房地产经纪机构内通常还有秘书、接应台服务生、保安、司机、保洁员等岗位以辅助机构的运转

命题考点六　房地产经纪门店的开设

一、门店开设的工作程序（表 3-22）

表 3-22　　　　　　　　　　门店开设的工作程序

程序	内　容
区域选择	也就是确定在哪个（或哪些）区域设置门店。首先要确定目标市场，找准服务对象，然后再依据目标市场、服务对象选择最佳的区域
店址选择	也就是在所确定的城市区域内选择最佳位置的店铺
租赁谈判和签约	选定门店，应及时与门店业主进行谈判。通过市场调查及筛选可确保谈判具有客观性及合理性，能切入谈判要点和重点。待双方达成租赁共识，便签订正规的租赁合同
开业准备	确定门店的具体位置后，需要抓紧时间投资改造、装修，并拟定切实可行的实施方案，以保证门店开业前的准备工作有条不紊的进行

二、门店设置的区域选择与选址原则（表 3-23）

表 3-23　　　　　　　　　门店设置的区域选择与选址原则

项目	内　容
门店设置的区域选择	具体而言，就是要根据各区域客户的消费形态、结构，同类型客户和业主的集中程度，以及房地产产品的存量、户型、周转率、价格等与房地产经纪机构目标市场的吻合程度来选择设置门店的区域。对于房地产经纪机构而言，目标区域的选择是否准确，将直接关系着经营的好坏。 　选择目标区域前，经纪机构首先应对所在城市的存量房市场进行调查和分析。目前中国存量房经纪业务主要在住宅市场开展，调查和分析的指标主要应包括销售及租赁的成交额比例，销售及租赁的成交面积比例，成交单位的面积、成交户型，成交单价与周转率

续表

项目		内　　容
门店选址的原则	保证充足的客源和房源	通常情况下，门店的影响力在区域内通常有一个相对集中、稳定的范围。一般是以门店设定点为圆心，以周围 1000 m 距离为半径划定的范围作为该区域设定考虑的可辐射市场。半径在 500 m 内的为核心区域，通常门店可在该区域内获取本门店客户总数的 55%～70%；半径在 500～1000 m 期间的为中间区域，门店可从中获取客户总数的 15%～25%；半径在 1000 m 以外的为外围区域，门店可从中获取客户总数的 5% 左右。界定区域时，应力求较大的目标市场，以吸引更多的目标客户，故门店所处位置不能偏离选定区域的核心
	保证良好的展示性	存量房经纪业务门店不仅是直接承揽存量房经纪业务的场所，还是房地产经纪机构对外展示企业形象的主要窗口，因此选择店址应尽量保证其有良好的展示性。具体而言，一个好的门店必须具有独立的门面，而且门面应尽量宽一些。同时，门店前不应有任何遮挡物
	保证顺畅的交通和可达性	门店周围的交通是否畅通是检验店址优良与否的重要标志之一。一般来说，要求与门店有关的街道人流量要大、要集中，交通方便，道路宽阔，车辆进出自由且停车方便，如果锁定的是高端客户群的话，这一点便显得尤为重要
	确保可持续性经营	在门店的经营过程中，外部环境的变化是无时不在的，如交通状况，同行竞争等因素往往会随时发生变化，所有这些可变的因素最好能在门店创建初期就有所考虑。就门店选址而言，选定的地址应具有一定的商业发展潜力，在该地区具有竞争优势，以保证在以后一定时期内都是有利可图的

三、门店选址的区域调查（表3-24）

表 3-24　　　　　　　　　门店选址的区域调查

项目	内　　容
房源状况	通过对门店选址区域的调查，了解区域内房源状况。主要包括以下内容： （1）区域内业主置业情况，可按初次置业、二次置业、多次置业进行区分； （2）区域内业主户数及结构，包括现有业主的年龄、性别、职业、文化程度等基本情况； （3）区域内房屋转让率及出租率
客源状况	客源状况主要是指客流量，包括现有客流量和潜在客流量，客流量大小是门店经营成功的关键因素。通常门店应尽量设置在潜在客流量最多、最集中的地点，以便最大限度吸纳客户。 对客流量的分析包括多方面的因素。 （1）客流类型。门店的客流通常分为三种类型：自身的客流、分享客流、派生客流。 （2）客流的目的、速度和滞留时间。 （3）竞争因素。 （4）周边环境
竞争对手	首先要对对手进行详尽的调查，以选定门店的地点为中心，对 500 m 半径距离内的同业门店的发展状况、营运状况进行调查。调查对手的目的是为了了解竞争对手的经营动向，了解竞争对手的服务手段及技巧。一般可以采取观察法、电话咨询法、假买法等

四、门店产品研究（表3-25）

表3-25 门店产品研究

项目	内　容
临路状况	门店所面临的街道是门店客流来源的通道，所以门店的临路状况对门店的客流量有很大影响。大多数情况下，街道与街道的交接之处（如转角、三岔路口），客流较为集中，而道路中间，客流则逐渐减少。因此门店如能设置在这种地方，店面会较为显眼，便于吸引客流。在门店布置时，应尽量将门店的正门设置在人流最大街道的一面
方位	方位是指门店正门的朝向。门店正门的朝向会影响到门店的日照程度、时间和受风况，从而在一定程度上影响客流量。通常门店正门朝南为佳
地势	门店的地势高于或低于所面临的街道，都有可能会减少门店的客流。通常门店与道路基本同处一个水平面上是最佳的
与客户的接近度	客户的接近度是指目标客户是否容易接近门店。接近度是衡量待选店客户是否容易接近门店的准则。门店与客户接近度越高越好。通常衡量接近度应考虑以下几点因素： （1）门店前路的宽度，人流量及停留性； （2）人流的结构及行为特点； （3）道路的特性； （4）邻居类型； （5）同业门店的情况； （6）离社区主入口的距离； （7）是否便于停车

五、门店可行性研究（表3-26）

表3-26 门店可行性研究

项目	内　容
门店可行性研究中关键的指标	门店可行性研究中关键的指标包括经营成本、损益平衡销售额和区域必要市场占有率等
经营成本的估算项目	（1）门店购买费用或门店租金，一般采用租赁的形式，租金按合同采用年付、季度付或其他付款方式； （2）门店装修费（包括招牌、橱窗、灯光、地段、墙面等）； （3）门店登记注册费； （4）办公用品购置费（电脑、复印机、打印机、收银用设备等）； （5）员工工资福利； （6）广告费； （7）水电费、物业管理费； （8）税费和管理费； （9）办公用品费（纸、笔、宣传手册及单张等）； （10）其他杂费
相对最主要的费用	门店租赁费用、员工工资福利费用、办公用品配置费用、广告费
投入最大的费用	投入最大的是广告推广费用和门店租赁费用，可根据经纪机构自身的发展规划进行适当的调整，由以上费用的累计总和，可以估算出计划期限（如月、季度）内的经营成本

六、门店的租赁（表3-27）

表3-27   门店的租赁

项目	内　　容
了解出租人是否有权出租店铺	了解出租人是否具有房地产权证或预售合同及银行抵押合同等证明产权的文件，并出示身份证，对照是否与房产证明吻合
了解门店实际状况	门店使用条件的好坏将直接影响门店以后的经营活动，所以一定要仔细查看包括门面大小、墙体、地板、空调系统、消防系统、水、电、通信及安全性能等实际情况是否符合开店需求。同时要了解周边门店租金大致的水平
协商租赁条件	门店经营成本中租金所占成本的比率很高，所以必须谨慎考虑和核算，全面的考虑门店经营的可行性和延续性，往往要注意以环节的协商： （1）租金价格及调整； （2）缴付方式； （3）附加条件
合同签署	签署合同应遵照国家城市房屋租赁管理办法的规定，签署由政府主管机关统一印制的房屋租赁合同书，并在当地房产管理部门进行备案。这样操作的目的是为了保护门店租赁双方的利益，保证租赁关系的合法性

七、门店的布置与人员配置（表3-28）

表3-28   门店的布置与人员配置

项目		内　　容
形象设计的基本原则	符合经纪机构的形象宣传	根据经纪业务的经营特征，制定相应的装修措施，设计风格要与经纪机构的形象宣传、主色调等保持一致，尽量给人简约、干练的视觉感受
	注重个性化	设计风格要独具匠心，个性化，便于识别，做到"出众"但不"出位"
	注重人性化	门店要符合机构本身的目标客户群的"口味"，针对性强，提升门店给客户带来的亲切感
形象设计的要点	招牌的设计	招牌在设计的时候可突出经纪机构的形象标志、业务范围及经营理念等元素，字形、图案造型要适合房地产经纪机构的经营内容和形象。在顾客的招揽中，招牌起着不可缺少的作用。招揽应是最引人注意的地方，必须符合易见、易读、易懂、易记的要求
	门脸与橱窗的设计	门脸的设计一般采用半封闭型的设计。门店入口适中、玻璃明亮，客户能一眼看清店内情形，然后被引入店内。橱窗是向客户展示物业信息及树造公司形象窗口，所以在设计时一定要便于客户观看，同时要突出经纪机构的特色，注重美观和良好品质
门店的内部设计		门店的形象设计是一个整体，内外和谐统一才算成功。原则上内部设计风格要与外观风格保持一致，重视统一性、协调性，注重灯光效果，合理利用墙体等展示空间
门店的人员配置		门店内应配置的主要人员就是房地产经纪人员和门店的管理人员（店长或店经理）。其中，业务人员通常应配置6～10人。对于发达城市，由于门店租金较高，为了充分提高门店资源的利用率，降低单位佣金收入的门店租金成本，可分两班（或以上）配置经纪人员，规模可以15～20人。一个门店通常应该配置一名店长或店经理；如果门店内分两组（或以上）配置经纪人员，则可对各业务组配置经理，并由其中的一名经理兼任店长或店经理。对于单店模式的房地产经纪机构，应配置会计、出纳人员（可由具有相应资质的管理人员兼任）

命题考点七　售楼处的设置

一、售楼处设置的工作程序与选址（表 3-29）

表 3-29　　　　　　　　　　　　　售楼处设置的工作程序与选址

项目		内　容
售楼处设置的工作程序	确定售楼处的主要功能	售楼处的基本功能是展示商品房项目的信息、提供商品房销售的场所。售楼处的功能，直接影响售楼处的面积大小、选址要求、视觉形象等。因此，设置售楼处的第一步就需要房地产经纪机构充分了解房地产开发商的要求和项目的特性，并与开发商充分沟通、认真研究后确定
	售楼处选址	售楼处所的位置，对售楼处的功能实现具有直接影响。房地产经纪机构应根据具体项目售楼处的功能定位与项目条件，认真研究，寻找到两者的平衡点，据此选定售楼处的位置
	售楼处布置	包括售楼处户外功能布置、内部功能区域布置、人流动线设计、装修装饰风格及档次设计。应根据售楼处的功能、项目目标客户的类型（收入、年龄、职业等）、经费预算等因素，综合考虑后确定
	制定售楼处管理制度	包括工作流程、关键内容说辞、接待时间、保洁要求等。其中工作流程是最为核心的部分，主要包括客户接待的流程、签约流程、收款流程、交房流程等
	组建售楼处工作团队	售楼处的工作团队包括销售人员、管理人员和辅助人员三大类。应根据项目的房源数量、销售期、市场推广方式等情况综合考虑而定
售楼处的选址		售楼处选址应在售楼处功能要求与项目自身条件约束之间寻求平衡点。具体而言，则有以下必须注意的事项： （1）保证售楼处的可视性； （2）保证售楼处的通达性； （3）保证售楼处的空间容纳性； （4）保证售楼处与项目（特别是样板房）之间的便捷性； （5）保证进出售楼处人员的安全性； （6）尽可能减少售楼处的浪费

二、售楼处的布置与人员配置（表 3-30）

表 3-30　　　　　　　　　　　　　售楼处的布置与人员配置

项目		内　容
售楼处的布置	户外功能布置	售楼处的户外功能包括广告功能、广场功能、停车场功能、通往样板房的道路功能
	室内功能分区	售楼处内部应根据售楼处具体的功能，合理划分功能区，以免各种功能有条不紊地进行
	人流动线设计	为了保证各类信息的充分展示，应对售楼处内的客户人流动线进行合理设计，并据此安排不同功能区域的具体位置
	装修装饰风格	售楼处的建筑外形、外墙立面用材、色调，均应与项目本身的建筑风格协调、统一，内部装修风格和档次应根据目标客户的偏好进行设计，家具、装饰品等应选择有利于激发客户购买欲的品种，并可适当地配置背景音乐烘托气氛，但要注意音乐文化属性与项目定位的统一

项目		内　容
售楼处的人员配置	销售人员	售楼处内销售人员的数量，应根据项目销售单位的多寡而定，但售楼处的大小也是必须考虑的因素，面积较大，或分层布局的，应相应配置更多人数的销售人员
	管理人员	售楼处的管理人员即案场经理，是非常关键的人员，他（她）对案场团队的管理能力，直接影响项目的销售业绩
	其他相关人员	售楼处也是收取定金、首付款的场所，因此应配置专门的会计和出纳人员。 此外，根据房地产经纪机构对销售过程管理的制度，可相应配置办证员（负责办理登记、贷款等手续）、文员（负责文件准备、填写报表等）、网管（负责计算机系统、影音展示设备维护）、司机（负责看房车辆使用与维护）、保安（负责售楼处安全、秩序维护）、保洁等人员

第四章 房地产经纪机构的企业管理

命题考点一 现代企业的战略管理

一、现代企业战略管理的含义和特点（表 4-1）

表 4-1 现代企业战略管理的含义和特点

项目		内 容
概念		现代企业战略管理是指企业确定其使命，根据企业外部环境和内部条件设定战略目标，为保证目标的正确落实和实现进行谋划，并依靠企业内外部力量将这种谋划和决策付诸实施，以及在实施过程中进行控制的动态管理过程
含义理解		一是企业战略管理不仅涉及战略的制定和规划，而且也包含着将制定出的战略付诸实施的管理，因此是一个全过程的管理；二是企业战略管理不是静态的、一次性的管理，而是一种循环往复的动态管理过程，需要根据外部环境的变化、内部条件的改变，以及战略执行结果的反馈信息等，不断重新进行新一轮战略管理的过程，是不间断的管理
任务		战略管理的任务就是通过战略制定、战略实施和日常管理，在保持这三者之间动态平衡的条件下，实现企业的战略目标
特点	全局性	企业的战略管理是以企业的全局为对象，根据企业总体发展的需要而制定的。它所管理的是企业的总体活动，所追求的是企业的总体效果。具体地说，战略管理不是强调企业某一职能部门的重要性，而是通过制定企业的使命、目标和战略来协调企业各部门的工作以保证企业整体使命和目标的实现
	决策层是管理主体	由于企业的战略决策涉及企业活动的各个方面，虽然战略决策的实施和落实需要企业全体员工的共同参与和努力，但企业的决策层是企业战略的筹划者、制定者和落实者
	企业资源是保障	从更加广泛的角度来看，企业资源包括能转化为支持、帮助和优势的一切物质和非物质资源。企业的资源可以分为内部资源和外部资源，其中，内部资源包括：人力资源、财力资源、物力资源、信息资源、技术资源、管理资源、可控市场资源以及内部环境资源；外部资源包括：行业资源、产业资源、市场资源和外部环境资源
	长远性	战略管理中的战略决策是对企业未来较长时期（5年以上）的生存和发展所进行的统筹规划
	复杂性	战略管理的复杂性是由企业所处的大环境所决定的。在这个大背景下，企业要使自己在市场中占据有利地位并取得竞争优势，必须考虑与其相关的诸多外在因素，包括竞争者、顾客、资金供给者、政府等，以使企业的行为与不断变化中的外部环境相适应，只有这样，企业才能够继续生存下去

二、现代企业战略管理的内容与意义（表 4-2）

表 4-2　　　　　　　　　　　　现代企业战略管理的内容与意义

项目		内　　容
战略管理的关键要素	战略分析	战略分析的主要目的是评价影响企业目前和今后发展的关键因素，并确定在战略选择步骤中的具体影响因素。其内容主要包括三个方面： （1）确定企业的使命和目标； （2）外部环境分析； （3）内部条件分析
	战略选择	战略选择阶段的所要回答的问题是"企业走向何处"。首先需要制定战略选择方案；其次是评估战略备选方案；最后是战略政策和计划
	战略实施	战略实施就是采取措施发挥战略作用。在该阶段主要解决的问题包括：如何在企业内部各部门和各层次间分配及使用现有的资源；为了实现企业目标，还需要获得哪些外部资源以及如何使用；为了实现既定的战略目标，需要对组织结构做些调整；如何处理可能出现的利益再分配与企业文化的适应问题，如何进行企业文化管理，以保证企业战略的成功实施等
	战略评价和调整	战略评价和调整就是检验战略的有效性。战略评价就是通过评价企业的经营业绩，审视战略的科学性和有效性。而战略调整是指根据企业情况的发展变化，即参照实际的经营状况、变化的经营环境、新思维和新机会，及时对所制定的战略进行调整，以保证战略对企业经营管理进行指导的有效性。战略调整包括调整公司的战略展望、公司的长期发展方向、公司的目标体系、公司的战略以及公司战略的执行等内容
现代企业战略管理的主要内容	企业使命的确定	企业使命包括企业的经营哲学、理念、宗旨等
	外部环境与内部条件的分析	整体上看，外部环境主要包括宏观环境、产业环境、市场环境，而对企业内部条件的分析侧重于对企业拥有资源和运用资源能力的分析
	制定战略目标	一个好的战略目标通常具有四个特征：时限性、确定性、综合性和现实性
	业务领域选择	它是指企业现在可以提供的产品与服务的领域以及在未来一定时间内拟进入或退出、支持或限制的某些业务领域，它为企业活动确定了界限，也因此为企业规定了某种环境界限
	制定重大经营策略	具体内容包括制定企业管理层的决策规则和工作程序、企业经营管理的重点，资源的配置结构等，并明确企业主要职能领域，如营销、生产、研究与开发、人事、财务等各方面的工作方针及相互之间的协调方法
	制定实施步骤	由于战略目标是一个立足于长远发展的目标，因此不可能一蹴而就，客观上需要循序渐进。同时在战略方案的长期实施过程中，由于外部环境与内部条件的不断变化，通常需要将战略目标分阶段实施，并明确分期目标。分阶段实施战略目标，有助于企业对其战略的实施效果及各方面条件的改变做出回顾与评价，以便对战略方案的实施进行及时适当地调整，以保障整体战略目标的实现
现代企业战略管理的意义		（1）为企业提出明确的发展方向和目标； （2）为企业迎接一切机遇和挑战创造良好的条件； （3）决策更加科学化和规律化

命题考点二　房地产经纪机构的战略管理与战略选择

一、房地产经纪机构的战略管理（表4-3）

表4-3　　　　　　　　　　　房地产经纪机构的战略管理

项目		内　容
房地产经纪机构战略管理的含义		房地产经纪机构的战略管理是指房地产经纪机构确定其使命，根据机构外部环境和内部条件设定企业的战略目标，为保证目标的正确落实和实现进行谋划，并依靠企业内部力量将这种谋划和决策付诸实施，以及在实施过程中进行控制的动态管理过程
房地产经纪机构战略管理的内容	明确使命	现阶段，房地产经纪机构总的使命应该是以勤勉尽责的态度，遵循"己所不欲，勿施于人"的原则，以向委托人提供规范、优质、高效的专业服务为宗旨，促成合法、安全、公平的房地产交易
	经营环境分析	房地产经纪机构的经营环境分析通常包括三个方面：一是宏观环境分析，包括法律层面、金融制度和融资环境、经济发展状况、地方法规等方面的内容。二是微观行业环境分析，包括行业发展政策、同行业竞争对手的情况、人力资源状况、工商管理制度等。三是市场分析，包括本地市场现状、市场成熟度、市场未来的发展趋势等
	目标设立	房地产经纪机构长期目标和短期目标的设立必须基于外部环境和企业自身的实力。远期目标可能包括市场地位、业务领先程度、市场占有目标以及市场拓展计划等，近期目标则可以包括一些财务指标、门店数量、业务数量、人员数量、区域知名度等
	业务领域选择	房地产经纪机构的业务领域包括区域选择、业务类型选择、市场范围选择、目标客户选择等
	经营模式选择	一般而言，房地产经纪机构应综合考虑自身所在区域的特点、技术特长、人力资源状况、需求等各种因素的基础上，选择合适的经营模式
	战略控制	随着外部环境、内部条件的不断改变，原来适合的经营模式、经营区域、推广策略等都可能变得不再适应企业的发展。在这种情况下，就需要房地产经纪机构根据出现的新情况、新特点，按照企业使命，重新进行分析和调整具体的经营策略。当重大变动出现时，甚至需要按照规定的程序和方法对企业的战略决策进行调整
房地产经纪机构战略管理的意义		（1）强化员工使命感，责任感，树立对企业未来发展的信心； （2）为房地产经纪机构的长远发展奠定基础； （3）优化房地产经纪机构的资源配置； （4）实现房地产经纪机构的全动态管理

二、房地产经纪机构的战略选择（表4-4）

表4-4　　　　　　　　　　　房地产经纪机构的战略选择

项目		内　容
房地产经纪机构的经营模式	低成本战略	低成本战略是一种以较低的总成本提供产品或服务，从而吸引广大顾客的战略。企业凭借其成本优势，可以在激烈的市场竞争中获得有利的竞争优势。低成本战略就是在有效规模基础上，全力以赴降低成本，有效控制成本与管理费用，以及最大限度地减少成本费用

续表

项目		内　容
房地产经纪机构的经营模式	聚焦战略	聚焦战略是指把经营战略的重点放在一个特定的目标市场上，为特定的地区或特定的购买集团提供特殊的产品或服务
	一体化成长战略	一体化成长战略是指房地产经纪机构利用自身的优势，使企业向深度和广度发展的一种战略。 一体化成长战略有三种类型： （1）后向一体化； （2）前向一体化； （3）水平一体化
	多样化战略	（1）横向多样化。 横向多样化是以现有的市场为中心，向水平方向扩展服务领域，又称水平多样化或专业多样化。 横向多样化有三种类型： 1）市场开发型； 2）产品开发型； 3）产品、市场开发型。 （2）多向多样化。 多向多样化是指虽然与现有的产品、市场领域有关，但是通过开发完全异质的服务和市场来使经营领域多样化。 多向多样化包括多种类型： 1）技术关系多样化； 2）市场营销关系的多样化； 3）资源多样化； 4）复合多样化
房地产经纪机构扩张的模式		房地产经纪机构扩张战略的选择，主要取决于企业资金实力、品牌的知名度以及企业发展的整体战略。从目前房地产经纪机构所实施的扩张战略来看，主要有以下几种选择： （1）跨地域市场扩张战略； （2）跨专业市场扩张战略； （3）跨行业扩张战略； （4）综合性扩张战略

命题考点三　房地产经纪机构的品牌管理

一、品牌的定义、特点和作用与品牌管理的含义（表4-5）

表4-5　　　　　　　　品牌的定义、特点和作用与品牌管理的含义

项目	内　容
品牌最基本的概念	品牌由品牌名称和品牌标志组成，这是品牌的最基本的概念

续表

项目	内　容
品牌最持久的含义	品牌最持久的含义是其价值、文化和个性，它们构成了现代品牌的实质
品牌的特点	（1）特定的品牌只和特定的产品或企业联系在一起，品牌具有排他性； （2）品牌具有品牌价值； （3）品牌具有丰富的内涵； （4）品牌塑造需要一个过程
品牌的市场作用主要表现的方面	（1）品牌是企业与消费者之间的一份无形契约，是对消费者的一种保证，有品牌与无品牌的产品相比，消费者更多地信赖有品牌的产品； （2）品牌是消费者选择商品的依据，是消费经验的积累与运用； （3）品牌是规避单纯价格竞争的一种手段，因为消费者愿意为品牌的特有附加价值，支付一定的费用； （4）品牌是企业实现利润最大化的保证，每一个新产品的推出，都可以借助原品牌增加价值； （5）品牌是身份和地位的象征，有利于促进产品销售，树立企业形象
品牌管理的含义	企业的品牌管理一般包含三层含义，即品质管理、品牌建设以及品牌维护。品质管理是品牌管理的基础，没有良好的产品或服务的品质，成就不了优势的品牌。目前市场上声誉良好的品牌，都是以品质优良的产品（服务）作后盾。品牌建设是指企业以诚信为基础，以产品质量和产品特色为核心，确定品牌定位、制定品牌规划和品牌形象等一系列活动和过程。品牌维护，是指企业针对外部环境的变化可能对品牌造成的影响所进行的维护品牌形象、保持品牌的市场地位和品牌价值的一系列活动的统称

二、企业品牌管理的内容与意义（表4-6）

表4-6　　　　　　　　　　企业品牌管理的内容与意义

项目		内　容
内容	品牌核心价值的确定	一个品牌必须要有自己核心的品牌价值，也就是品牌承诺。品牌核心价值是品牌生存与发展最宝贵的财富，是品牌持续发展最强大的推动力。企业在分析研究消费者真正的内心需求时，推出自己有创新、有优势、最能引起消费者关注的产品。这种产品就能充分体现品牌的核心价值
	品牌定位	根据企业的实际情况，如何在某一特定的消费群体中让自己的品牌与竞争者的品牌相区别。品牌定位需要考虑市场细分与消费者群体的选择，明确目标竞争者，确定品牌差异的属性
	品牌识别	品牌识别是从表现风格和主题两个方面进行考虑。品牌的风格可以传达品牌思想（品牌核心价值）和品牌个性，它影响着消费者对品牌的感知。风格是外表特征，通过直观的感知来建立品牌的认同度和忠诚度。而主题则是内涵本质，通过市场行为激发消费者对品牌的购买与拥有欲望
	品牌推广	品牌推广是品牌树立、维护过程中的重要环节，它包括传播计划及执行、品牌跟踪与评估等
	品牌组织架构与流程	组织架构与流程是品牌管理工作的根本保证。品牌管理贯穿于品牌创建、品牌维护、品牌推广的每一个环节，需要方方面面的支持和配合才能得以正确实施
意义		（1）通过品牌管理，提高企业品牌的核心竞争力； （2）通过品牌管理，增强企业的吸引力与辐射力； （3）品牌管理是企业品牌延伸及品牌国际化经营的基础，是推动企业发展和社会进步的一个积极因素； （4）通过品牌管理，提高企业经济效益

三、房地产经纪机构品牌管理的含义、内容和特点（表4-7）

表 4-7 房地产经纪机构品牌管理的含义、内容和特点

项目	内　容
含义	房地产经纪机构的品牌管理是指房地产经纪机构以企业自身的特点及服务特色为核心，为树立企业形象和提升顾客感知价值所进行的企业品牌建设、品牌维护等一系列活动和过程。其中，客户感知价值取决于客户对服务过程和服务结果的期望和实际感受之间的综合权衡
内容	房地产经纪机构品牌管理的主要内容是品牌建立和品牌维护，通过制定企业的品牌战略、品牌识别系统以及积极的推广宣传，树立企业在市场中独一无二的形象和标示；通过遵循品牌维护的基本原则、提升服务质量、建立客户关系以及品牌的理性延伸、创新、联动等手段和方法对品牌进行有效的维护
特点	房地产经纪机构品牌管理的特点主要体现在以下几个方面：一是品牌管理的目标是提升客户价值，造就忠诚客户和终身客户；二是品牌建立以客户对企业服务的感知价值为核心；三是品牌维护主要通过影响客户价值感知的途径，利用交互过程中的良好的态度、快捷灵活的服务、合理的价格以及建立良好的客户关系来实现

四、房地产经纪机构品牌的建立（表4-8）

表 4-8 房地产经纪机构品牌的建立

项目		内　容
制定企业的品牌战略	品牌的战略地位	它是关系到一个企业兴衰成败的根本性决策，是企业品牌经营的提纲和总领，是实现持续发展的前提与保证
	品牌的战略目标	包括：品牌愿景、品牌定位和品牌结构
	品牌定位的原则	品牌定位的原则："有价值"、"独特"、"可信"、"稳定"和"量力而行"
	企业的品牌结构	第一层次：企业品牌；第二层次：事业品牌，即代表各业务类型的品牌；第三层次：产品品牌，即代表某类产品（或服务）的品牌
	品牌规划	品牌规划就是对品牌愿景、品牌定位和品牌结构的研究、筹划，它是品牌战略中的基础部分，其质量高低决定了整个品牌战略的成败
建立品牌的识别系统，并进行品牌传播	品牌识别	品牌识别是指区别于竞争对手的，客户可以感知和产生联系的视觉要素和其他要素。其中包括图形、文字、色彩、声音以及促销和公关手段等，它们构成品牌的形象特征
	品牌传播	现代的品牌传播是以"双向沟通"的方式实现的。研究、分析及确定社会（市场）的需求，特别是未来的消费潮流、"时尚"的概念，则是品牌传播者的首要任务

五、房地产经纪机构品牌的维护（表4-9）

表4-9 房地产经纪机构品牌的维护

项目	内　容
通过服务质量的全面提高，提升客户感知价值，保持和扩大企业品牌的影响力	房地产经纪机构的服务质量是影响客户感知价值的重要因素之一。首先，需要加强企业的员工的思想教育，树立客户至上的服务理念，以热情周到的服务，提升客户的满意度，为感知价值的提高奠定基础；其次，加强企业员工的技能培训并建立快捷、便利、规范的工作程序，为客户提供快捷，便利的服务，以提高对服务过程的满意度，提升其感知价值；最后，通过制定合理的价格，减少客户的成本支出
通过建立良好和持续的客户关系，强化客户的归属感和品牌忠诚	房地产经纪服务的过程，既是企业品牌建立和推广的过程，也是建立客户关系的过程。首先通过为客户提供服务，让客户获得足够的信息能够充分了解和感受企业的服务，了解企业的品牌；其次，在服务过程中，以优质的服务获得客户对品牌的尊重；通过和客户建立起友谊关系，进而赢得客户的信任；最后，客户由信任而生成对品牌的忠诚，客户和企业成为良好的长期合作伙伴

命题考点四　房地产经纪机构的客户关系管理

一、客户关系管理的含义（表4-10）

表4-10 客户关系管理的含义

项目	内　容
含义	客户关系管理，是一种以客户为中心的经营策略，它以信息技术为手段，通过对相关业务流程的重新设计及相关工作流程的重新组合，以完善的客户服务和深入的客户分析来满足客户个性化的需要，提高客户满意度和忠诚度，从而保证客户终生价值和企业利润"双赢"策略的实现
理解客户关系管理的三个层面	（1）客户关系管理是一种企业管理的指导思想和理念，为企业提供全方位的管理视角；赋予企业更完善的客户交流能力，实现企业和客户利益的双赢。 （2）客户关系管理是创新的企业管理模式和运营机制，是自动化的以客户为中心的商业过程。 （3）客户关系管理是企业管理中信息技术、软硬件系统集成的管理方法和应用解决方案的总和
核心思想	客户是企业的一项重要资产，客户关怀是中心，客户关怀的目的是与所选客户建立长期和有效的业务关系，在与客户的每一个"接触点"上都更加接近客户、了解客户，最大限度地增加企业的市场份额和利润水平

二、客户关系管理的功能（表4-11）

表4-11 客户关系管理的功能

功能	内　容
改进营销方式	CRM系统提供了更为个性化的营销手段，可以根据客户的需求、偏好、年龄、职业和收入情况等来推销不同的产品；同时CRM系统还能够通过对不同来源途径（如电话、展销会、网上留言、客户俱乐部等）所获得的信息进行分析，筛选出一批潜在客户。个性化的营销方法既克服了大众营销高成本的弊端，又通过针对性地服务，提高了营销的成功率。 此外，CRM营销管理部分还包括自动业务处理功能，能够自动处理客户索取资料的要求，将客户索取的资料，如产品详细介绍、报价单等以电子邮件、传真、邮递等途径快速无误地送到客户手中，扩大了信息的传递范围和传递效率

续表

功能	内　容
加强销售管理	CRM 系统凭借电话销售、移动销售、远程销售、电子商务等多种销售工具，用自动化的处理过程代替手工操作，缩短了销售周期，使得销售活动流程更为科学化、合理化，从而提高销售活动的效益
提供更好的客户服务支持	客户关系管理通过统一的客户服务中心，涵盖售前、售中、售后所有的过程，使客户服务没有断点。客户服务支持管理一般包括客户账号管理、服务合约管理、服务请求管理、联系活动管理以及客户普查等功能
协助客户分析	CRM 利用数据库、数据挖掘、多媒体等信息技术，挖掘与分析现有客户信息以预测客户的未来行为，促使其重复购买和吸引新客户。它能帮助企业在正确的时间，向正确的客户推销正确的产品与服务。客户分析系统一般包括客户分类分析，市场活动影响分析，客户联系时机优化分析，以及交叉销售与增量销售分析

三、房地产经纪机构的客户关系管理（表 4-12）

表 4-12　　　　　　　　　　房地产经纪机构的客户关系管理

项目		内　容
留住客户	提供个性化服务	要想留住客户必须为客户提供迅捷、满意的服务，这就要求房地产经纪人员要掌握专业知识，熟悉市场，了解客户需求。通过对成交客户资料的研究，分析客户的行为特点，确定客户的服务级别，可为特殊的客户提供个性化服务
	正确处理投诉	对投诉的正确处理也相当重要，可以将因失误或错误导致的客户失望转化为新的机会，并显示房地产经纪机构诚信经营和为客户服务的品牌形象
	建立长久的合作关系	对于机构客户，在房地产经纪营销中，经纪企业通常可以通过介入开发商的项目前期运作，与开发商形成稳定的结构纽带关系，成功的项目合作可与开发商形成长久的合作伙伴关系。对于个人客户，经纪企业要根据客户价值，挑选出最有价值的个人客户，建立长期合作的关系
	与客户积极沟通	房地产经纪机构的沟通对象包括开发商、业主、购买者和承租人等，经纪企业要与他们进行积极的，及时的沟通。客户俱乐部是经纪企业与客户有效沟通的载体
争取新客户	鼓励客户推荐	可以通过折扣返点，减免一定时期的管理费，推荐积分等手段鼓励已买房客户介绍朋友购买
	给新客户提供附加服务	比如有奖销售、限时优惠，吸收新客户加入客户会享受各种会员服务等

四、房地产经纪机构客户关系管理系统的设计（表 4-13）

表 4-13　　　　　　　房地产经纪机构客户关系管理系统的设计

项目	内　容
客户关系管理系统的构成	房地产经纪机构客户关系管理系统是信息技术、软硬件系统集成的管理方法和应用解决方案在房地产经纪机构的应用。该系统由客户联络中心、客户资料数据库、客户分析子系统、决策支持子系统等构成，其中，客户资料数据库是客户关系管理的核心

项目	内　容
客户数据库的建立和维护	客户数据资料库是由房地产经纪信息及销售管理信息所组成。建立客户数据资料库包括信息的输入与存储、整理分析、数据输出等工作
客户分析子系统	客户分析子系统可以提供和输出客户表单管理、营销表单管理、客户资料管理、营销服务质量分析以及客户行为分析等的分析结果
决策支持子系统	利用决策支持系统，企业可以根据客户分析的结果，全面了解和把握企业的营销质量是否有显著的提高；能够及时发现客户关系管理中存在的问题；发现企业整个经营活动各个环节是否协调一致，并在此基础上，制定企业下一步的经营决策

命题考点五　房地产经纪机构的运营管理

一、房地产经纪机构经营模式的选择（表4-14）

表4-14　　　　　　　　　房地产经纪机构经营模式的选择

项目	内　容
组织结构的选择	房地产经纪机构建立什么样的组织结构，是否开设店铺主要是根据其所面向的客户类型决定的
企业规模的选择	经纪企业对企业规模的选择，首先要遵循规模经济的一般原理，其次要根据经纪企业的自身特点，着重考虑经营规模与以下三方面因素的匹配程度：信息资源、人力资源和管理水平
规模化经营方式的选择	无店铺的经纪企业规模化运作时，需要考虑企业内部部门的扩张和结构更新或设立分支机构。有店铺的经纪企业规模化运作的主要方式是连锁经营。目前，一些沿海特大城市中出现了一些超大型的规模化房地产经纪机构，它们进行规模化经营的方式虽然各有不同，但最主要的有直营连锁经营和特许加盟经营两种

二、房地产经纪机构业务流程管理（表4-15）

表4-15　　　　　　　　　房地产经纪机构业务流程管理

项目		内　容
流程管理的基本概念	企业业务流程	企业流程，简单说就是为完成某一目标（任务）而进行的一系列逻辑相关活动的有序集合。企业流程是由活动和活动之间的逻辑关系组成的。活动是最小单位的、不可分的行为；活动与活动通过串联、并联与反馈三种逻辑关系组织起来，从而实现一定的目标。企业流程具有整体性、动态性和层次性等特点，其中层次性是进行企业流程分析和再造时必须重视的一个特性
	企业业务流程再造	企业流程再造就是以业务为中心和改造对象，以关心和满足客户的需求为目的，对现有经营流程进行根本性的再思考和再设计，利用先进的信息技术及现代的管理手段，最大地实现功能集成和管理上的职能集成，打破传统的职能型组织结构，建立过程型组织结构，以实现企业在速度、质量、效率、成本和客户满意度等方面经营性能的巨大提高。流程再造提出了"合工"的思想，即借助信息技术，以重整业务流程为突破口，将原先被分割得支离破碎的业务流程再"组装"起来

项目		内　容
业务流程分析和重组	业务流程分析和重组的步骤	(1) 对现有流程进行调研； (2) 绘制现有流程，对流程中的每个活动进行描述； (3) 组织小组讨论，找出流程中每个阶段存在的问题； (4) 将问题分类，确定解决问题的先后顺序； (5) 寻找解决问题的方法； (6) 选择最好的解决方案，安排专人负责实施； (7) 评估实施结果，修正解决方案，重新实施； (8) 进行下一个问题的解决； (9) 进行新一轮的流程分析
	业务流程改造	(1) 将几个工序合并，由一个人完成； (2) 将完成几道工序的人员组成小组或团队共同工作，构造新流程
业务流程管理模式	建立有效的组织保障	有效的组织保障包括：建立流程管理机构，这一机构可以归入管理流程中；配备强有力的领导来负责内部的流程管理工作；制定各流程之间的动态关系规则。通过实施流程管理模式，传统组织中的组织图将不复存在，取代它的是流程管理图
	建立流程管理信息系统	流程管理需要大量的信息，必须以快速而灵敏的信息网络来支持。信息系统的建设，一方面要构造公司内部的信息网络；另一方面要与公司外部的信息网络连接，充分利用外部的信息资源
	重塑企业文化	企业必须建立与流程管理相适应的企业文化。与流程管理相适应的文化基础是团队精神，即工作小组成员之间的信任感、默契感和积极向上的精神风貌
	培养复合型人才	复杂的工作需要配备高素质、全能的人才。因此，运用流程管理模式的经纪企业，必须加强对员工的教育、培训和辅导

三、房地产经纪机构办公系统组织 （表 4-16）

表 4-16　　　　　　　　　房地产经纪机构办公系统组织

项目	内　容
办公地址选择	房地产经纪机构办公室的选址首先要考虑交通便利程度，比如距离地铁、公交线路较近、有一定的人流、车流量。具体选择办公地点时，必须以办公室的办公性质为指导
办公室的区域分布	办公室不仅仅是容纳办公家具和设备的场所，更反映了对公司的总体构想和布局，建立的是公司的形象，因而办公室的区域分布应具有灵活性，能自由应付公司的变化的需要
办公室内部布局	办公室布置的目的是通过合理的布局，最大限度地促进生产效率的提高，同时对雇员产生吸引力。首先是空间的需求量，其次是布局架构所产生的效率

命题考点六　房地产经纪机构的财务管理

一、企业财务管理的含义 （表 4-17）

表 4-17　　　　　　　　　企业财务管理的含义

项目	内　容
含义	企业财务管理，是指依据国家的政策、法规，根据资金运动的特点和规律，科学地组织企业资金运动，正确地处理企业财务关系，以提高资金使用效率与企业经济效益的管理活动

续表

项目		内　容
含义包括的几个方面	财务管理是一项综合性管理工作	企业管理在实行分工、分权的过程中形成了一系列专业管理，有的侧重于使用价值的管理，有的侧重于价值的管理，有的侧重于劳动要素的管理，有的侧重于信息的管理。社会经济的发展，要求财务管理主要是运用价值形式对经营活动实施管理。因此，财务管理既是企业管理的一个独立方面，又是一项综合性的管理工作
	财务管理与企业各方面具有广泛联系	在企业中，一切涉及资金的收支活动，都与财务管理有关。事实上，企业内部各部门与资金不发生联系的现象是很少见的。每一个部门都会通过资金的使用与财务部门发生联系。每一个部门也都要在合理使用资金、节约资金支出等方面接受财务部门的指导，受到财务制度的约束，以此来保证企业经济效益的提高
	财务管理能迅速反映企业生产经营状况	在企业管理中，决策是否得当，经营是否合理，技术是否先进，产销是否顺畅，都可迅速地在企业财务指标中得到反映。财务管理工作既有其独立性，又受整个企业管理工作的制约。财务部门应通过自己的工作，向企业领导及时通报有关财务指标的变化情况，以便把各部门的工作都纳入到提高经济效益的轨道，努力实现财务管理的目标

二、企业财务管理的目标（表4-18）

表4-18　　　　　　　　　　　　　企业财务管理的目标

项目	内　容
企业财务管理目标	企业财务管理目标是指在国家法规政策的指导下，通过科学地组织财务活动，正确地处理财务关系，以尽可能少的资金运用与耗费，努力追求利润最大化和所有者权益的扩大化。 财务管理目标又称理财目标，是企业进行财务活动所要达到的根本目的，它决定着企业财务管理的基本方向
企业财务管理目标具有的特征	（1）财务管理目标具有相对稳定性； （2）财务管理目标具有可操作性； （3）财务管理目标具有层次性

三、企业财务管理的内容（表4-19）

表4-19　　　　　　　　　　　　　企业财务管理的内容

项目	内　容
资金筹集管理	资金筹集管理是指企业为保证生产经济活动的正常进行，对多种渠道筹措与集中资金所进行的管理活动。包括筹资量的确定、筹资渠道与方式的选择、资金的实际取得等决策与管理行为
资金运用管理	资金运用管理是指为保证生产经营目标的实现，对生产经营中及时而有效地运用企业资金所进行的管理活动。资金运用包括两个方面：一是对资金占用和耗费进行管理；二是对外投资的管理
资金回收与分配管理	资金回收与分配管理是指企业对有效回收资金和合理分配资金所进行的管理活动。活动内容主要包括两个方面：一是加强产品（服务）销售管理，最大限度地回收货币资金；二是对回收资金进行合理地分配

四、房地产经纪机构财务管理的内容与加强房地产经纪机构财务管理的途径（表4-20）

表4-20　　　　房地产经纪机构财务管理的内容与加强房地产经纪机构财务管理的途径

项目	内　容
组织财务资源	经纪机构的财务管理首先要根据企业经营的资本要求，来组织财务资源即启动公司所要的资金。企业的基本费用要求一般包括： （1）基本费用。包括法律费用（组建公司），财务费用（咨询费、建立账目），通信费、加盟网络和专业协会的费用、办公室（押金、装修、租金），办公设备（电脑、传真机、复印设备、办公桌椅、文件柜等），办公用品、印刷品（徽标、标志、文具等），促销及广告宣传，标牌费用等。 （2）额外的费用开支，企业的资金来源包括企业内部筹资、银行贷款、资本市场等筹资渠道
经营预算	（1）经营收入。经营收入是指企业从事经营和提供劳务所取得的各项收入，包括主营业务收入和其他业务收入。经营收入还包括加盟店的加盟费等其他收入。 （2）经营费用。经营费用分为固定费用和流动费用。 房地产经纪机构的特殊性质，需要将几类费用详细解释：1）前期考察、项目接洽费用；2）市场营销与广告宣传费；3）销售成本。 （3）利润。利润是企业经营活动所取得的净收益，是企业的经营成果，是反映企业的经营效益和管理水平的重要指标，包括营业利润、投资净收益、营业外的收支净额
账务管理	（1）财务管理。房地产经纪机构的财务管理按照管理项目来分，可分为日常经营财务管理、投资财务管理与筹资财务管理。日常经营财务管理主要是针对公司日常经营的资金控制费用开支等，还包括对一年的经营成果进行分析，并制定出下一年的服务计划等工作。 （2）财务数据管理。财务数据管理就是要通过财务数据的收集、验证、存档等具体程序来建立资料数据库，以便房地产经纪机构的领导人通过财务数据库来谨慎地监督并控制公司多方面的运作
加强房地产经纪机构财务管理的途径	（1）建立健全以财务管理为核心的管理体系。 （2）建立健全会计信息和统计信息相结合的电算化管理。 （3）各项决策包括筹资决策、投资决策、经营决策等要在保证企业持续经营和发展的基础上进行。 （4）加强成本管理，在保证正常生产经营需要新的利润来源；另一方面要不断对现时的利润结构进行分析和调整，尤其要加强和扩大主营业务利润，避免短期行为，保证和提高利润的质量。 （5）加强风险管理

命题考点七　房地产经纪机构的人力资源管理

一、人力资源管理的目标和内容（表4-21）

表4-21　　　　　　　　　　人力资源管理的目标和内容

项目	内　容
含义	人力资源管理是指企业的一系列人力资源政策以及相应的管理活动。这些活动主要包括企业人力资源战略的制定，员工的招募与选拔，培训与开发，绩效管理，薪酬管理，员工流动管理，员工关系管理，员工安全与健康管理等

续表

项目	内　容
目标	（1）企业的目标最终将通过其最有价值的资源——它的员工来实现。 （2）为提高员工个人和企业整体的业绩，人们应把促进企业的成功当作自己的义务。 （3）制定与企业业绩紧密相连，具有连贯性的人力资源方针和制度，是企业最有效利用资源和实现商业目标的必要前提。 （4）应努力寻求人力资源管理政策与商业目标之间的匹配和统一。 （5）当企业文化合理时，人力资源管理政策应起支持作用；当企业文化不合理时，人力资源管理政策应促使其改进。 （6）创造理想的企业环境，鼓励员工创造，培养积极向上的作风；人力资源政策应为合作、创新和全面质量管理的完善提供合适的环境。 （7）创造反应灵敏、适应性强的组织体系，从而帮助企业实现竞争环境下的具体目标。 （8）增强员工上班时间和工作内容的灵活性。 （9）提供相对完善的工作和组织条件，为员工充分发挥其潜力提供所需要的各种支持。 （10）维护和完善员工队伍以及产品和服务
内容	（1）职务分析与设计；（2）人力资源规划；（3）员工招聘与选拔；（4）绩效考评；（5）薪酬管理；（6）员工激励；（7）培训与开发；（8）职业生涯规划；（9）人力资源会计；（10）劳动关系管理

二、房地产经纪机构的人力资源管理（表4-22）

表4-22　　　　　　　房地产经纪机构的人力资源管理

项目	内　容
特征	（1）人本性；（2）合法性；（3）双赢性与互惠性；（4）战略性与全面性
内容	（1）职务分析与设计；（2）人力资源规划；（3）员工招聘与选拔；（4）绩效考评；（5）薪酬管理；（6）员工激励；（7）培训与开发；（8）职业生涯规划；（9）人力资源会计；（10）劳动关系管理

三、房地产经纪人与房地产经纪机构的关系（表4-23）

表4-23　　　　　　　房地产经纪人与房地产经纪机构的关系

关系	内　容
执业关系	根据一般规定，不论是设立房地产经纪公司、房地产经纪合伙企业、房地产经纪个人独资企业，还是设立房地产经纪机构的分支机构，都必须有规定数量的注册房地产经纪人和注册房地产经纪人协理
法律责任关系	房地产经纪业务的特点决定了房地产经纪人员流动性比较大，由经纪企业统一承接经纪业务并承担法律责任有利于保护委托人、房地产经纪人员和房地产经纪企业三方的合法权益，也有利于促进经纪企业加强对其执业经纪人员的监督和管理
经济关系	由于房地产经纪业务是由房地产经纪企业统一承接的，房地产经纪合同是在委托人与房地产经纪企业之间签订的，因此，由房地产经纪企业统一向委托人收取佣金等服务费用，并由房地产经纪企业出具发票。经纪企业收取佣金后应按约定给予具体承接和执行经纪业务的房地产经纪人员报酬，报酬的形式可以由经纪企业与经纪人员协商约定，可以是计件的也可以是按标的总额提成等。报酬的具体金额或比例由双方约定，但应符合当地当时提供同类服务的正常水平

四、房地产经纪机构的薪酬制度（表 4-24）

表 4-24   房地产经纪机构的薪酬制度

项目	内　容
制定原则	（1）底薪与奖金分离； （2）简明扼要，易于执行； （3）管理方便，符合经济原则； （4）公平合理，有激励作用； （5）在同行业中有竞争力； （6）适时动态调整； （7）在机构内部各类、各级职务的奖酬基准上，适当的拉开差距
薪酬支付方式	（1）固定薪金制； （2）佣金制； （3）混合制

五、房地产经纪机构的激励机制（表 4-25）

表 4-25   房地产经纪机构的激励机制

激励机制	内　容
目标激励	设置适当的目标，把员工的需要与目标紧密联系在一起，从而调动员工的积极性。只有长远与近期相结合，集体利益和个人利益相结合，经过努力能够实现，实现之后能够获得利益的目标，才是具有激励作用的目标
情感激励	积极的情感可以焕发出惊人的力量，消极的情感会严重妨碍工作。领导者如能和员工建立起真挚的感情，用自己积极的情感去感染员工，打动和征服员工的心，就能起到激励作用
尊重激励	尊重是加速员工自信力爆发的催化剂，尊重激励是一种基本激励方式
参与激励	现代人力资源管理的实践经验和研究表明，现代的员工都有参与管理的要求和愿望，创造和提供一切机会让员工参与管理是调动他们积极性的有效方法

命题考点八　房地产经纪机构的风险管理

一、企业风险与风险管理（表 4-26）

表 4-26   企业风险与风险管理

项目	内　容
含义	风险是指导致损失产生的不确定性。其定义包含了损失与不确定性两个非常重要的因素，企业风险就是企业难以确定会在何时、何处、何种程度发生损失的可能性。在企业的发展历程中，风险无时不在，也无处不在，既有源于企业外部的不可控因素所导致的风险，如社会动荡、自然灾害等，也有源自企业内部可控因素所导致的风险

续表

项目		内　　容
类型	总体风险	总体风险是指所有企业都会遇到的风险，这类风险一般由外部环境的变化引起，可控性较差，当这类风险发生时所有企业和相关机构都会受到影响。总体风险包括政策风险和市场风险
	个别风险	个别风险是指由于种种不利因素的影响，而给个别企业内部带来的不确定性。个别风险包括经营风险、财务风险、决策风险等
	意外风险	意外风险指人们无法预料到的风险，包括自然灾害（例如地震、暴雨、台风等不可抗力灾害的发生）和意外（如人们的过失行为）所带来的风险
管理		企业风险管理是指企业对风险进行识别、衡量、分析，并在此基础上有效地处置风险，以最低成本实现最大安全保障的科学管理方法。企业风险管理最主要的目标是控制与处置风险，以防止和减少损失，保障企业生产经营顺利开展和有序运作

二、房地产经纪机构的风险管理（表 4-27）

表 4-27　　　　　　　　　房地产经纪机构的风险管理

项目	内　　容
风险的构成	（1）信息欠缺引起的风险； （2）操作不规范引起的风险； （3）承诺不当引起的风险； （4）资金监管不当引起的风险； （5）产权纠纷引起的风险； （6）经纪业务对外合作的风险； （7）房地产经纪人员的道德风险； （8）客户道德风险
风险规避过程的步骤构成	（1）针对预知风险进行进一步调研； （2）根据调研结果，草拟消除风险的方案； （3）将该方案与相关人员讨论，并报上级批准； （4）实施该方案
风险规避的措施和方法	（1）加强对房地产经纪人教育和培养； （2）完善企业自身的制度建设和日常管理； （3）建立有效的风险识别和警示系统

命题考点九　房地产经纪机构企业管理案例分析

一、"上房置换"与"21 世纪不动产"简况（表 4-28）

表 4-28　　　　　　　　"上房置换"与"21 世纪不动产"简况

项目	内　　容
"上房置换"	"上房置换"是上海房屋置换有限公司的简称，"上房置换"模式是指上房置换公司所创建的一种具有本土特色的全新的房屋经纪企业运作管理模式。上房置换公司成立以来，连续 7 年保持了企业品牌、置换成交套数、租赁成交套数、成交金额、成交面积、门店数量、从业人员、技术支持 8 个方面的行业第一，成为了上海房地产流通服务业的龙头

项目	内　容
"21世纪不动产"	"21世纪不动产"是两个美国房地产传奇人物——经纪人巴特莱尔和费舍尔于1971年在美国加州创立的。 "21世纪不动产"公司通过在房地产流通服务领域中引入特许经营这样一种全新的经营模式，得到了快速的扩张，在短短的30年内，"21世纪不动产"在全球一共有加盟店6600多个，经纪人超过112 000人，成为全球房地产流通服务领域的第一品牌

二、"上房置换"与"21世纪不动产"两种模式的服务运营系统比较（表4-29）

表4-29　　　　"上房置换"与"21世纪不动产"两种模式的服务运营系统比较

项目	内　容
房地产经纪连锁经营企业服务运营系统要素分析	（1）总部及其职能支持部门对于业务门店的支持功能是否够强； （2）是否能保证各个层次之间信息流的通畅； （3）门店之间的信息资源是否能真正共享； （4）公司对门店和业务人员的激励和约束机制是否合理； （5）公司管理层规模和管理成本问题
"上房置换"模式的运营系统	（1）总体上采取了与同行业大规模连锁中介企业类似的管理构架，采取了扁平式的管理架构； （2）公司总部—管理中心—业务门店三个层次有着明确的职能分工
"21世纪不动产"模式的服务运营系统	（1）"21世纪不动产"美国总部是"21世纪不动产"品牌的所有人，是整个"21世纪不动产"全球体系的特许权人，它自身并不直接从事房地产服务业务，而只是提供特许权； （2）体系的第二层次，也即地区加盟分部层次，拥有"21世纪不动产"品牌在该地区的特许权； （3）体系的第三层次，也即区域加盟管理部门，主要职能是对在该区域中的加盟企业进行管理（当然不是对加盟企业进行经营管理，而是在加盟合同的框架内对加盟企业有违反加盟契约的经营行为进行监督）； （4）体系的第四层次，即加盟的业务门店（或加盟企业），它从事具体中介服务活动
两种模式服务运营系统构架的异同	（1）总部和分部层面对于业务门店的支持作用； （2）门店之间的信息沟通和共享
两种模式的服务运营系统的不同之处	（1）业务门店是否能"自主经营"，即经营管理权在总部管理层和业务门店之间的分配。在"上房置换"模式中，业务门店只是具体从事中介业务的载体，经营管理权主要在公司总部层面和5个管理中心。在"21世纪不动产"模式下，业务门店在加盟合同的框架下享有"独立的经营管理权"。 （2）经营利润的分享关系：在"上房置换"模式下，门店由公司投资，所以所有经营利润由公司享有；在"21世纪不动产"模式下，加盟门店享有经营利润。这直接导致两种模式下激励约束机制的差别

三、"上房置换"与"21世纪不动产"两种模式服务运营系统优势比较（表4-30）

表4-30　　　　"上房置换"与"21世纪不动产"两种模式服务运营系统优势比较

项目	内容
"上房置换"模式下服务运营系统的优势	（1）总部及其职能部门对于业务门店的支持更有动力，而且有着本土化优势：因为在"上房置换"模式下，各个业务门店都由公司所有，故其对业务门店的支持更有积极性。而且"上房置换"模式相对而言，对于上海房地产市场熟悉，具有本土化优势。 （2）业务门店之间的信息资源共享更为容易实现：只要公司层面能对业务门店的考核制度进行合理设计，业务门店之间的信息共享就能实现。而在"21世纪不动产"特许加盟体系中，各个业务门店都是独立的利益主体，要做到"信息共享"难度更大
"21世纪不动产"特许加盟模式下服务运营系统的优势	（1）由于各个加盟门店拥有"独立经营管理权"，相对于"上房置换"模式而言，门店在经营管理上决策更为及时，而且在门店进行的决策权限肯定大于"上房置换"模式下"部分事项决策权下放"。这在市场形势变化迅速的市场背景下，尤其有竞争优势。 （2）对业务人员的激励和约束机制更为有效：在特许加盟系统中，业务门店的收入属于门店所有，而门店的投资者通常都在进行着具体的中介业务操作，不存在委托–代理关系导致的成本

四、房产经纪服务传递系统的核心是全过程代理人制（表4-31）

表4-31　　　　　　房产经纪服务传递系统的核心是全过程代理人制

项目	内容
房地产经纪业典型的服务传递过程	职能支持部门 —业务支持服务→ 业务员 —全过程代理人制度→ 客户
优势体现在两个方面	（1）通过代理客户的业务员全程为客户服务的方式，使得客户与代理业务员之间建立高度的信任关系。业务员专与客户打交道，在置换过程中，全程代理客户的有关事宜，这样可随时掌握手中交易的执行情况并可随时向客户反映，听取客户的意见，使服务更加贴近客户，从而提高服务品质和客户满意度。 （2）这种制度便于对业务员进行考核，将业绩与激励机制有效地结合在一起，促进个人的主观能动性的发挥
经纪服务通过服务传递系统到达客户	（1）查询登记环节； （2）作价评估环节； （3）委托环节； （4）物业信息上网； （5）网上配对； （6）交易环节； （7）相关手续办理； （8）费用结算

五、"上房置换"模式中服务传递过程（表 4-32）

表 4-32　　　　　　　　　　"上房置换"模式中服务传递过程

流程环节	查询登记环节	作价评估	委托环节	上网阶段
客户所需服务	热情接待、信息查询登记服务	对于物业的建议售价和相关咨询	与中介企业签订中介服务委托合同	信息准确地上网
门店/业务员工作内容	接待，信息登记和查询	实地勘察、接受咨询	签订服务委托协议合同	录入信息进入网络系统
公司职能部门的支持功能	提供格式化的物业信息、需求信息登记表；广泛信息发布渠道，吸引尽量多的客户上门	建立网络评估体系，让客户可自行初步估算；引入专业评估公司，让估价更有可信度	提供格式化的协议书文本；对协议书签订定提供法务方面的支持	搭建网络系统，对业务员进行相关培训
配对环节	交易环节	相关手续办理	结算环节	—
客户所需服务	居间撮合服务	代办相关手续服务	—	—
业务员工作内容	居间撮合；签订交易合同	获取代办手续的资料证件；代理客户办理手续	与客户结算费用	—
公司职能部门的支持功能	提供格式化的合同文本；提供法务支持	公司可集中各门店的代办业务到专业代办公司集中办理	—	—

六、"上房置换"模式的服务传递系统（表 4-33）

表 4-33　　　　　　　　　　"上房置换"模式的服务传递系统

项目	内容
概念	"上房置换"公司建立了房产中介行业全新"蓝马甲"全过程代理人制度
特点	（1）突破房产经纪行业简单的一般委托服务概念，业务员并不仅仅是为上下家达成房屋置换有关协定，提供媒介或报告定约的机会，而是全方位的参与到置换活动中去，从置换咨询登记一直到置换房屋交割及后期跟踪服务，全程参与其中，被代理人因置换产生的一切要求均能在业务范围内予以满足。 （2）给予代理业务员充分的独立空间，让其在不违背公司文明规定的前提下自由开展置换活动。 （3）代理业务员严格规范化操作，公司明确的规范要求，置换代理人必须无条件地遵照执行

七、"21 世纪不动产"模式与"上房置换"模式服务传递系统异同比较（表 4-34）

表 4-34　　　"21 世纪不动产"模式与"上房置换"模式服务传递系统异同比较

项目	内容
两者区别	（1）全过程代理人本身素质不同； （2）公司职能部门对于代理人，也就是业务员的支持不同

项目	内　容
主要表现	（1）全过程代理人素质差异和培训机制差异。 1）采取"上房置换"模式的中介公司员工队伍一般以社会上的下岗、待业人员为主，年龄在30～45岁之间，学历层次以高中为主。 2）采取"21世纪不动产"模式在中介企业员工队伍相对比较年轻，在20～30岁之间；员工学历相对较高，大部分是大专以上，而且有着完善的培训体系。 （2）对代理人的业务支持和流程管理的差异。 1）在"上房置换"公司运作中，公司对于代理人的业务流程管理采取了"五个统一"，即由"上房置换网"管理中心对各连锁店的业务流程实施集约化统一管理；由"上房置换网"科研培训中心对各连锁店的从业人员开展统一培训；由"上房置换网"网路中心为各连锁店统一布设"置换物业资讯远端存取系统"的软硬件配置；由"上房置换网"评估中心对各连锁店提供统一的标准化评估指导；由"上房置换网"档案中心为各连锁店收缴的客户资料提供统一的保管；由"上房置换网"交易中心为各连锁店的置换业务统一代办相关手续并结算经营利润。在"五个统一"的业务流程管理体制下，能够保证中介业务的规范化运作。 2）在"21世纪不动产"模式下，所有业务流程都在业务门店店内完成，而不像"上房置换"模式中的"在委托环节签订委托协议书要到管理中心"、"交易合同签订阶段要到管理中心"，其实，"上房置换"模式之所以将业务流程中的某些环节从业务门店上移到管理中心层面，主要是为了交易安全、克服"飞单"而考虑，但上移通常会导致效率的损失

八、两种模式的服务营销系统比较及评价（表4-35）

表4-35　　　　　　　　　两种模式的服务营销系统比较及评价

项目	内　容
客户定位的差异	"上房置换"的客户定位基本是中低档市场，虽也有探索进军中高档市场，成立了开拓高端市场的子公司，但总体上运作力度和市场占有率是比较小的，无法向港台、外资、合资企业在中高档市场上的传统强势地位进行挑战。 "21世纪不动产"的客户定位主要在中高档市场，一是上海本土的高收入阶层购房，二是外籍人士在上海购房或租房
企业品牌影响力的差异	"上房置换"公司作为上海房地产流通服务行业的龙头老大，其"金丰易居上房置换"品牌可谓上海地产中介行业中的第一品牌，在业内有较强的影响力。 "21世纪不动产"品牌却是国际知名品牌
业务门店设置的差异	在"上房置换"模式下，其门店系统的最大特点是布点多，目前"上房置换"公司在上海有206个业务门店，散布在从市区到郊区的各个角落。 "21世纪不动产"模式在门店数量上不如"上房置换"公司多，2003年年底在上海仅有32家门店，而且从门店的地域位置看，都是集中的房产交易成交活跃区或者新建大型居住社区
广告策略的差异	"上房置换"公司的广告主要是房源信息广告，企业形象广告数量不多，广告渠道则包括自己的网站、专业媒体和门店橱窗的房源信息展示。 "21世纪不动产"体系中，以树立企业形象为诉求的广告数量比重较大，企业形象广告所表达的是企业文化、企业经营理念，而不是具体的房源信息，这样有利于企业形象的树立

项目	内　容
与客户售前售后沟通方面的差异	在"21世纪不动产"模式下，业务员与客户的信息沟通被放在一个重要的位置上。"上房置换"公司在这个方面的工作正在逐步加强

九、两种模式的差异原因分析（表 4-36）

表 4-36　　　　　　　　　　两种模式的差异原因分析

原因分析	内　容
当前上海房地产行业发展格局为这两种模式提供了适合各自所需的发展环境	从20世纪90年代以来，上海房地产流通服务行业从无到有，从小到大，得到了快速的发展。　在长期的市场竞争中，上海房地产流通服务企业出现了两极分化，一方面，以"上房置换"股份有限公司和"智衡不动产"等为代表的连锁企业崭露头角，以其规模化、连锁化、先进的管理、完善的网络在市场上占据了先机。另一方面，为数更多的是小规模的、单打独斗型的小流通服务企业仍然是上海房地产流通服务市场的主体，由于管理和网络方面的原因，其竞争力远远不如前者，而在我国加入 WTO 后，外资行业巨头的进入进一步压缩了它们的生存空间和发展能力
企业的综合素质及其发展历史决定了经营模式的差异	企业经营模式的选择，往往取决于很多因素，除了市场需求方面的原因，企业本身的素质以及企业形成和发展的历史文化因素，也是企业经营模式的决定性因素

第五章 房地产经纪基本业务

命题考点一 房地产经纪基本业务的分类

一、房地产居间业务与房地产代理业务（表5-1）

表5-1 房地产居间业务与房地产代理业务

项目		内 容
房地产居间	概念	是指房地产经纪机构及人员向委托人报告订立房地产交易合同的机会或提供订立房地产交易合同的媒介服务，并向委托人收取佣金的行为
	分类	它可以分为房地产指示居间和房地产媒介居间。房地产指示居间行为是房地产经纪人向委托人提供房地产的交易信息，包括交易的数量、交易行情、交易方式等，使委托人能够选择符合自己交易目的的房地产。房地产媒介居间行为是指房地产经纪人为委托人提供订约媒介的服务
房地产代理	概念	是指房地产经纪机构及人员以委托人名义，在委托协议约定的范围内，为促成委托人与第三人进行房地产交易而提供专业服务，并向委托人收取佣金等服务费用的行为
	分类	根据服务对象的不同，房地产代理业务可分为卖方代理和买方代理。委托人为房地产开发商、存量房的所有者或是出租房屋的业主的代理行为称为卖方代理。相对应的，接受需要购买或承租房屋的机构或个人委托而进行的代理行为称为买方代理
	我国卖方代理的主要类型	（1）新建商品房销售代理，是指房地产经纪机构及人员接受房地产开发商的委托，按委托人的基本要求进行商品房销售并收取佣金等服务费用的行为。 （2）房屋出租代理，是指房地产经纪机构及人员为房屋出租人代理出租房屋，促成出租者出租房屋成功而收取佣金等服务费用的行为。房屋出租代理按房屋存在形式可分为现房出租代理、在建商品房预租代理、商品房先租后售代理等。 （3）存量房出售代理，是指房地产经纪机构及人员受存量房屋所有权人委托，将其依法拥有的住房出售并收取佣金等服务费用的行为。现实经纪活动中常称为存量房出售代理

二、房地产代理业务运作的方式（表5-2）

表5-2 房地产代理业务运作的方式

方式	内 容
独售权合同	此合同规定，如卖主自己或通过其他经纪人把房子卖掉了，原独售权经纪人仍享受请求付佣金的权利
独售权共享合同	合同规定卖主和经纪人共享房屋出售的权利，如果卖主先卖出，经纪人无权要求佣金
开放出售权合同	卖主与多个经纪人签约，谁卖出谁享有佣金
净卖权合同	卖主给经纪人一个底价，卖出超过部分归经纪人作佣金
联营制	由卖主与几家经纪公司、经纪人联合签约，卖出后佣金由经纪公司、相关经纪人分成

三、新建商品房经纪业务与存量房经纪业务（表5-3）

表5-3　　　　　　　　新建商品房经纪业务与存量房经纪业务

项目		内 容
房地产经纪业务根据标的房地产的用途类型分类		根据标的房地产的用途类型（住宅、商业、工业），房地产经纪业务分为住宅房产经纪业务、商业房地产经纪业务、工业房地产经纪业务
房地产经纪业务可以根据标的房地产的物质状态类型分类		根据标的房地产的物质状态类型（土地、房屋），将房地产经纪业务分为土地经纪业务和房屋经纪业务
我国房地产市场的分类		我国通常将房地产市场分为土地市场、新建商品房市场和存量房市场，因此，房地产经纪业务也可以分为土地经纪业务、新建商品房经纪业务和存量房经纪业务
新建商品房市场	主要业务	新建商品房市场上的业务主要是新建商品房销售与租赁代理，且大多为卖方代理，即房地产经纪机构代理房地产开发商出售或出租其开发的商品房
	特点	客户相对强势，房源批量化，业务运作成本较高
	标的	新建商品房销售代理业务的标的通常是一个楼盘或一个楼盘的某一部分的批量化房地产商品
存量房市场上的房地产经纪业	主要业务	涉及存量房买卖、租赁，既有采用居间方式进行的，也有采用代理方式进行的。采用代理方式的存量房业务中，既有卖方代理又有买方代理业务。从客户类型来看，存量房经纪业务既有面向分散的个体客户，也有面向机构客户的
	基本共性	存量房经纪业务的基本共性是标的房地产以单宗房地产为主

四、房地产买卖经纪业务与房地产租赁经纪业务（表5-4）

表5-4　　　　　　　　房地产买卖经纪业务与房地产租赁经纪业务

项目		内 容
房地产买卖经纪		目前主要涉及新建商品房期房买卖、商品房现房买卖和存量房的买卖
房地产租赁经纪	概念	房地产租赁经纪是指房地产经纪人为使房屋承租方和出租方达成租赁交易而向双方提供的经纪服务
	内容	房地产租赁主要包括：新建商品房的期权预租、新建商品房现房出租、存量房屋的出租和转租

命题考点二　房地产经纪基本业务的流程

一、存量房经纪业务基本流程中的客户开拓（表5-5）

表5-5　　　　　　　　存量房经纪业务基本流程中的客户开拓

项目	内 容
主要工作	争取客户，一般房地产经纪机构都会通过品牌宣传和公共关系活动，来宣传自己，进而吸引客户

续表

项目	内　容
商圈经营的概念	商圈经营是指房地产经纪企业通过经纪门店，将一个业务团队固定于在一个特定的客户开发范围内，使之针对特定的客户或潜在客户提供服务，从而使公司的业务组织扎根于各个区域内，使公司的服务品质落实于各个区域
商圈经营的目的	目的是使企业的业务组织扎根于具体的区域，精耕服务，提升为客户服务的水准，建立企业品牌形象；使业务人员确实了解各自所在商圈内的各种重要信息及房源行情，对各自所在商圈的各项动态能确实把握，避免各商圈的房源外流，确保企业委托房源的来源，保证企业市场占有率的稳定与增长；使全体业务人员以各所在商圈的客户为主要服务对象，省却业务人员因外区房源而来回奔波，缩短标的成交时间，降低人力与物力的浪费，以实现门店式经营的最高经济效益
商圈经营的工作内容	(1) 建立大楼名称档案（楼高、屋龄、外观、特色、管理费的标准……）； (2) 互通街巷的号码，巷内细部住宅种类的区分（新旧社区、楼层区分、等级、住户水准、大小环境……）； (3) 巷口、大马路边转角商店名称标示； (4) 路段行情、房价分析（销售中，已成交房屋的行情建档归类）； (5) 预售个案的了解分析（推出日期、可售户数、平均单价、店铺的主要单价、车位价格、诉求重点、产品特色、销售率、客户的重要来源分析……）； (6) 区域内房源及业主分析； (7) 区域的发展沿革（过去、现在和未来）； (8) 区域的人文背景； (9) 区域的重要公共设施调查统计（公园绿地、车位、学区、交通路线、景观等）； (10) 布告栏数量的统计； (11) 人口结构与户数统计； (12) 区域内各大楼机构布局名册建立（开发信函、自荐函、生日卡、问候卡、小赠品、公司广告宣传单等的寄发）； (13) 与区域内便利店、杂货铺店主或店员、大楼或小区物业管理人员、银行信贷部门人员、小区业主委员会成员、居委会干部等建立良好关系； (14) 公司及同行销售中的物业了解，分析比较； (15) 城市规划动态的掌握（道路、公园、停车场、图书馆等公共设施、重大交通建设的规划及完工日期，土地征收、整编、用途变更等）； (16) 积极参与社区邻里活动，建立自身及公司的形象； (17) 区域内空地、空置房屋的统计调查； (18) 与区域内房地产开发公司建立良好关系，开发销售尾盘代销业务； (19) 寻求企业形象展板（旗）展示地点； (20) 定期分析商圈动态，随时改变策略，主动出击； (21) 绘制商圈图；将门店所在商圈范围内的街道绘制成图，并将商圈内的建筑名称、门牌号码、建筑形式、商业形态及公共设施等予以详细标示
客户开发的方法	(1) 发放广告宣传单；(2) 驻守；(3) 网络开发；(4) 电话及短信开发；(5) 陌生拜访和物业拜访；(6) 媒体开发；(7) 同行开发；(8) 信函开发；(9) 老客户开发；(10) 物业公司及开发商开发；(11) 换名片；(12) 档案资料的再开发

二、存量房经纪业务基本流程中的客户接待与业务洽谈（表 5-6）

表 5-6　　　　　　　　存量房经纪业务基本流程中的客户接待与业务洽谈

项目	内　　容
房地产经纪人员的客户意识	要通过接待客户成功承接委托业务，首先要求房地产经纪人员树立良好的"客户意识"，"客户意识"主要有三个方面： （1）平等化意识； （2）珍惜常客； （3）体察客户的希望
把握卖主与房主	房地产交易是房地产经纪人员在交易双方之间斡旋促成的。在卖方的确认和说服工作中，重点把握以下几点： （1）资格甄别； （2）真实意愿； （3）需求内涵； （4）判断决策人； （5）尊重和利用顾问
把握买主与租客	让客户成为真正的买主或租客，下列工作能够缩短进程： （1）需求引导； （2）能力判断； （3）了解出资人； （4）了解受益人； （5）与律师友好沟通
业务洽谈要求	业务洽谈的首要环节是倾听客户的陈述，以充分了解委托方的意图与要求，把握客户的心理状况，同时衡量自身接受委托、完成任务的能力。其次，要向客户告知自己及房地产经纪机构的姓名、名称、资格以及按房地产经纪执业规范必须告知的所有事项。最后，要就经纪方式、佣金标准、服务标准以及拟采用的经纪合同类型及文本等关键事项与客户协商，达成委托意向

三、存量房经纪业务基本流程中的物业查验（表 5-7）

表 5-7　　　　　　　　存量房经纪业务基本流程中的物业查验

项目	内　　容
现场查验	房地产经纪人员在接受业主委托后，应在业主或其代理人的带领下，亲临现场，实地查勘房屋状况，通过现场观察房屋的具体位置、朝向、建筑结构、设备、内部装修情况，房屋成新、出入口及通道情况，以及相邻房屋的物业类型，周边的交通、绿地、生活设施、自然景观、污染情况等环境状况
产权调查	房屋产权清晰是成交的前提条件。从中介服务的角度来说，产权调查是保证产权真实性、准确性的主要手段，是房屋交易前必不可少的环节。首先，要求出售方提供合法的证件（包括身份证、房地产权证等）；其次，到房地产登记机构（各区县房地产交易中心）查询房屋的权利人、产权来源、贷款和偿还额度、土地使用情况、是否有法院查封等信息。 在核验产权时需注意下列问题： （1）物业权属的类别与范围； （2）产权的完整；

续表

项目	内 容
产权调查	(3) 产权的登记; (4) 房地产其他权利设定情况; (5) 产权的纠纷

四、存量房经纪业务基本流程中的签订房地产经纪合同、信息收集与传播（表5-8）

表 5-8　　　　存量房经纪业务基本流程中的签订房地产经纪合同、信息收集与传播

项目	内 容
签订房地产经纪合同	接受委托人的委托，应根据经纪方式（居间或代理）不同与委托签订委托居间合同（委托居间协议）或代理合同。委托合同的当事人双方既可以都是自然人或法人，也可以一方是自然人另一方是法人。自然人必须具有完全民事行为能力。作为委托人的自然人或法人对委托事务必须具备相应的权利能力，即只有委托人依法有权进行的事务才可委托他人办理，否则委托合同无效
信息收集与传播	房地产经纪人受理委托业务后，主要应收集三方面信息：标的物业信息、与标的物业相关的市场信息和委托方信息。信息传播的主要内容是委托标的物的信息。传播方式可以通过报纸、电视广告、经纪机构店铺招贴、人员推介、网络、邮发函件等方式

五、存量房经纪业务基本流程中的引领买方（承租方）看房与协助交易达成（表5-9）

表 5-9　　　　存量房经纪业务基本流程中的引领买方（承租方）看房与协助交易达成

项目	内 容
引领买方（承租方）看房	由于房地产是不动产，现场看房是房地产交易中必不可少的环节。房地产经纪人有义务引领买方（承租方）全面查看标的物业的结构、设备、装修等实体状况和物业的使用状况、环境状况，并充分告知与该物业有关的一切有利或不利因素。看房过程中，客户的心理活动是一个动态变化的过程，大致会经历几个阶段：注目、兴趣、联想、欲望、比较、检讨、信赖、行动、满足
协助交易达成	房地产经纪人在这一环节中的主要工作是： (1) 协调交易价格。 (2) 促成交易。 具体可采用以下方法： 1) 加强客户对房地产经纪人的信心； 2) 针对客户的动机、偏好，寻机说服； 3) 遇到迟迟不下决定的客户，可慎重使用"压迫"措施； 4) 议价有节，谨慎从事； 5) 强化交易合同的保障作用。 (3) 协助或代理客户签订交易合同

六、存量房经纪业务基本流程中的产权过户与登记、物业交接（表5-10）

表 5-10　　　　存量房经纪业务基本流程中的产权过户与登记、物业交接

项目	内 容
产权过户与登记	房地产交易通常涉及房地产产权的转移（如买卖），或抵押权的设立及租赁等，而房地产登记是保证这类权利变更有效性的基本手段。在房地产代理业务中，房地产经纪人应代理客户办理各类产权登记手续

续表

项目	内　容
物业交接	客户签订房屋买卖合同，并已完成登记过户手续，业主应按合同期限规定，迁出物品、户口，结清有关物业费用，妥善办理物业交接手续

七、存量房经纪业务基本流程中的佣金结算与售后服务（表5-11）

表5-11　　　　　　　　　存量房经纪业务基本流程中的佣金结算与售后服务

项目	内　容
佣金结算	交易过程完成后，房地产经纪人应及时与委托人（或交易双方）进行交易结算，佣金金额和结算方式应按经纪合同的约定来实施。房地产经纪人在按时完成委托的经纪业务之后，也应善于把握好这一环节，以保护自己的合法权益
售后服务	售后服务是房地产经纪机构提高服务、稳定老客户的重要环节。售后服务的内容可包括三个主要方面：第一是延伸服务；第二是改进服务；第三是跟踪服务

八、新建商品房销售代理业务基本流程（表5-12）

表5-12　　　　　　　　　　　新建商品房销售代理业务基本流程

流程	内　容
项目信息开发与整合	在这一阶段首先要调动房地产经纪机构的全体人员进行项目信息的开发，即发动每个员工通过各种途径尽力寻找新建商品房项目的信息，然后由研究拓展部门负责收集、汇总并初步筛选所得到的信息，上报总经理或专门的信息统筹部门
项目研究与拓展	由研究拓展部门组织、协调有关部门（如业务部、交易管理部等）对承接项目进行营销策划，确定项目销售的目标客户群、销售价格策略和具体市场推广的方式与途径等，撰写书面营销策划报告
项目签约	由项目的直接操作部门具体与项目开发商进行谈判，并起草代理合同文本。然后，在房地产经纪机构内部的有关部门，如交易部、法律顾问和高层管理人员之间进行流转，并各自签署意见，其中，应有专门负责法律事务的部门或人员对代理合同草案出具书面法律意见书，提交房地产经纪机构的最高决策者。最后，由最高决策者签署与开发商达成一致的合同
项目执行企划	本阶段的第一项工作是：项目执行部门根据已签署的代理合同，对营销策划报告进行修改，并初步制定项目的执行指标（销售期、费用预算等）和佣金分配方案，召集各分管业务的高层管理者及有关部门（如交易管理部、研究拓展部、财务部等）合作会议
销售准备	这一阶段是对销售资料、销售人员、销售现场的准备等
销售执行	这一阶段主要是在销售现场接待购房者看房，签订商品房买卖合同，并配合实施广告、公关活动等市场推广工作
项目结算	由于商品房的销售过程比较长，一般在销售过程中要按一定时间周期（如按月）对外结算佣金（与开发商结算佣金）和对内结算佣金（与销售人员结算佣金），但到整个项目销售的最后阶段（通常是完成代理合同所约定的销售指标后），要进行项目的总结算

命题考点三　存量房经纪业务运作网络化

存量房经纪业务运作网络化（表5-13）

表5-13　　　　　　　　　　　　存量房经纪业务运作网络化

项目	内　　容
房源客源管理网络化	目前，上海房地产经纪业内大中型房地产经纪企业的房源管理普遍采用了信息化手段，通过专业的存量房业务运行管理软件建立房源数据库，对房源的自身信息、业务进展情况进行信息化管理。经纪人通过房源数据库进行查寻房源、添加房源、更新房源的业务进展状况的操作，经纪门店和经纪机构的管理人员通过房源数据库掌握门店、机构内的房源及其业务跟进状况，进行房源分配、房源分类统计等管理操作
房源发布网络化	房地产经纪机构的房源发布也趋于信息化，通过专业网站、门户网站、EMAIL发布房源信息已非常普遍。目前搜房、新浪、搜狐焦点、安居客是房源发布的主要网络渠道。另外，大型的房地产经纪机构也都建有房源发布网站。三维城市地图、视频等先进的技术也已被用于房源信息发布当中
网上门店	目前，许多购房人了解存量房市场的第一步就是浏览各大房地产专业网站和知名门户网站的房地产频道，因此，网上门店已成为房地产经纪人获得客源的一个重要渠道
经纪人工作辅助系统	在经纪人的日常工作中，需要进行各种案头工作，如客户购房能力评估、贷款还款额计算、对外发布信息的文件（如房型图、房源视频等）制作

第六章 房地产经纪延伸服务

命题考点一 房地产登记的信息查询与手续代办

一、房地产登记信息查询（表6-1）

表6-1 房地产登记信息查询

项目	内容
房地产登记信息包括的内容	房地产登记信息包括房地产原始登记凭证和房屋权属登记机关对房屋权利的记载信息
房屋原始登记凭证包括的内容	房屋原始登记凭证包括房屋权利登记申请表，房屋权利设立、变更、转移、消灭或限制的具体依据，以及房屋权属登记申请人提交的其他资料
房屋权属登记机关对房屋权利的记载信息包括的内容	房屋权属登记机关对房屋权利的记载信息，是指房屋权属登记簿（登记册）所记载的信息，包括房屋自然状况（坐落、面积、用途等），房屋权利状况（所有权情况、他项权情况和房屋权利的其他限制等），以及登记机关记载的其他必要信息
查询房屋权属登记信息的内容	查询房屋权属登记信息，应填写房屋权属登记信息查询申请表，明确房屋坐落（室号、位置），以及需要查询的事项，并出具查询人的身份证明或单位法人资格证明。目前许多大型房地产经纪机构均设置了专门的办事员岗位，长期驻守在房地产交易中心，负责查询房地产登记信息

二、存量房买卖中的房地产登记（表6-2）

表6-2 存量房买卖中的房地产登记

项目	内容
存量房地产买卖的转移登记	因存量房地产买卖申请转移登记的，申请人应当是买卖合同双方当事人。申请人申请存量房地产买卖转移登记一般应当向登记机构提交下列文件： （1）房地产登记申请书（原件）； （2）当事人身份证明（原件及复印件）； （3）房地产权证（原件）； （4）房地产买卖合同（原件）； （5）地籍图（原件两份）； （6）房屋平面图（原件两份）； （7）契税完税凭证（原件）
公有住房出售的转移登记	因公有住房出售申请转移登记的，申请人应当是公房所有权人和购房人。申请人申请公有住房出售的转移登记一般应当向登记机构提交下列文件： （1）房地产登记申请书（原件）； （2）当事人身份证明（原件及复印件）； （3）公有住房出售合同（原件）； （4）购房付款凭证（原件）； （5）购房人缴付费用计算表（原件）； （6）公有住房价格出售计算表（原件）； （7）房屋平面图（原件两份）； （8）地籍图（原件两份）； （9）契税完税凭证（原件）

续表

项目	内 容
房地产交换的转移登记	因房地产交换申请转移登记的，申请人应当是交换合同双方当事人。申请人申请房地产交换转移登记一般应当向登记机构提交下列文件： (1) 房地产登记申请书（原件）； (2) 当事人身份证明（原件及复印件）； (3) 房地产权证（原件）； (4) 房地产交换合同（原件）； (5) 地籍图（原件两份）； (6) 房屋平面图（原件两份）； (7) 契税完税凭证（原件）

三、新建商品房销售中的房地产登记（表6-3）

表6-3 　　　　　　　　　　新建商品房销售中的房地产登记

项目	内 容
新建商品房买卖的转移登记	申请人申请新建商品房买卖转移登记一般应当向登记机构提交下列文件： (1) 房地产登记申请书（原件）； (2) 当事人身份证明（原件及复印件）； (3) 商品房出售合同或者商品房预售合同及房屋交接书（原件）； (4) 购房业主商品住宅维修基金交款凭证（原件）； (5) 地籍图（原件两份）； (6) 房屋平面图（原件两份）； (7) 契税完税凭证（原件）
预购商品房转移登记	申请人申请预购商品房转移登记一般应当向登记机构提交下列文件： (1) 房地产登记申请书（原件）； (2) 当事人身份证明（原件及复印件）； (3) 预购商品房预告登记的登记证明（原件）； (4) 预购商品房转让合同（原件）； (5) 契税完税凭证（原件）
预购商品房预告登记	申请人申请预购商品房预告登记一般应当向登记机构提交下列文件： (1) 房地产登记申请书（原件）； (2) 当事人身份证明（原件及复印件）； (3) 商品房预售合同（原件）
预购商品房转让的预告登记	申请人申请预购商品房转让预告登记一般应当向登记机构提交下列文件： (1) 房地产登记申请书（原件）； (2) 当事人身份证明（原件及复印件）； (3) 预告登记证明（原件）； (4) 预购商品房权益转让书或预购商品房转让，抵债等合同（原件）； (5) 契税凭证（原件）
注销预购商品房预告登记	申请人申请注销预购商品房预告登记一般应当向登记机构提交下列文件： (1) 房地产登记申请表（原件）； (2) 当事人身份证明（原件及复印件）； (3) 预购商品房预告登记的登记证明（原件）； (4) 商品房预售合同终止的证明文件（原件）

四、个人住房抵押贷款所涉及的房地产登记 (表 6-4)

表 6-4   个人住房抵押贷款所涉及的房地产登记

项目	内容
以房地产设定抵押的登记	以房地产设定抵押申请登记的，申请人是抵押合同当事人。申请人申请房地产抵押登记一般应当向登记机构提交下列文件： （1）房地产登记申请书（原件）； （2）当事人身份证明（原件及复印件）； （3）房地产权证（原件）； （4）抵押担保的主债权合同（原件）； （5）抵押合同（原件）
房地产抵押权的转移登记	经登记的房地产抵押权申请转移登记的，申请人应当是抵押权转让合同的当事人。申请人申请房地产抵押权转移登记一般应当向登记机构提交下列文件： （1）房地产登记申请书（原件）； （2）当事人身份证明（原件及复印件）； （3）房地产登记证明（原件）； （4）证明房地产抵押权的转让的文件（原件）
房地产抵押权的变更登记	经登记的房地产抵押权申请变更登记的，申请人是原设定抵押权的当事人。申请人申请房地产抵押权变更登记一般应当向登记机构提交下列文件： （1）房地产登记申请书（原件）； （2）当事人身份证明（原件及复印件）； （3）房地产登记证明（原件）； （4）证明房地产抵押权的变更的文件（原件）
以预购商品房设定抵押的预告登记	以预购商品房设定抵押申请预告登记的，申请人应当是预购商品房抵押合同双方当事人。申请人申请以预购商品房设定抵押的预告登记一般应当向登记机构提交下列文件： （1）房地产登记申请书（原件）； （2）当事人身份证明（原件及复印件）； （3）预购商品房预告登记证明（原件及复印件）； （4）抵押担保的主债权合同（原件）； （5）抵押合同（原件）
预购商品房抵押权转让的预告登记	预购商品房抵押权发生转让申请预告登记的，申请人应当是预购商品房抵押权转让合同双方当事人。申请人申请预购商品房抵押权转让的预告登记一般应当向登记机构提交下列文件： （1）房地产登记申请书（原件）； （2）当事人身份证明（原件及复印件）； （3）预购商品房抵押权预告登记证明（原件）； （4）主债权转让合同（原件）； （5）抵押权转让合同（原件）
注销预购商品房抵押权的预告登记	申请人申请注销预购商品房抵押权的预告登记一般应当向登记机构提交下列文件： （1）房地产登记申请书（原件）； （2）当事人身份证明（原件及复印件）； （3）预购商品房抵押权登记证明（原件）； （4）预购商品房抵押合同终止的证明文件（原件）

五、房屋租赁所涉及的房地产登记与有关预告登记的重要事项（表6-5）

表6-5　　　　　　　房屋租赁所涉及的房地产登记与有关预告登记的重要事项

项目	内容
房屋租赁所涉及的房地产登记	申请人申请房屋租赁合同登记备案一般应当向登记机构提交下列文件： （1）房地产登记申请书（原件）； （2）当事人身份证明（原件及复印件）； （3）房地产权证、其他权属证明或者租用公房凭证（原件）； （4）房屋租赁合同，包括房屋出租、转租、承租权转让或交换、预租合同等（原件）
有关预告登记的重要事项	（1）单方预告登记。 应当由当事人双方共同申请的登记，一方当事人未提出申请的，另一方当事人申请单方预告登记的，一般应当向登记机构提交下列文件： 1）房地产登记申请书（原件）； 2）当事人身份证明（原件及复印件）； 3）证明房地产权利变动的法律关系已经形成的文件（原件）。 （2）注销单方预告登记。 注销单方预告登记的，单方预告登记权利人一般应当向登记机构提交下列文件： 1）房地产登记申请表（原件）； 2）当事人身份证明（原件及复印件）； 3）单方预告登记证明（原件）。 （3）预告登记的审核时限。 登记机构应当自受理预告登记及其注销登记申请之日起七日内完成审核。符合规定提交的，应当将预告登记种类、权利人以及抵押担保的主债权、债务数额和设定期限记载于房地产登记册，并书面通知当事人；不符合规定条件的，不予登记，并书面告知申请人。 （4）《物权法》关于预告登记的规定。 《物权法》规定：当事人约定买卖期房或者转让其他不动产物权的，债权人为限制债务人处分该不动产，保障将来取得物权，可以向登记机构申请预告登记。债权人已经支付一半以上价款或者债务人书面同意预告登记的，登记机构应当进行预告登记

命题考点二　房地产抵押贷款手续代办

一、房地产抵押贷款的种类（表6-6）

表6-6　　　　　　　　　房地产抵押贷款的种类

项目	内容
房地产抵押贷款的种类	房地产开发贷款和个人住房贷款
购房抵押贷款的内容	购房抵押贷款的贷款金额上限一般为所购房价的70%，一般采取分期偿还的方式，贷款期限一般为5~30年。购房抵押贷款有较多种类。在经济发达国家，购房抵押贷款通常有固定利率抵押贷款、浮动利率抵押贷款等多种类型
个人住房贷款的主要基本形式	公积金贷款和商业贷款两种基本形式，以及由此两种派生出来的个人住房组合贷款，即公积金贷款与商业贷款的组合，共计三种形式

二、制定合理的贷款方案（表6-7）

表6-7 制定合理的贷款方案

贷款方案要素	内　容
货款成数	是指贷款金额占房地产价值的比率。一般有最高贷款成数的规定
贷款金额	简称贷款额，是指借款人向贷款人借款的数额
贷款期限	是指借款人应还清全部贷款本息的期限。贷款期限由贷款人和借款人根据情况商定，但一般有最长期限的规定
偿还比率	又称收入还贷比，是指借款人分期偿还额占其同期收入的比率。个人住房贷款中，偿还比率通常为借款人的月偿还额占借款人家庭月收入的比率。在发放贷款时，通常将偿还比率作为衡量贷款申请人偿债能力的一个指标，目前大多数银行都对个人住房抵押贷款规定了最高偿还比率，一般是50%，即给予借款人的最高贷款金额不使其分期偿还额超过其家庭同期收入的50%。而从购房者的实际经济承受能力出发，根据国际经验，月还款额一般不应超过家庭总收入的30%
贷款偿还方式	目前我国个人住房贷款的偿还方式主要有等额本息还款法或等额本金还款法两种归还贷款本息的方式

三、办理抵押贷款手续（表6-8）

表6-8 办理抵押贷款手续

手续	内　容
贷款申请	（1）申请个人住房贷款的条件主要有： 1）具有完全民事行为能力的自然人； 2）具有城镇常住户口或有效居留身份； 3）有稳定职业和经济收入，信用良好，有偿还贷款本息的能力； 4）具有合法有效的购买（建造、大修）住房的合同或协议； 5）以不低于所购买（建造、大修）住房全部价款的一定比率作为所购买（建造、大修）住房的首期付款； 6）有贷款人认可的资产作为抵押或质押，或有足够代偿能力的单位或个人作为担保人； 7）贷款人规定的其他条件。 （2）购房人或者房地产权利人需要获得银行贷款的首先需要向贷款银行提出贷款申请，申请的文件一般包括： 1）申请人、共有人及配偶的身份证明原件及复印件、户口本原件及复印件，不满16岁的可提供出生证，部队军人提供军官证，权利人、共有人及配偶的私章； 2）所购房地产或预定抵押的房地产产权证及复印件； 3）预售合同或买卖合同； 4）收入证明及财产证明； 5）婚姻证明（结婚证、离婚证或单身证明）； 6）首付房款的发票； 7）银行认为需要提供的相关文件。 （3）凡涉及有公积金贷款的，需进行公积金查询，依据所确定的房价、房龄，家庭已缴金额，贷款人年龄、余额等要素确定最高贷款额。 1）凡纯公积金贷款的一般由住房置业担保公司或住房公积金管理中心受理申请，需支付保险费、评估费等； 2）组合贷款的，商业贷款由各商业银行受理申请，需支付保险费、评估费等。 受理贷款时，必须由主贷人、共有人、配偶同时到场亲笔在借款合同及相关贷款文件上签字，未成年人可有监护人代签

续表

手续	内　容
贷款审批	贷款银行收到申请人的资料后，从以下几个方面进行贷款审查： （1）个人的信用； （2）抵押物的价值； （3）贷款的条件
签订贷款合同	贷款合同包括贷款种类、币种、用途、数额、利率、期限和还款方式等条款。合同正本一式三份，分别由贷款方、借款方、保证方各执一份。合同副本一式一份，报送有关单位备案。 　　签订贷款合同的要点： （1）必须是借款人及共有产权人亲自在借款抵押合同上签字。 （2）抵押价值和借款的数额需要区分出来，还款的期限应填写清楚，但必须告知借款人实际还款期限以贷款实际发放日期作为起算日期。 （3）还贷的方式一般由借款客户自己选择，房地产经纪人应向借款人介绍等额本金和等额本息两种还贷方式的区别；介绍公积金冲抵贷款本金和利息的两种方法，为贷款客户提供参考意见。 （4）逾期还款的违约责任。 （5）提前还贷的条件和程序
房地产产权转移登记和抵押登记	房地产交易双方携标的房地产产权证、各自的身份证证明、房屋买卖合同、房屋抵押借款合同，到标的房地产所在区的房地产登记机构办理产权转移登记和抵押登记。办理完毕后（一般需要 20 天时间），买方取得房地产产权证，银行取得房地产抵押权利证明（俗称"抵押证"）
贷款发放	目前，银行发放贷款有两种方式：即当贷款银行获得房地产交易中心出具的抵押登记申请的收件收据后由有资质的担保公司担保，即可放款。另一种是在贷款银行获得抵押证后发放贷款
还贷	通常首期还款的时间和金额需要特别关注，一般银行会向借款人提供一个还贷专户（由还贷人按时存入，结利划款）。首期还贷的时间一般为发放贷款后次月的 20 日前，数额按照实际发放贷款的时间确定，因此，首月还贷的数额和时间以银行的通知单为准
结清贷款	最后一期贷款还贷，须到受理银行办理，结清贷款后，取回房地产其他权利证明。然后凭银行结算清单、产权证、房地产其他权利证明和银行出具的注销抵押文件，到物业所在地房地产管理部门办理注销抵押

命题考点三　房地产投资咨询

一、房地产开发投资咨询（表 6-9）

表 6-9　　　　　　　　　　　　　房地产开发投资咨询

项目	内　容
概念	房地产开发投资是指投资者以开发土地或其他待开发的房地产，进而通过买卖或租赁等形式获利的商业活动

续表

项　目	内　　容
投资目的	投资目的不仅是为了回收原垫付的所投资金，而且要获取盈利
最常见的投资咨询服务	最常见的投资咨询服务就是提供房地产开发项目的可行性研究报告
开发项目可行性研究的步骤	（1）接受委托； （2）市场调查分析； （3）方案选择和优化； （4）财务评价； （5）编制可行性研究报告
一份可行性研究报告应包括的部分	一般来说，一份正式的可行性研究报告应包括封面、摘要、目录、正文、附表和附图六个部分

二、房地产置业投资咨询（表6-10）

表 6-10　　　　　　　　　　　房地产置业投资咨询

项　目	内　　容
概念	房地产置业投资是指投资者购置房地产后，在较长时期内持有该房地产，通过出租经营，持续地获取周期性投资收益，当然，一般而言这类投资者也期望所购置的房地产在未来能够增值
影响物业未来产租能力的因素	影响物业未来产租能力的主要因素： （1）房产功效。房产功效是指房产能在多大程度上符合预计功能的需要。 （2）区位优势。区位条件在决定城市土地价值方面具有重要的意义。良好的区位是指能使运输成本最小，并具备有利的邻里影响的位置

三、房地产细分市场供求分析（表6-11）

表 6-11　　　　　　　　　　　房地产细分市场供求分析

项　目	内　　容
概念	房地产细分市场供求分析就是通过以因果关系分析为基础的供给和需求的定量分析，对咨询标的房地产所在的细分市场的供求状况进行判断
基本步骤	（1）投资标的房地产的产品分析。主要从产品的物质特征、权属特征、区位和市场吸引力四个方面进行分析。 （2）确定细分市场。这一步包括界定标的房地产的市场区域和确定标的房地产最可能的使用者。 （3）预测需求量。预测需求是以因果分析为基础的，也就是从分析影响需求的主导因素入手。 （4）预测供给。供给量＝标的房地产所属房地产类型的现有存量面积＋潜在竞争房地产的面积。 （5）分析需求与供给的相对关系。根据（3）得到的需求量和（4）得到的供给量，可以对供求关系进行判断： 　当供给等于需求，即供求平衡； 　当供给大于需求，即供大于求，过剩供给＝供给量—需求量； 　当供给小于需求，即供不应求，剩余需求＝需求量—供给量

四、房地产细分市场需求预测（表6-12）

表6-12 房地产细分市场需求预测

项目	内　　容
住宅	（1）根据政府统计部门公布的人口资料，查寻标的房地产的市场区域所对应的城市区域内未来某一时期人口总数的预测值和户均人口数量，推算标的房地产市场区域内住宅需求总套数： 住宅需求总套数＝某一时期人口总数/户均人口数量 （2）根据标的房地产所属住宅类型目前市场售价（每套总价）的范围（上限和下限），按当时当地常规的抵押贷款方式，推算购买此类住宅的家庭每月需支付的还款额： 月还款额＝总价×贷款占总价比例×$r(1+r)^n$/$[(1+r)^n-1]$ 式中　r——个人住房抵押贷款利率； 　　　n——贷款期总月数。 根据月还款额和当地的收入还贷比，推算购买标的房地产所属类型住宅的家庭年收入范围： 购买标的房地产所属类型住宅的家庭年收入＝月还款额×12/收入还贷比 查寻有关人口统计资料，确定在有以上所推算的年收入范围内的家庭占标的房地产所在城市家庭总数的比例（HP）。 （3）调查标的房地产所属类型平均每套住宅的建筑面积，计算标的房地产市场区域内对标的房地产所属类型住宅的需求总量（D_H，面积）： D_H＝住宅需求总套数×HP×标的房地产所属类型平均每套住宅的建筑面积 以上计算中，如果使用未来某个时期新增人口的预测值，则可得出相应时期新增住宅需求总面积的预测值
零售商业房地产	（1）根据政府有关部门公布的标的房地产所在城市的城镇居民家庭购买商品支出及其在食品、衣着、日用品等九大类商品上的分配比例，计算该城市城镇居民家庭在标的房地产最可能使用者所属零售业的消费支出（E_U）： E_U＝城镇居民家庭购买商品支出×城镇居民家庭在标的房地产最可能使用者所属零售业类型的消费支出比例 （2）根据政府统计部门公布的标的房地产所在城市的现有城镇居民人口总数和城镇居民家庭现有人均可支配收入，计算当地居民在标的房地产最可能使用者所属零售业的消费支出占可支配收入的比值（E_U/I_U）： E_U/I_U＝E_U/（城镇居民家庭现有人均可支配收入×现有城镇居民人口总数） （3）根据政府统计部门公布的人口预测数据，查寻标的房地产市场区域内未来某个时期的城镇居民人口总数，计算该时期内标的房地产市场区域内城镇居民家庭在标的房地产最可能使用者所属零售业的消费支出（E_s）： E_s＝预计标的房地产市场区域内的城镇居民人口总数×城镇居民家庭人均可支配收入×E_U/I_U （4）根据政府统计部门有关标的房地产所在城市区域内标的房地产最可能使用者所属零售业零售额的前3年数据，并按（3）所述方法计算相应年份的该城市区域内城镇居民家庭在标的房地产最可能使用者所属零售业的消费支出总额（E_s），计算各年前者与后者的比例： TE_s＝标的房地产所在城市区域内标的房地产最可能使用者所属零售业销售额/E_s 取各年数据的平均值（用STE_s表示）。 （5）根据E_s和STE_s，计算标的房地产市场区域内标的房地产所属零售业在未来某时期内可实现的销售额（S）： $S＝E_s×STE_s$

续表

项目	内　容
零售商业房地产	（6）调查标的房地产市场区域内标的房地产最可能使用者所属零售业年销售额与年租金的比例（STR），用此比例乘标的房地产的每平方米的可行性租金（FR），得到标的房地产市场区域内同类房地产每平方米应有的销售额（SPSM）：$$SPSM = STR \times FR$$（7）计算未来某时期标的房地产市场区域内对标的房地产所属类型的商业房地产的需求量（D_R，面积，平方米）：$$D_R = S / SPSM$$在以上方法中，如在计算 E_t 时用对未来某年份标的房地产市场区域内城镇居民新增人口总数的预测值和（或）城镇居民家庭人均可支配收入增加额的预测值，则可得出未来某年份标的房地产市场区域内对标的房地产所属类型的商业房地产新增需求量的预测值
办公楼	（1）根据"房地产市场细分市场供求分析"中关于最可能使用者的分析结果，查阅有关统计资料关于各行业就业人口的预测以及有关研究机构对各行业就业人口中使用办公室的人数占该行业就业总人数中的比例，确定标的房地产最可能使用者所属产业就业人数中使用办公室的人数的比例（OPP_i），计算标的房地产所属类型的办公楼的潜在使用人数（P）：$$P = \sum_{i=1}^{n} OPP_i \times P_i$$式中　i——即标的房地产最可能使用者所属的某个行业；P_i——行业就业人数。（2）调查标的房地产最可能使用者所属的各行业中使用办公室的雇员平均每人使用的办公室使用面积（SMPP）。（3）调查标的房地产所属类型的办公楼通常的使用面积与建筑面积的比例（UTB），计算标的房地产所属类型的办公楼的需求量（D_O，建筑面积）：$$D_O = P \times SMPP / UTB$$

命题考点四　房地产价格咨询

一、房地产估价的基本原则（表 6-13）

表 6-13　　　　　房地产估价的基本原则

原则	内　容
合法原则	合法性原则要求房地产估价应以估价对象的合法权益为前提进行
最高最佳使用原则	以委估房地产，主要是土地的区位、特性、等级等客观条件所决定的最高最佳使用方式或用途为前提进行估价
均衡原则	均衡原则就是要求评估人员在评估房地产的某一个组成部分时，须充分考虑因其与其他组成部分之间的结构关系而确定的房地产整体最高最佳用途
适合原则	每一宗房地产总是处于某个特定的环境之中，只有当一宗房地产与其所处环境适合才能达到最高最佳使用状态
替代原则	在同一市场中，由于竞争规律和消费者理性行为的作用，可替代商品的价格会趋向一致或形成一种均衡的比价关系
供求原则	在区域性的房地产市场中，供求关系是房地产价格形成和变化的非常重要的影响因素
时点原则	影响房地产价格的因素总是处于不断地变化中。同一物业，此时的价格和彼时的价格是不同的

二、房地产价格咨询业务的操作程序（表 6-14）

表 6-14　　　　　　　　**房地产价格咨询业务的操作程序**

项目	内　容
操作程序	（1）明确价格咨询基本事项； （2）拟定作业计划； （3）搜集、整理基本资料； （4）实地查看； （5）选定价格评估的技术方法、确定估价结果； （6）编写价格咨询报告书
房地产经纪人从事房地产价格咨询时应该注意的事项	（1）房地产价格咨询不同于鉴证性的估价，不强调公正性，房地产经纪人员可以站在委托人的立场上，在合法的原则下，以满足委托人的要求、实现其最大的利益为目标； （2）与房地产估价人员不同，房地产经纪人员提供给委托方的估价结果可以更灵活，不一定是一个确切的值，可以是一个价格的区间； （3）房地产经纪人也可以为委托方提供一些合理的参考意见，比如改善交易条件、把握交易时机等

三、房地产最高最佳使用分析（表 6-15）

表 6-15　　　　　　　　**房地产最高最佳使用分析**

项目	内　容
概念	最高最佳使用是指房地产自身物质条件可能、法律允许、经济上可行，并能产生最高价值的用途
操作过程的基本步骤	（1）确定标的房地产的土地（假设其为空地）的最高最佳使用用途。 1）确定法律所允许的用途类型； 2）选出物质条件可能的用途； 3）选出经济上可行的用途； 4）确定能产生最大价值的用途。 （2）确定标的房地产的土地（假设其为空地）上理想的建筑物。 （3）确定标的房地产现有建筑物的改良方案
对现有建筑可采取的行动方案	根据现有建筑物与理想建筑物的差异程度，一般有以下几种对现有建筑可采取的行动方案：保持现状不变；修缮；改造；翻新；改变用途；拆除

四、可行性租金分析与房地产价格走势分析（表 6-16）

表 6-16　　　　　　　**可行性租金分析与房地产价格走势分析**

项目	内　容
可行性租金概念	即对投资者而言具有经济可行性的租金
房地产可行性租金的估算步骤	（1）求取房地产价值。 标的房地产的价值即是房地产投资将要投入的固定资产投资，主要采用房地产估价方法中的成本法来进行估算： 　　　　　　房地产价值＝土地价值＋建筑物价值 （2）确定房地产投资收益率。 通过市场调查，了解标的房地产所属房地产类型的主要投资者当前对此类房地产所要求的房地产投资收益率

项目	内　容
房地产可行性租金的估算步骤	（3）计算房地产投资应获得的净收益（NOI）。 房地产投资所需要达到的收入（净现金收入）＝房地产的价值×房地产投资收益率 （4）估算租赁经营需投入的日常经营费用。 即房地产投资者在投资持有期间需要不断投入的流动资金，它包括：维修费、管理费、税费、保险费和建筑物短寿命构件（如空调、电梯等）的重置提拨款。 （5）估算房地产租赁经营的有效毛收入（EGI）。 即房地产投资者实际能收到的租赁收入，它必须能足以支付租赁经营的日常经营费用并保证投资者的合理利润，因此它应等于净收益和日常经营费用之和： 有效毛收入＝净收益＋日常经营费用 （6）估算房地产租赁经营的潜在毛收益（PGI）。 房地产的潜在毛收益是指房地产投资者在标的房地产全部可出租面积一年 365 天里能全部出租的条件下所能获得的总收益。然而，事实上由于租赁经营中新旧租客之间的时间空隙、按当地市场惯例出租方提供给承租方的免租装修期，以及由于承租人不可能百分之百按时足额交租等原因，房地产租赁经营活动必然有一定的空置损失和租金损失，这是房地产投资者的机会成本。一般应通过市场调查，取得一个正常的空置、租金损失率，其含义为正常的空置和租金损失额占房地产潜在毛收入的比例。运用以下公式可以估算潜在毛收入： 潜在毛收入＝有效毛收入／（1－正常的空置、租金损失率） （7）求取可行性租金。 潜在毛收入除以标的房地产全部可出租面积，就得到单位面积上的可行性租金
房地产价格走势分析	房地产价格走势分析涉及定性和定量两个方面，房地产价格走势的定性分析即是要预测判断房地产价格变动的方向。房地产价格走势的定量分析即是要预测房地产价格变动的模式，按这一模式能预测未来某个时点的房地产价格。正如其他的经济预测一样，房地产价格走势的定量分析通常采用回归分析方法来进行。即通过搜集标的房地产所在细分市场的房地产交易实例，取每个交易实例的成交时间和成交价格分别作为变量 x 和 y，如果共搜集到 n 个交易实例，就有 n 组数据 (x_1, y_1), (x_2, y_2), …, (x_n, y_n)，将它们标在平面直角坐标系上，可以得到由 n 个点 P_i (x_i, y_i) $(i=1, 2, …, n)$ 组成的"散点图"，多数情况下，散点图会呈现直线状或指数曲线状。 直线状散点图表明房地产价格按直线增长（或下降）模式随时间变动，此时可用一元线性回归方程 $y=a+bx$ 模拟 x 与 y 的关系。 曲线状散点图表明房地产价格按指数增长（或下降）模式随时间变动，此时可用一元指数回归方程 $y=e^{a+bx}$ 模拟 x 与 y 的关系。 通过回归分析确定 a 和 b 的值后，对于未来某一时点（即一个确定的 x），就可利用以上回归方程计算 y，即房地产价格。以下分别说明两种方程的建立方法。 （1）一元线性回归方程。 $$y_i=a+bx_i \quad (i=1, 2, …, n)$$ $$a=\frac{\sum y_i - b\sum x_i}{n}$$ $$b=\frac{n\sum x_i y_i - \sum x_i \sum y_i}{n\sum x_i^2 - (\sum x_i)^2}$$ （2）一元指数回归方程。 $$y_i=e^{a+bx_i} \quad (i=1, 2, 3, …, n).$$ 式中：n 为样本容量，x_i、y_i 是样本数据，其中 x_i 通常是时间数据。由于其等价的对数形式为： $$\ln y_i=a+bx_i$$ 所以可以将指数关系转化成线性关系求解。即先通过令： $$y_i'=a+bx_i$$ 也就是说，将各交易实例的成交价格取自然对数后的值 y' 代替 y，然后仍然用一元线性回归方程求 a 和 b 的方法，求 a 与 b

命题考点五　房地产法律咨询与房地产交易保障服务

一、房地产法律咨询的类型和服务方式（表 6-17）

表 6-17　　　　　　　　　　房地产法律咨询的类型和服务方式

项目		内　　容
类型	按照经纪机构所提供经纪服务的不同分类	按照经纪机构所提供经纪服务的不同分类，房地产经纪机构可开展的房地产法律咨询服务可分为土地交易法律咨询、商品房交易法律咨询和存量房地产交易法律咨询
	根据房地产经纪所促成的房地产交易的不同方式	根据房地产经纪所促成的房地产交易的不同方式，房地产经纪机构所开展的房地产法律咨询服务可分为房地产融资法律咨询、房地产买卖法律咨询、房地产租赁法律咨询、房地产抵押法律咨询等
服务方式	个案解答	专门就一个具体的法律问题由经纪人做出一对一的个性化解答，阐述所涉及的法律的理解与适用，提出解决问题的建议
	商业文书审查	就客户的房地产买卖合同等房地产商业性文书，根据客户的要求进行审查，并提出对客户有利的建议和意见，指出对其不利的条款约定等
	房地产全程法律服务	根据房地产经纪服务的内容，解答相关房地产法律及政策，具体到某市、某县的房地产法律环境调研，房地产交易过程法律指导，房地产交易后法律服务等一系列法律服务

二、房地产法律关系（表 6-18）

表 6-18　　　　　　　　　　房地产法律关系

项目		内　　容
房地产法律关系及其构成	法律关系概念	是在法律规范调整社会关系的过程中形成的人们之间的权利和义务关系
	权利的一般表现	（1）主体自己有权做出一定的行为； （2）要求他人做出一定行为； （3）要求他人不能做出一定行为
	义务的一般表现	（1）主体应该做出一定行为； （2）主体不做出一定行为
房地产法律关系的产生、变更和消灭	房地产法律事实概念	是指法律规范规定能够引起房地产法律关系产生、变更、消灭的客观情况
	能够引起房地产法律关系的产生、变更、消灭的事实的行为和事件	（1）房地产法律行为是指以法律关系主体的意志为转移并能引起房地产法律关系产生、变更、消灭的活动。具体包括房地产法律关系主体的作为和不作为，即积极行为与消极行为。根据行为的性质可分为善意行为、合法行为、恶意行为与违法行为。 （2）事件是指法律规范规定的、不以当事人的意志为转移的客观事实，可分为社会事件和自然事件两种，一般指人们不可预见和不可抗拒的自然现象和社会现象，如战争、罢工、水灾等

三、房地产权利（表 6-19）

表 6-19   房地产权利

项目		内　容
土地所有权和使用权	土地所有权概念	是土地所有者依法对土地实行占有、使用、收益和依照国家法律规定作出处分，并排除他人干涉的权利
	土地所有权的内容	包括占有、使用、收益、处分四项权能，其中占有权、使用权、收益权虽然在一定条件下可以与土地所有人分离，但是土地所有权人仍对该土地享有所有权。根据我国《宪法》规定：土地所有权按主体分为全民土地所有和劳动群众集体土地所有权
	土地使用权概念	是指依法取得土地的实际经营权和利用权
房屋所有权	权能	房屋所有权即房屋产权，包含占有、使用、收益、处分四项权能
	概念	是两个或两个以上主体对同一房屋享有所有权，分为按份共有和共同共有两种拥有方式
	房屋所有权的取得	房屋所有权的取得分为原始取得和继受取得两种
	房屋所有权的消灭	房屋所有权的消灭主要有：权利主体消亡、权利客体灭失、房屋所有权的法律处分（相对灭失）等
相邻权	相邻关系	不动产相互毗邻的所有人或使用人相互间应当给予一定的方便而且在各自行使自己的合法权利时，要受到一定的限制，法律将这种相邻人之间的关系用权利义务的形式确定下来，就是相邻关系
	我国的《民法通则》对相邻关系的基本内容和责任形式作出规定	我国的《民法通则》对相邻关系的基本内容和责任形式，以及处理相邻关系的基本原则作了一定的规范，既"不动产的相邻各方，应当按照有利生产、方便生活、团结互助、公平合理的精神，正确处理截水、排水、通行、通风、采光等方面的相邻关系。给相邻方造成妨碍或者损失的，应当停止侵害，排除妨碍，赔偿损失。"相邻关系也可以称为相邻权

四、房地产交易的房地产买卖（表 6-20）

表 6-20   房地产交易的房地产买卖

项目	内　容
概念	房地产买卖是双方转移房地产权利的民事法律行为，房地产买卖须经过登记，房屋所有权和土地使用权才发生转移
双方当事人必须符合的条件	（1）双方当事人应是完全民事行为能力人； （2）卖方必须是房屋所有权人； （3）买方必须具有购买能力，不仅指支付合同价款的能力，其购买房屋的行为也应当为法律所允许
我国立法对房地产买卖的主、客体条件作了限制性规定	（1）只有房屋所有权人才有权出卖房屋，非所有权人在没有取得房屋所有权人授权的情况下不得出卖他人房屋； （2）凡是经过改建、扩建的房屋，所有权人应当在房地产行政管理部门办妥变更登记手续之后方能投入市场交易；

续表

项目	内　容
我国立法对房地产买卖的主、客体条件作了限制性规定	（3）对于已经出租的房屋，如果出售必须提前 3 个月通知承租人，承租人在同等条件下有优先购买权； （4）共有房地产如果要出租或出售必须提交共有人同意或委托出卖的证明，在同等条件下共有人有优先购买权； （5）对于享受补贴或以优惠价格购买、建造的房屋，在不满有关政策规定期限时如要出售，只能按原价或交易评估出售给原补贴单位或房地产主管部门； （6）对于继承、赠与、分家析产所得的房屋，必须有公证机关或人民法院的法律文书证明方能投入市场交易
不得投入市场进行买卖的房地产	（1）产权未经确认或存在产权纠纷的； （2）未经有关主管部门批准擅自违章自建、扩建的； （3）司法机关的行政机关依法裁定、决定查封或以其他形式限制房地产权利的； （4）国家依法收回土地使用权的； （5）共有房地产未经其他共有人书面同意的； （6）未依法领取权属证书的
享有房地产优先购买权的人	（1）房地产共有人； （2）房屋承租人
可撤销的房地产买卖合同的种类	可撤销的房地产买卖合同包括因重大误解和因显失公平两种
无效的房屋买卖合同包括的内容	（1）违反法律法规政策的房屋买卖； （2）双方当事人主体资格不合格； （3）规避法律的买卖行为； （4）双方当事人意思表示不真实； （5）违反法定形式； （6）一方代理人与他方恶意串通

五、房地产交易的房屋租赁（表 6-21）

表 6-21　　　　　　　　　　　房地产交易的房屋租赁

项目	内　容
概念	是指房屋所有权人作为出租人将其房屋出租给承租人使用，由承租人向出租人支付租金的行为
房屋租赁当事人办理登记时须提交的文件	房屋租赁合同、房屋所有权证书或者其他合法权属证明、租赁当事人身份证明、直辖市、市、县人民政府建设（房地产）主管部门规定的其他材料。代管人出租委托代管的房屋，应提交房地产权人授权委托书及代管人合法证件；共有房屋出租的应提交其他共有人同意出租的证明
房屋租赁的租赁期限	租赁期限在 6 个月以上的房屋租赁合同应该采用书面形式，如果租赁期限不到 6 个月，可以不采用书面形式，但当事人未采用书面形式的视为不定期租赁，当事人可以随时解除合同，但出租人解除合同的应当在 30 日前通知承租人。《合同法》规定，房屋租赁期限不得超过 20 年，超过部分无效。原租赁合同期满，承租人如需继续使用的应提前 3 个月告知出租人，如果出租人同意续租，双方要重新签订租赁合同并办理登记手续。在租赁期间内遇物价上涨使原定租金已显失公平的情况下，出租人可以要求承租人增加租金

续表

项目	内 容
房屋转租必须 符合的条件	（1）承租人在租赁期限内，必须征得出租人同意，出租人可以从转租中获得收益，承租人与出租人之间的租赁合同继续有效，第三人对租赁房屋造成损失的，承租人应当赔偿损失； （2）应当订立转租合同，可以是三方当事人共同签订，也可以在出租人的同意下由承租人与转承租人双方签订； （3）转租合同的终止日期不得超过原租赁合同规定的终止日期，但出租人与转租人双方有约定的除外； （4）转租合同生效后，转租人享有并承担原租赁合同规定的承租人的权利和义务，并应当履行原租赁合同规定的承租人的义务，但出租人与转租双方另有约定的除外； （5）转租期间原租赁合同变更、解除或终止，转租合同也随之变更、解除、终止

六、房屋质量保证与履约保证（表 6-22）

表 6-22　　　　　　　　　　　房屋质量保证与履约保证

项目	内 容
房地产说明书内容	包括：房屋坐落、面积、产权权属文件、用途、抵押情况、出租情况、建筑年限、土地出让金缴交情况及需要特别说明的情况等。该文件要求房地产中介服务机构提供房地产中介服务时，应对房屋状况制作房地产说明书
履约保证的内容	履约保证是签署商业合同的一方或第三方为合同履行所提供的一种财力担保，即支付合同履约金，来担保合同的履行。履约保证金制度原是国际建筑业市场上的一种惯例，目前也被引入到我国建筑业市场

第七章　房地产经纪服务合同

命题考点一　房地产经纪服务合同的概念、特征和作用

房地产经纪服务合同的概念、特征和作用（表7-1）

表7-1　　　　　　　　　　　房地产经纪服务合同的概念、特征和作用

项目	内　容
合同的概念	根据《合同法》，合同是指平等主体的自然人、法人、其他组织之间设立、变更、终止民事权力义务关系的协议。这一合同概念包括如下含义： （1）合同是一种协议； （2）合同是平等民事主体之间的协议； （3）合同是设立、变更、终止民事权力义务关系的协议
含义	房地产经纪服务合同是房地产经纪机构或房地产经纪人为委托人提供有助于促成其与第三方之间的房地产交易的经纪服务而与委托人协商订立的协议
房地产经纪服务合同的特征	（1）房地产经纪服务合同属于劳务合同； （2）房地产经纪服务合同是双务合同； （3）房地产经纪服务合同是有偿合同； （4）房地产经纪服务合同一般为书面形式的合同
房地产经纪服务合同的作用	（1）有效保障合同当事人的合法权益； （2）维护和保证市场交易的安全与秩序

命题考点二　房地产经纪服务合同的内容

一、房地产经纪服务合同内容的界定（表7-2）

表7-2　　　　　　　　　　　房地产经纪服务合同内容的界定

项目	内　容
依民事法律关系来界定	依民事法律关系而言，合同的内容是指当事人的权利和义务。一般情况下，房地产经纪合同应包含以下四个方面的内容：交易标的的价值、当事人各自的责任以及希望履行的标准、对经济风险及当事人对风险造成损失的分担的事先预定、对履约过程中发生障碍的处理办法
从法律文书角度来界定	从法律文书角度来看，合同的内容是指合同的条款。从这个意义上讲，房地产经纪合同的内容是指经纪合同的条款

二、合同条款的种类（表7-3）

表7-3 合同条款的种类

项目		内容
根据合同条款所起的作用分类	主要条款	合同的主要条款也称必要条款，是合同成立应当具备的条款。合同主要条款的确定： （1）应该依据有关法律规定，凡法律规定应当具备的条款，合同必须具备，否则合同不能成立； （2）依据合同的类型和性质来决定合同应当具备哪些主要条款； （3）根据当事人的特定要求确定合同的主要条款
	普通条款	合同的普通条款也称一般条款，它不影响合同的成立。普通条款明确当事人权利义务的作用与主要条款是一样的。普通条款包括通常条款和偶尔条款
根据合同条款的内容分类	实体条款	实体条款是规定当事人权利义务的条款，如标的条款、价款和酬金条款、履行期限条款、履行地点条款
	程序条款	程序条款又称为解决争议条款，是指当事人为解决争议而规定的条款
根据合同条款的表现形式分类	明示条款	明示条款是指当事人以口头或文字方式明确表示的条款。明示条款是合同存在的基础没有明示条款，就不存在合同。合同的争议条款都是明示条款
	默示条款	默示条款是指合同中没有规定的，但根据法律规定、交易习惯、当事人的行为或合同的明示条款，合同理应存在的条款。默示条款是以明示条款为存在的前提，默示条款是合同的普通条款
根据合同条款的责任内容分类	有责条款	有责条款是指当事人违反合同约定应当承担责任的条款，即违约责任条款。违约责任是合同违约的当事人应当承担的民事责任，它可能是当事人约定的，也可能是法律规定的，都是由合同的法律效力决定的
	免责条款	免责条款是指当事人在合同中约定的，排除或限制其违约责任的条款。免责条款的特征是： （1）免责条款具有约定性； （2）免责条款具有预先性； （3）免责条款具有明示性； （4）免责条款具有免责性

三、房地产经纪服务合同的主要条款（表7-4）

表7-4 房地产经纪服务合同的主要条款

项目	内容
当事人的名称或者姓名和住所	当事人是合同的主体，没有主体，合同就不成立
标的	合同的标的是合同法律关系的客体
服务事项与服务标准	这一条款是表明房地产经纪人的服务能力和服务质量的条款，也是体现房地产经纪人能否促使合同得以履行的主要条款
劳务报酬或酬金	酬金是完成服务的价款，也是提供劳务服务的代价
合同的履行期限、地点和方式	履行期限直接关系到合同义务完成的时间，同时也是确定违约与否的因素之一
违约责任	违约责任是当事人违反合同约定时约定承担的法律责任
解决争议的方式	争议的解决方式是当事人解决合同纠纷的手段和途径

命题考点三　房地产经纪服务合同的主要类型

一、房地产代理合同的含义与特征（表 7-5）

表 7-5　　　　　　　　　　房地产代理合同的含义与特征

项目	内　容
含义	房地产代理合同是指房地产经纪机构经客户授权代理客户与第三方进行房地产交易而与客户签订的代理合同
特征	（1）房地产代理合同属于委托代理合同； （2）房地产代理合同属于商事代理合同

二、房地产经纪人在房地产代理合同中的义务（表 7-6）

表 7-6　　　　　　　　房地产经纪人在房地产代理合同中的义务

义务	内　容
按照指示处理事务的义务	为被代理人处理事务是房地产经纪人的义务。房地产经纪人应当依照被代理人的授权指示处理事务。 授权指示可以表现为： （1）固定不变的指示； （2）可以变动的指示； （3）任意性指示
亲自处理事务的义务	房地产经纪人在处理事务的过程中需要将事务转委托本机构内的其他人员办理的，应当符合的条件： （1）被代理人同意； （2）遇到紧急情况，为了使被代理人的利益不受影响，或者因紧急情况发生不能及时通知到被代理人时，房地产经纪人可以将被代理人的事务委托给第三人处理
向被代理人报告处理事务情况的义务	房地产经纪人在处理被代理人的事务时，应当按照被代理人的要求随时报告处理事务的进展情况
将处理事务的收益和所得交付被代理人的义务	房地产经纪人在为被代理人处理事务的过程中获得的收益，包括钱财、物品以及孳息等，应当及时交付给被代理人

三、委托人在房地产代理合同中的义务（表 7-7）

表 7-7　　　　　　　　委托人在房地产代理合同中的义务

义务	内　容
承担后果的义务	房地产经纪人在被代理人的授权指示范围内所处理事务的后果应当由被代理人承担
承担处理事务的费用的义务	房地产经纪人受被代理人的指示处理事务，房地产经纪人在处理事务的过程中所发生的费用应当由被代理人承担。被代理人在授权委托房地产经纪人处理事务中，对于处理事务所需要的费用可以用两种方式解决： （1）预付费用； （2）偿还费用

续表

义务	内 容
承担赔偿损失的义务	房地产经纪人为被代理人处理事务，可以在合同中要求支付报酬，被代理人也应当支付报酬
给付房地产经纪人报酬的义务	房地产经纪人按照授权处理事务时，由非房地产经纪人的过错造成的赔偿责任，应当由被代理人承担

四、房地产居间合同（表7-8）

表 7-8　　　　　　　　　　　房地产居间合同

项目	内 容
房地产居间合同的含义	根据《合同法》的规定，居间合同是指居间人向委托人报告订立合同的机会或者提供订立合同的媒介服务，委托人支付报酬的合同
房地产居间合同的特征	居间合同是以介绍委托人与第三人订立合同为目的。居间合同与代理合同的区别是：房地产经纪人可以同时接受一方或相对两方委托人的委托，向一方或相对两方委托人提供居间服务
房地产经纪人员在居间合同中的义务	（1）如实报告的义务； （2）尽力提供居间服务的义务； （3）保守秘密的义务
委托人在居间合同中的义务	（1）支付报酬的义务； （2）支付必要费用的义务

五、房地产买卖经纪服务合同与房地产租赁经纪服务合同（表7-9）

表 7-9　　　　　　房地产买卖经纪服务合同与房地产租赁经纪服务合同

项目		内 容
房地产买卖经纪服务合同	概念	买卖经纪服务合同是经纪人与委托人通过约定为委托人的房地产买卖活动向其提供劳务服务而订立的合同
	房地产买卖行为一般包括	投资新建房地产期权的房屋买卖、现房买卖和存量房地产的买卖
房地产租赁经纪服务合同	概念	租赁经纪服务合同是经纪人与委托人通过约定为委托人的房屋租赁活动向其提供经纪服务而订立的合同
	房屋租赁行为	新建商品房出租、现房出租；存量房屋的出租和转租

六、新建商品房经纪服务合同与存量房经纪服务合同（表7-10）

表 7-10　　　　　　新建商品房经纪服务合同与存量房经纪服务合同

项目		内 容
新建商品房经纪服务合同	新建商品房经纪活动的主要形式	新建商品房经纪活动的主要形式就是新建商品房销售代理，因此，新建商品房经纪合同主要就是新建商品房销售代理合同
	新建商品房销售代理完成任务的考核指标	在批量的商品房销售代理中，待销的房地产不一定能做到百分之百销完，因此必须事先约定衡量房地产经纪机构完成任务的考核指标——销售面积比例

续表

项目		内　容
新建商品房经纪合同	商品房销售代理合同中应载明的事项	商品房销售代理合同中应载明有关交易价格范围、销售时间和进度以及不同价格和销售进度下佣金计算标准的条款
存量房经纪服务合同	存量房经纪业务采用的方式	目前，在存量房经纪业务中，房地产经纪机构大多采用居间方式，一般是在为客户找到交易对象，且交易双方已就交易基本达到一致时，才签署一份包含房屋交易和居间服务双重内容的协议（如房屋买卖、居间协议）
	存量房居间合同应增加的条款	由于存量房多为已使用过的房屋，存量房居间合同应增加有关房屋已使用情况调查、告知责任以及房屋交验责任的条款。此外，由于存量房交易中，委托人常常会要求经纪机构提供一系列相关服务，这时还必须增加有关补充条款

七、房地产买方代理合同与房地产卖方代理合同（表 7-11）

表 7-11　　　　　　　　房地产买方代理合同与房地产卖方代理合同

项目	内　容
买方代理合同	房地产买方代理的义务是为委托人买到最低价格的房地产，或者是在预定的价格下，买到最好的房地产。然而由于对房地产质量、功能方面的评判标准不可能完全统一，因此，在买方代理合同中，如果能约定房地产经纪人应提供的备选房源数量，则可相应减少经纪纠纷。此外，在规定最低价格的情况下，由于客户有特定的要求，佣金的标准不能等同于一般经纪合同标准。可在合同中特别约定
卖方代理合同	房地产卖方代理业务中，房地产经纪人的基本义务是实现标的物业的最高出售价格。但是由于价格越高，出售的难度也越大，对于批量的新建商品房预（销）售代理来说，销售进度也会有影响。因此，为了避免经纪纠纷，卖方代理合同中应载明关于房地产交易价格范围、销售时间和进度以及不同价格和销售进度下佣金计算标准的条款

命题考点四　房地产经纪服务合同纠纷

一、缔约过失造成纠纷的原因（表 7-12）

表 7-12　　　　　　　　　缔约过失造成纠纷的原因

原因	内　容
房地产经纪人的失信、失职	有些房地产经纪人在承揽经纪业务的过程中，为了吸引客户承接业务，往往在缔约前未充分履行告知责任或不顾自己的实际能力和信用条件夸大承诺以获得委托人的信任
经纪服务合同当事人的观念和法律意识不足	在我国，受长期计划经济的影响，许多消费者在观念上市场意识淡薄，对政府依赖心理较重，忽视合同的规则。委托人与经纪人对订立的经纪合同事先未作明确的考虑，并未仔细审查合同约定的条款。事后在合同的履行过程中才发现遗漏应当明确的事项和要求，就希望改变或者撤销合同的约定，由此引发纠纷

二、合同不规范造成的纠纷（表7-13）

表 7-13 合同不规范造成的纠纷

项目	内　　容
房地产交易行为与经纪行为混淆的具体表现	（1）房地产经纪人利用自己的职业便利将房地产的买卖合同的内容与经纪服务合同的内容归纳在一个买卖合同或是概念含糊不清的交易合同内，直接将房地产买进或卖出，把向委托人提供的服务性劳务活动改变为房地产权利的直接处分活动； （2）房地产经纪人通过买断、收购，或者买卖双方不见面等方式隐匿买卖活动中的收益，获取差价和利润
居间行为与代理行为混淆的具体表现	存量房买卖经纪普遍采用居间形式，房地产经纪人承担买卖双方的委托
经纪服务合同的权利义务不等的具体表现	（1）房地产经纪人因自己的履约能力不够，利用委托人对交易过程和成交方式的不熟悉，故意减少自己的义务以逃避责任； （2）房地产经纪人为了避免自己发生违约影响佣金的收取，有意加大委托人的义务，以减少自己的风险； （3）因委托人愿意支付的佣金数额不能满足自己的期望目标，订立合同时要求减少自己的义务
经纪合同的主要条款欠缺的具体表现	（1）拟定合同格式和内容不是依照法律规定制定的，而是根据市场的交易习惯和自己的成交经验来制定的； （2）缺乏基本的常识，合同的内容不能保护委托人的利益，同样也不能保护自己的利益； （3）逃避责任，唯恐发生违约行为被人追究
服务标准与收取佣金标准存在差异的具体原因	由于目前有关管理部门对房地产经纪收费所制定的标准并无相应的服务标准，服务标准和佣金标准没有相应对比与衡量的标准，造成有收费标准却没有服务标准的失衡现象

第八章　房地产经纪信息

命题考点一　房地产经纪信息概述

一、信息的概念和特性（表 8-1）

表 8-1　　　　　　　　　　　　信息的概念和特性

项目	内　容
概念	从一般意义上来说，信息是事物的存在状态和运动属性的表现形式。"事物"泛指人类社会、思维活动和自然界一切可能的对象。"存在方式"指事物的内部结构和外部联系。"运动"泛指一切意义上的变化，包括机械的、物理的、化学的、生物的、思维的和社会的运动。"运动状态"是指事物在时间和空间上变化所展示的特征、态势和规律
特性	信息具有许多特性，其主要特性包括以下几个方面：（1）可量度性；（2）可识别性；（3）可转换性；（4）可存储性；（5）可处理性；（6）可传递性；（7）可再生性；（8）可压缩性；（9）可利用性；（10）可共享性

二、房地产经纪信息的含义与构成（表 8-2）

表 8-2　　　　　　　　　　房地产经纪信息的含义与构成

项目	内　容
含义	房地产经纪信息是指反映房地产经纪活动并为房地产经纪活动服务的信息
四个方面的信息	房源信息、客户信息、房地产市场信息和房地产经纪行业信息
基本要素	主要有语言要素、内容要素和载体要素三个方面

三、房地产经纪信息的特征（表 8-3）

表 8-3　　　　　　　　　　　房地产经纪信息的特征

特征	内　容
共享性	信息的共享很重要，通过共享，使更多的人获得信息，给更多的人带来价值，最后使整个社会的经济效益增加
多维性	同一条信息在不同时间、不同环境，其价值也可能完全不同，体现了信息在时间和空间上的多维性。人们的价值观、认识事物的能力以及所处的时点和环境，决定了一条信息对其的价值大小。当房地产经纪信息的属性和内容与人们的需求密切相关时，其使用价值才能发挥出来
积累性	房地产经纪信息的价值并不是一次性全部体现出来的，它常常可以重复利用，而且随着信息的不断累积，将会衍生出更多的信息，创造更多的价值
时效性	随着时间的推移，房地产市场环境以及人们的需求都会发生相应的变化，房地产经纪信息的价值也会发生变化，有些信息变得越来越不重要，甚至失去了使用价值，而有些信息，如新热点地区的房源信息，则变得越来越有价值

特征	内　容
增值性	房地产经济信息的与其共享性紧密相连。通过房地产经纪信息的共享与传递，使更多地人获得信息，并依据信息所提供的内容指导自己的行为，提高了该信息的利用率和使用效果，并在增加信息获得者经济效益的同时，使整个社会的总经济效益增加。另外，通过将大量相关的房地产经纪信息加以收集、加工、整理和综合分析，可以将其价值物化在具体的房地产实物上，提高房地产实物的附加值
复杂性	房屋是一种价值量大，属性信息众多而又千差万别的产品。房地产经纪信息所涉及的方面极为庞杂，不仅涉及房地产交易的法律法规，而且涉及房地产交易的程序、方法，抵押贷款的有关规定，交易房地产的产权状况，房屋的具体情况，购房者的信用状况等

四、房地产经纪信息的重要性（表 8-4）

表 8-4　　　　　　　　　　　房地产经纪信息的重要性

重要性	内　容
是房地产经纪机构的重要资源	房地产经纪机构的一切经济活动是以其所拥有的信息为基础和依托的，这是由这类服务性企业的性质和特点所决定的。房地产经纪机构的存在是源于房地产市场中信息的不充分、不对称，是源于房地产交易中缺乏买卖双方信息沟通的平台，是源于房地产交易参与人获取相关信息所必须支付高昂的成本，因此，房地产经纪信息是房地产经纪机构得以生存的基石，没有房地产经纪信息，房地产经纪机构的大部分经济活动就无法开展下去
是房地产经纪机构实力的重要标志	一个房地产经纪机构掌握多少信息量，信息渠道畅通与否，处理加工信息能力的强弱，是衡量该机构及其经纪人员实力的重要标志。从这个意义上来看，房地产经纪机构之间的竞争在很大程度上体现为信息收集和处理能力、信息共享渠道以及信息利用率的竞争，因此加强房地产经纪信息的收集、加工、积累和利用，是房地产经纪机构和房地产经纪人的一项基础性工作
是房地产经纪服务的基本内容	在房地产经纪服务中，房地产经纪机构通过向房地产开发企业传递有价值的信息，让开发企业及时地了解市场行情，减少盲目开发，提高房地产的有效供给，增加房地产开发企业的经济效益；通过向消费者提供有用的信息，使消费者在交易过程中减少人力、物力、财力的支出，节约成本；通过向交易双方提供信息，在一定程度上避免因信息不对称而造成的诸多误解和交易纠纷，使房地产交易得以顺利进行，提高交易效率和市场效率

命题考点二　房地产经纪信息管理

一、房地产经纪信息管理的原则（表 8-5）

表 8-5　　　　　　　　　　　房地产经纪信息管理的原则

原则	内　容
重视房地产经纪信息的系统性	由于房地产市场和房地产经纪活动的纷繁复杂，房地产经纪活动所需要的信息不是零星的、孤立的、个别的，而必须是大量的、系统的、连续的
加强房地产经纪信息的目的性	房地产经纪信息直接作用于房地产经纪活动的过程之中，而这种活动是人们有意识、有目的的自觉行为，因此它具有比其他信息更明显的目的性特征

原则	内容
提高房地产经纪信息的时效性	由于房地产市场环境和市场主体都在不断地发生变化，房地产经纪信息的有效性也随时间而发生变化，因此，提高房地产经济的时效性，是房地产经纪结构信息管理的重要任务之一。提高房地产经纪信息的时效性，一方面要对信息库进行及时的更新和维护，另一方面要提高信息利用的效率，尽量使信息在最短的时间内发挥作用
实现房地产经纪信息的共享性	信息共享是房地产经纪机构信息管理所要实现的主要功能之一。计算机网络技术的发展，为房地产经纪信息的信息共享提供了手段

二、房地产经纪信息的收集（表 8-6）

表 8-6　　　　　　　　　　房地产经纪信息的收集

项目		内容
收集的渠道	直接渠道	一般包括：门店接待、上门服务、沟通有房源的单位、利用聚众场所宣传和收集相关信息、直接去管理部门进行调查和咨询等
	间接渠道	包括媒体广告、网络信息、相关文件、上级部门、同行信息共享以及熟人推介等
收集的方式、方法	公开收集	大量房地产经纪信息通过报纸、广播、电视、杂志以及正式出版的文献等媒介向外传送，这是收集房地产经纪信息的重要途径
	调查和征集	有些房地产经纪信息并不是通过大众媒体传播的，需要通过派人磋商和发函联系等方式才能获得
	直接采集	利用门店接待、上门拜访、专业市场、小区活动、通信询问（信函或电话询问）、聚集场所利用等方式和方法，收集房源和客户信息。此外，由于房地产的不可移动性，以及内容多样而且复杂，房源方面的信息一般需要实地考察、现场调查后才能获得感性的认识和准确的信息，同时也可以排除一些不准确的信息
	利用网络获取	主要有以下几条途径：(1) 利用互联网收集信息；(2) 利用联机系统收集；(3) 利用商情数据库收集

三、房地产经纪信息的整理（表 8-7）

表 8-7　　　　　　　　　　房地产经纪信息的整理

项目		内容
程序	鉴别	鉴别就是对房地产经纪信息的准确性、真实性、可信性进行分析，判断误差的大小和时效的高低，剔除人为、主观的部分，使之准确、客观
	筛选	筛选就是对已鉴别的房地产经纪信息进行挑选
	整序	整序就是将不同的、杂乱无序的房地产经纪信息按一定标准、方法加以整理归类。整序的主要方法就是分类，将相同的信息归为一类，将性质相似的类别排在一起。这样做的主要目的是为了便于查询，能够减少查询时间
	编辑	编辑就是对整序后的信息进行具体的文字整理过程，是整个加工整理过程中最关键的工作
	研究	研究是一种较高层次的信息加工整理步骤。它是在对大量信息综合分析的基础上，经过分析、判断、思考，产生具有深度和新价值的信息。房地产经纪人要经常对信息进行综合的分析和研究，以提高自身判断、思考能力，在挖掘市场内在规律的基础上，对其未来发展有一个相对准确的判断

项目	内容
工具和方法	信息通过加工整理之后，通常以表格、图片、文字报告等形式展现出来。其中表格是最常见的一种方式。房地产经纪机构对本机构业务类信息的整理，通常采取这种表格形式，一般可分为日报表、周报表、月报表等

四、房地产经纪信息的利用（表8-8）

表8-8   房地产经纪信息的利用

项目	内容
通过信息发布影响消费者	在传播信息的过程中要注意以下三个方面：首先，尽快传递；其次，广泛传播；再次，完整准确
以信息提供的具体内容来指导具体的业务活动	利用房地产经纪信息来指导房地产经纪的业务活动，几乎贯穿于房地产经纪业务活动的全过程。一方面，通过对客户方面信息的分析，房地产经纪人可以了解客户的偏好、所能接受的房产价位，并指导查找房源信息和筛选房源，最终促使交易成功。另一方面，通过对市场和竞争对手的了解，能够及时的把握市场方向和竞争对手目前的状况，便于很好地开展房地产经纪活动，在竞争中取得优势

命题考点三 房地产经纪信息管理系统

一、房地产经纪信息管理系统设计的原则（表8-9）

表8-9   房地产经纪信息管理系统设计的原则

原则	内容
网络化原则	21世纪是信息化、网络化的世纪，房地产经纪信息的网络化管理是必然趋势。首先，房地产经纪信息的网络化彻底改变了传统的广告媒体宣传，发放售楼书等耗费成本较大的信息发布和管理方式，可以在较短的时间内实现对海量数据的上传、处理，使房地产经纪信息在尽可能短的时间，最大限度地展现给市场，并得以有效的利用，从而节约大量的时间和成本。其次，网络化管理还为房地产经纪机构企业内外房地产经纪信息的共享，提供了平台。最后，网络化管理可以通过网络公开性，突破房地产交易时间和空间的局限，可以将房地产经纪机构服务的触角扩展计算机网络可以到达的所有角落，这也是房地产经纪机构信息管理的必然趋势
共享原则	信息共享，是房地产经纪机构信息管理的必然趋势。房地产经纪机构需要通过其信息管理系统，建立企业的信息共享平台，以解决房地产经纪业务资源共享、信息共享、文件传输和信息发布的问题，既可以提高企业内部办公与信息交流效率，同时为协同办公提供基础。信息共享平台的主要功能是解决经纪服务过程在沟通、协作、控制等方面存在的问题，使企业内部资源得到最大化的共享，提高办公效率，实现内部信息协作；增强部门职能，增强信息引导和信息服务，为全面实现网上办公建立基础；建立共享资源库，为企业管理者提供基础决策信息
协同原则	协同的最基本含义是协同工作，也就是多人相互配合完成同一目标。协同概念包含四个方面的含义：人的协同、信息协同、应用协同和流程协同，其中，人的协同是核心内容。协同原则要求房地产经纪信息管理系统的设计，在提供信息共享的平台的基础上，构筑协同办公的平台

二、房地产经纪信息计算机管理系统（表 8-10）

表 8-10 房地产经纪信息计算机管理系统

项目		内　容
架构		建立房地产经纪信息计算机管理系统，首先要对房地产经纪机构进行企业信息化改造。企业信息化包括办公自动化、业务处理自动化和生产、设计、客户服务自动化
主要类型	数据管理系统	这类系统把现有房源信息、销售合同、费用凭证、需求客户等以一定的数据格式录入到计算机里，以数字的形式保存起来，可以随时查询和维护，实现企业内部信息的数字化，并可通过局域网与互联网的对接实现与企业外部的信息交流
	流程控制系统	这类系统把企业已经规范的一些流程以软件程序的方式固化下来，使得流程所涉及岗位员工的工作更加规范高效，减少人为控制，同时提升客户满意度
	辅助决策系统	这类系统通过对信息化的原始数据进行科学的加工处理，运用一定的计算模型，为管理和决策的提供基础数据支持

三、某置换公司计算机信息管理系统结构（表 8-11）

表 8-11 某置换公司计算机信息管理系统结构

功能	功能说明
业务方面	
置换业务	是公司的关键业务，系统记录了业务所有环节的数据，包括咨询登记、勘察评估、委托上网、配对看房、合同签订、款项支付、手续办理、物业交割和存量房贷款
租赁业务	租赁业务系统突出租赁业务的便捷性，在连锁店可以完成租赁的主要流程，在签约中心主要进行合同数据的备份和款项的收取
经营中心业务	经营中心业务是公司的一大特色，公司所属的房源由经营中心统一管理，与置换业务系统、租赁业务系统紧密结合，共享房源信息
权证业务	对公司内部的手续办理和外接业务的手续办理分别管理，公积金查询、贷款办理、担保、权证变更纳入系统之中
辅助决策方面	
总经理查询系统	对业务、财务、人事等数据的全面掌控
交易部统计系统	对交易统计数据的汇总
服务中心查询系统	本中心的业务汇总，如合同签订、变更、撤销数目、收付款金额等
区域查询系统	连锁店、区域中心的业务汇总、指标考核等超财务功能
业务监管方面	对公司业务操作的监管，根据投诉、合同变更、撤销等情况，对签约服务中心和连锁店进行考核，随时跟踪掌握公司业务的变化
信息数据库方面	是公司共享的信息数据库，如房源信息、客房信息等。系统对这些信息进行分类汇总及分析
行政人事方面	行政公告、人事管理、OA

四、某房屋置换股份有限公司计算机信息管理系统的主要功能（表 8-12）

表 8-12　　　　　某房屋置换股份有限公司计算机信息管理系统的主要功能

功能	内　容
提供岗位操作界面	系统为每个岗位提供一个个性化的界面，这个岗位所要操作的业务和查询的信息都放置在这个界面内，使用者只要点击界面就可以进行相应的操作
控制工作流程	系统对每个实际业务制定了非常严格的流程控制，如没有签署《合同须知》就不能签订合同；在贷款审核通过之前，就得不到贷款额度数据等。但在严格流程控制的同时，系统为公司决策层提供了绿色通道，在公司决策层的确认下，可以进行流程的简化
任务自动提醒	系统为业务的操作提供了两个方面的提醒功能，在"我的消息"中，公司每个成员可以查看到自己需要审批或者自己提交的已经审批完的信息；另外在屏幕右下角有一个标志，会左右翻滚、变形，以提示有消息发过来
多角度查询	系统提供了多角度的查询工具，如对《预订协议》的查询，可以从"合同编号"、"物业编号"、"区域中心"、"连锁店"、"物业地址"、"签约日期"、"业务员"等多个角度进行查询
决策分析	系统专门为公司的各个层面提供决策分析系统，有"总经理查询系统"、"交易管理系统"、"签约服务中心查询系统"、"区域中心查询系统"等。并在每个查询系统中提供了饼图、直方图、折线图等多种分析手段以辅助决策
操作帮助	系统为每个界面提供了简便的操作帮助，如在操作中碰到疑难问题，可以查看操作帮助，并根据其指示进行业务操作
智能化的相关操作	该系统为每个用户提供一个智能化的相关操作，在使用者打开每一界面时，使用者想查看的信息，都放在"相关操作"中，便于使用者进行业务处理
支持离线业务	使用者在离线的情况下，照样可以进行房源的查询，进行"物业情况登记表"和"客户需求登记表"的操作，只需要每天对房源信息及时下载和更新
系统自动更新	一旦系统功能升级或发生比较大的变化，就需要更新各个客户端的程序。由于该置换公司拥有 200 多家连锁店、十几个服务中心、数百台终端，如按一般的系统后期维护的做法，会消耗大量的人力、物力、财力，而利用该系统的自动更新功能，各个终端用户只要在登录系统时选择需要升级的模块，通过网络即可轻松完成系统更新
日志监控、跟踪	系统记录了业务操作的所有信息，通过日志的查询，使用者可以一清二楚地了解物业的登记、上网以及合同签订情况。另外在系统的后台记录了每个岗位的每一步动作，可以实现实时跟踪

命题考点四　多重上市服务（MLS）系统

一、MLS 系统的含义与特点（表 8-13）

表 8-13　　　　　　　　　　　　　MLS 系统的含义与特点

项目		内　容
含义	含义	MLS 的含义是多重上市服务，是房地产经纪行业共享信息、协同销售、共享佣金的服务系统。MLS 系统是以会员联盟的形式，将房地产开发商、代理商、经纪公司所拥有的代售信息集合在一起，基于互联网而建立起来的房源信息共享平台。根据系统规则，任何一个会员都可以销售其他会员的房产，信息共享、佣金共分，形成联合销售，从而降低交易成本，提高工作效率
	主要功能	一是系统成员间建立有序联系以及传播上市房源信息的工具，使其能够更好地为客户、顾客和公众服务；二是受托经纪人（代售经纪人）补偿协作销售经纪人，与其共同分享佣金的手段；三是通过信息的收集和传播，使其系统成员能够利用相关信息对物业进行价格和其他方面的评估，是房地产经纪人组织或公会参与房地产公共数据库建设的一个工具
特点	采用会员联盟的形式	房地产经纪人如果要加入 MLS 系统，首先需要向当地房地产经纪人相关组织或公会提交入会申请，并交纳注册费。在获得房地产经纪人相关组织或公会的批准后，该经纪人便可以成为 MLS 系统中的一员，通过 MLS 系统上传房源信息、客源信息，并承诺向成功促成交易的其他协作经纪人支付事先约定的佣金
	鼓励广泛协作	系统中的任何一个会员，都可以共享系统中的房源信息并销售其他会员受托代售的物业，并享有与受托经纪人共享佣金的权利。由此，不仅避免了房地产经纪人之间的恶性竞争，也较好地解决了不动产商品销售的局限性，使客户委托的房地产出售、出租业务能在较短的时间内完成
	缩短交易时间，提高交易效率	当客户需要销售物业，或是某一顾客需要购置物业时，通过使用 MLS 系统，客户得到的不再是一家经纪机构，一个经纪人的服务，而是系统中所有经纪人的服务，为该客户的物业匹配合适的买主，根据顾客的需要，寻找合适的房源，从而大大缩短了匹配交易双方所需要的时间，提高了市场交易效率
	保证信息的全面性和时效性	由于网络技术的广泛应用，MLS 系统可以让房地产经纪人比较全面地了解有关待售或待租房屋的详细信息，诸如地理位置、房屋面积、房间数量、周边环境等。同时，由于 MLS 系统日常维护和及时更新，确保了相关信息的时效性，使得信息更为准确，可利用性得到了进一步提高

二、MLS 系统的类型（表 8-14）

表 8-14　　　　　　　　　　　　　MLS 系统的类型

类型		内　容
根据意愿的分类	强制性系统	强制性系统要求参加该系统的成员将必须自己所获得的独家销售委托在规定的时间内输入网络中心。 　从国外的经验来看，大多数国家倾向于强制性系统，因为这样能更好地实现信息的全面共享，提高信息的透明度，并在较短的时间内满足客户的要求，促成房地产交易
	自愿性系统	自愿性系统是指系统的成员可以根据自己的需要决定是否将所获得的独家销售委托输入网络中心

类型		内容
根据系统规模的分类	全国性的MLS系统	全国性的MLS系统指的是在一个国家或地区范围内,由不同地区的MLS子系统联合起来组成的MLS系统,该系统几乎包括了一个国家或地区内所有的房地产经纪机构及房地产经纪人,影响力较大。如美国、加拿大全国性的MLS系统
	企业之间的MLS系统	企业之间的MLS系统较全国性的MLS系统规模小,主要是由经营方式、市场理念相近的房地产经纪企业,为了实现彼此之间的共赢而联合起来创建的MLS系统,将彼此获得的房源信息共享,实现联合销售,佣金共享,以提高工作效率
	企业内部的MLS系统	企业内部的MLS系统则指的是房地产企业内部的子公司或者该公司和其加盟连锁店之间构建的内部M1S系统,各分店或加盟店之间实现信息共享,降低搜寻成本,提高企业经济效益
根据代理形式的分类	独家代理的MLS系统	独家代理的MLS系统要求买方和卖方都要有自己的代理经纪人,加拿大目前采用的大多是这种形式。这种运作形式的交易过程比较规范,但卖方需支付较多的佣金费用
	仅买方代理的MLS系统	仅买方代理的MLS系统,卖方自己通过MLS系统提供的信息平台将房源信息上传,买方代理则促成买卖双方的交易,卖方付给买方代理少量的服务费,但要注意卖方和买方代理之间不是代理关系。这种仅有买方代理的模式在美国则极为常见。这种运作形式中,不存在卖方代理,卖方只需支付少量上传信息的费用和买方代理的服务费,无需支付给买方代理的佣金,也享受不到买方代理的专业化服务

三、MLS 系统运行规则 (表 8-15)

表 8-15   MLS 系统运行规则

项目		内容
独家代理制度为基础	独家代理制度概念	独家代理制度是指预售房地的业主与一个房地产经纪人签订独售权,使得该物业的代售权只属于该经纪人一个人所有
	独家代理规定的内容	独家代理规定了业主在受托经纪人或者其他执照代理人为其找到买主,完成销售的情况下,支付受托经纪人所约定佣金的义务
MLS系统运行的具体规则		(1) 明确系统类型; (2) 报送的时间和内容; (3) 佣金的分配方式和佣金支付时间; (4) 受托人的义务; (5) 在两个以上的经纪人代理同一物业时,系统以"先入为主"的原则处理; (6) 系统成员间的处事原则; (7) 系统成员有接受纪律检查委员会调查并积极配合的义务; (8) 本系统成员不能直接或间接地以任何方式与非本系统成员共享本系统列入的代售房源信息

四、MLS 系统的作用 (表 8-16)

表 8-16   MLS 系统的作用

作用	内容
有利于提高房地产经纪服务的效率	MLS系统以互联网为平台进行信息传递,房地产经纪人通过网络就可以得到所有的房源信息,改变了经纪公司信息手编、人工查询等传统工作方法,加快了信息的传播,极大地提高了工作效率,降低了交易成本,改变了传统的销售方式,创造了一种全新的销售模式

续表

作用	内　容
有利于规范行为	通过制定 MLS 系统内信息共享以及系统运行规则，明确房地产经纪人的执业规范和工作程序，提高了整个工作过程的透明度；同时通过全面实现企业网络化与集中化的管理，有效控制企业业务流程，规避可能出现的风险，实现房地产经纪服务的规范化运作
有利于有效管理	MLS 系统集中了大量的房源信息以及客户信息，通过系统自身信息分析与统计的功能，可以使经纪企业对市场以及企业自身的发展状况有充分的了解，同时对企业的科学决策也提供更为充分的依据
有利于市场监控	可以增强系统内每个房地产经纪企业的业务能力，形成协作互利、公平竞争的行业运作机制，避免经纪企业之间的恶性竞争

第九章 房地产经纪执业规范

命题考点一 房地产经纪执业规范概述

房地产经纪执业规范概述（表 9-1）

表 9-1 房地产经纪执业规范概述

项目	内 容
概念	房地产经纪执业规范的概念可准确表述为：由房地产行业组织制定或认可的，调整房地产经纪机构、人员与客户之间，房地产经纪机构、人员与社会之间以及房地产经纪同行之间关系的职业道德和行为规范总和。房地产经纪执业规范是房地产经纪机构和人员从事房地产经纪活动必须遵循的。房地产经纪执业规范主要依靠房地产经纪从业人员的信念、习惯及行业自律来自觉遵守，当然也靠社会的舆论力量和职业教育来维持
作用	（1）规范房地产经纪执业行为，提高房地产经纪服务水平； （2）协调房地产经纪同行及同业的关系，维护行业的整体利益； （3）促进自律管理，有利于实现房地产经纪行业的健康持续发展
制定和执行	目前，我国唯一全国性的房地产经纪执业规范是中国房地产估价师与房地产经纪人学会在2006年10月31发布的《房地产经纪执业规则》，这个执业规则将不定期进行修订。房地和经纪执业规范的落实和执行主要依靠执业人员自觉和行业的自律。 　房地产经纪执业行为同样需要以法律和道德同时去调节，涵盖有房地产经纪行为规范的房地产经纪法律、法规主要是发挥法律的强制调整功能，那么，执业规范当中高于法律法规的部分，主要是运用道德调整的功能来规范经纪人员的执业行为

命题考点二 房地产经纪执业的基本原则

一、房地产经纪执业的合法原则（表 9-2）

表 9-2 房地产经纪执业的合法原则

项目	内 容
概念	房地产经纪机构和人员应当在符合法律法规规定，经委托人授权或同意的前提下开展房地产经纪业务
主要体现的几个方面	（1）从事房地产经纪活动的机构资质和人员资格必须合法； （2）房地产经纪促成交易的房地产必须合法； （3）房地产经纪执业行为必须合法

二、房地产经纪执业的平等原则（表 9-3）

表 9-3 房地产经纪执业的平等原则

项目	内 容
概念	指在房地产经纪活动中所有当事人法律地位平等，任何一方不得把自己的意志强加给对方

项目	内 容
主要体现的几个方面	(1) 房地产经纪活动当事人的法律地位平等； (2) 房地产经纪活动当事人依法平等地享受权利和负担义务； (3) 房地产经纪活动当事人的合法权益受法律平等保护； (4) 房地产经纪活动当事人的民事责任平等

三、房地产经纪执业的自愿原则（表9-4）

表9-4 房地产经纪执业的自愿原则

项目	内 容
概念	自愿原则是房地产经纪活动应当遵循的基本原则之一，它是指房地产经纪活动主体在房地产交易和房地产经纪活动中都必须遵守自愿协商的原则，都有权按照自己的真实意愿独立自主地进行选择和决策
主要体现的几个方面	(1) 房地产经纪活动当事人意志自由，自主决定房地产经纪服务的有关事项； (2) 房地产经纪活动当事人对自己的真实意思负责，自愿做出的承诺具有法律效力

四、房地产经纪执业的公平原则（表9-5）

表9-5 房地产经纪执业的公平原则

项目	内 容
概念	房地产经纪公平原则就是要求房地产经纪活动当事各方应以正义、公平的观念指导自己的行为和处理相互间的关系
主要体现的几个方面	(1) 房地产经纪机构获得经纪业务的机会平等； (2) 房地产经纪机构与委托人的权利和义务对等，利益关系均衡

五、房地产经纪执业的诚信原则（表9-6）

表9-6 房地产经纪执业的诚信原则

项目	内 容
诚信原则的基本含义	一般认为，诚信原则的基本含义是，当事人在市场活动中应讲信用，恪守诺言，诚实不欺，在追求自己利益的同时不损害他人和社会利益，要求民事主体在民事活动中维持双方的利益以及当事人利益与社会利益的平衡
房地产经纪活动的诚实信用原则的含义	对房地产经纪活动而言，诚实信用原则就是要求房地产经纪机构和人员在提供经纪服务时，言而有信，童叟无欺，同时不得损害他人及社会的利益
主要体现的几个方面	(1) 房地产经纪机构及人员要诚实，不弄虚作假，不欺诈，进行正当竞争； (2) 房地产经纪机构及人员应信守诺言，严格按法律规定和合同约定履行义务，不得擅自违约或毁约

·

六、房地产经纪执业的保密原则（表9-7）

表9-7 房地产经纪执业的保密原则

项目	内 容
含义	房地产经纪的保密原则指的是房地产经纪机构及房地产经纪人员，对其在提供房地产经纪服务过程中所接触到的国家秘密或当事人的信息和商业秘密，负有保守秘密的义务
主要体现的几个方面	（1）对委托人及交易当事人的个人信息保密； （2）不泄露委托人的商业秘密

七、房地产经纪执业的回避原则（表9-8）

表9-8 房地产经纪执业的回避原则

项目	内 容
含义	为保持经纪活动的公正性，在房地产经纪活动中，房地产经纪人员与房地产交易一方当事人有利害关系的，房地产经纪人员应当回避，但征得另一方当事人同意的除外
主要体现的几个方面	（1）同一房地产经纪业务中，房地产经纪机构和人员不能既提供经纪服务又直接参与房地产交易； （2）与房地产交易有利害的房地产经纪人员不得承办经纪业务

命题考点三 房地产经纪执业行为规范

一、房地产经纪业务招揽行为规范（表9-9）

表9-9 房地产经纪业务招揽行为规范

项目	内 容
房地产经纪业务招揽含义	房地产经纪业务招揽是指房地产经纪机构和人员为推广业务与获得委托，让公众知悉、了解房地产经纪机构和人员及其获得授权的房源客源，进行宣传广告或者发布信息的行为过程
房地产经纪机构应当在其经营场所公示的内容	（1）营业执照； （2）房地产管理部门备案证明文件； （3）房地产经纪行业组织会员证书； （4）房地产经纪机构品牌标志； （5）所聘用的房地产经纪人员的姓名、照片、职业资格、联系电话等； （6）服务项目内容、服务标准及业务流程； （7）服务收费项目、依据、标准及收取方式； （8）遵守的房地产经纪执业规则； （9）政府主管部门或者行业组织制定的房地产经纪服务合同房屋买卖合同、房屋租赁合同示范文本； （10）信用档案查询方式、投诉电话及12358价格举报电话； （11）交易资金监管方式； （12）法律法规规定应当明示的事项

续表

项目	内 容
房地产经纪机构发布房地产广告或者业务招揽广告应当遵守的规范	(1) 房地产广告中对价格有表示的，应当清楚表示为实际的销售价格，明示价格的有效期限； (2) 房地产广告中涉及所有权或者使用权的，所有或者使用的基本单位应当是有实际意义的完整的生产、生活空间； (3) 房地产广告不得含有风水、占卜等封建迷信内容，对项目情况进行的说明、渲染，不得有悖社会良好风尚； (4) 房地产中表现项目位置，应以从该项目到达某一具体参照物的现有交通干道的实际距离表示，不得以所需时间来表示距离； (5) 房地产广告中的项目位置示意图，应当准确、清楚，比例恰当； (6) 房地产广告中涉及的交通、商业、文化教育设施及其他市政条件等，如在规划或者建设中，应当在广告中注明； (7) 房地产广告中涉及面积的，应当表明是建筑面积或者使用面积； (8) 房地产广告涉及内部结构、装修装饰的，应当真实、准确； (9) 房地产广告中不得利用其他项目的形象、环境作为本项目的效果； (10) 房地产广告中使用建筑设计效果图或者模型照片的，应当在广告中注明； (11) 房地产广告中不得出现融资或者变相融资的内容，不得含有升值或者投资回报的承诺； (12) 房地产广告中涉及贷款服务的，应当载明提供贷款的银行名称及贷款额度、年期； (13) 房地产广告中不得含有广告主能够为入住者办理户口、就业、升学等事项的承诺

二、房地产经纪业务承接行为规范（表 9-10）

表 9-10　　　　　　　　　　房地产经纪业务承接行为规范

项目	内 容
出售或出租委托事项	房地产经纪机构在接受房地产出售或出租委托时，应当由房地产经纪人向委托人书面告知的与委托业务相关的事项： (1) 是否与委托房屋有利害关系； (2) 应当由委托人协助的事宜、提供的资料； (3) 委托房屋的市场参考价格； (4) 房屋交易的一般程序及可能存在的风险； (5) 房屋交易涉及的税费； (6) 经纪服务的内容及完成标准； (7) 经纪服务收费标准和支付时间； (8) 其他需要告知的事项
承购或承租委托事项	房地产经纪机构在接受房地产承购或承租委托时，应当由房地产经纪人向委托人书面告知的与委托业务相关的事项： (1) 委托项目相关的市场行情； (2) 法律、法规和政策对房地产交易的限制性、禁止性规定； (3) 应由委托人协助的工作、提供的必要文件和证明； (4) 房地产交易应办理的手续、应由委托人缴纳的税费以及房地产经纪机构可为委托人代办的事项； (5) 住房贷款的有关规定及政策； (6) 发票的样式和内容； (7) 房地产经纪业务完成的标准及收费标准； (8) 法律法规规定或者委托人要求应当告知的其他事项

续表

项目	内 容
房地产经纪合同的主要内容	(1) 经纪事项及其服务要求和标准； (2) 合同当事人的权利、义务； (3) 合同履行的期限； (4) 佣金的支付标准、数额、时间； (5) 交易物质量、安全状况及责任约定； (6) 违约责任和纠纷解决方式； (7) 双方约定的其他事项
联合承接房地产经纪业务及业务转委托	房地产经纪机构之间，有时共同承接某些业务，发生业务上的合作关系是不可避免的。经委托人书面同意，房地产经纪机构之间可以合作完成一项房地产经纪业务。合作的机构之间应当合理分工、明确职责、密切协作，意见不一致时应当及时通报委托人协商决定。房地产经纪机构对合作完成的经纪业务承担连带责任，禁止以转让业务为名规避对委托人应当承担的责任。 两个或者两个以上房地产经纪机构就同一房地产经纪业务开展合作的，只能按一宗业务收费，不得向委托人增加收费。合作完成经纪业务应当根据合作协议分配佣金

三、房地产经纪业务办理行为规范（表 9-11）

表 9-11　　　　　　　　　　房地产经纪业务办理行为规范

项目	内 容
安排办理人员	房地产经纪机构承接经纪业务后，应当根据业务性质委派具备相应素质和能力的房地产经纪人直接办理或者牵头办理
及时报告订约机会等信息	承办业务的房地产经纪人员应当及时、如实地向委托人报告业务进行过程中的订约机会、市场行情变化及其他有关情况，不得对委托人隐瞒与交易有关的重要事项；应当及时向房地产经纪机构报告业务进展情况
撮合交易	在当事人对房地产满意的情况下，撮合交易的过程就是房地产经纪人员代替委托人讨价还价的过程。房地产经纪人员在执行代理业务时，在合法、诚信的前提下，应当维护委托人的最大权益；在执行居间业务时，应当公平正直，不偏袒任何一方
协助签订房地产交易合同	当事双方达成交易意向后，房地产经纪人员应当协助委托人订立房地产交易合同。房地产经纪人员应当告知当事人优先选用政府部门或者行业组织推荐使用的示范合同文本，并协助委托人审定合同条款，并办理合同备案等手续
交易资金监管	房地产经纪机构、房地产经纪人员应当严格遵守房地产交易资金监管规定，保障房地产交易资金安全，不得挪用、占用或者拖延支付客户的房地产交易资金。房地产经纪机构代收代付房地产交易资金的，应当通过交易结算资金专用存款账户进行交易结算资金的存储和划转
服务费收取	服务报酬由房地产经纪机构按照约定向委托人统一收取，并开具合法票据。房地产经纪人员不得以个人名义收取任何费用。房地产经纪机构收取佣金不得违反国家法律法规，不得赚取差价及谋取合同约定以外的非法收益；不得利用虚假信息骗取中介费、服务费、看房费等费用
重要文书、业务记录和资料	重要文书签章。为将经纪合同责任落实到每个注册房地产经纪人，增强承办房地产经纪人的责任心，切实保护委托人利益，房地产经纪合同和书面告知材料等重要文书应当由房地产经纪机构授权的注册房地产经纪人签章，并在文书上注明房地产经纪人注册号。 业务记录。房地产经纪机构应当建立和健全业务记录制度，执行业务的房地产经纪人员应当如实全程记录业务执行情况及发生的费用等，形成业务记录。 资料保管。房地产经纪机构应当妥善保管委托人提供的资料、委托协议、买卖合同或租赁合同、业务记录、业务交接单、原始凭证等与房地产经纪业务有关的资料、文件和物品，严禁伪造、涂改交易文件和凭证

四、处理房地产经纪同行关系的规范（表 9-12）

表 9-12　　　　　　　　　处理房地产经纪同行关系的规范

项目	内　容
同行及同业间的尊重与合作	房地产经纪机构和人员应当共同遵守经纪服务市场及经纪行业公认的行业准则，从维护行业形象及合法利益的角度出发，相互尊重，公平竞争，不能进行房地产经纪机构之间或房地产经纪人员之间的优劣比较宣传，严禁在公众场合及传媒上发表贬低、诋毁、损害同行声誉的言论。鼓励房地产经纪同行及同业间开展合作
禁止不正当竞争	房地产经纪执业不正当竞争行为是指房地产经纪机构和人员为了承揽经纪业务，违反自愿、平等、诚信原则和房地产经纪执业行为规范，违反房地产经纪服务市场及房地产经纪行业公认的行业准则，采用不正当手段与同行进行业务竞争，损害其他房地产经纪机构及人员合法权益的行为。 　　房地产经纪机构和人员在与委托人及其他人员接触中，不得采用下列不正当手段与同行进行业务竞争： 　　（1）故意诋毁、诽谤其他房地产经纪机构和人员信誉、声誉； 　　（2）无正当理由，以低于国家规定收费标准或在同行业收费水平以下收费为条件吸引客户，或采用商业贿赂的方式争揽业务； 　　（3）故意在委托人与其他房地产经纪机构和人员之间设置障碍，制造纠纷

命题考点四　争议处理及违规执业责任

一、房地产经纪活动中的争议处理、违纪行为的责任及处分与刑事责任（表 9-13）

表 9-13　　　　房地产经纪活动中的争议处理、违纪行为的责任及处分与刑事责任

项目	内　容
行政处罚的种类	包括：警告、罚款、没收违法所得和非法财物、责令停业、暂扣或者吊销许可证（房地产经纪人执业资格证书、房地产经纪人协理从业资格证书、房地产经纪人注册证书）、《房地产经纪人协理注册证书》暂扣或者吊销营业执照、行政拘留和法律、行政法规规定的其他行政处罚
刑事责任	房地产经纪人和房地产经纪机构在经营活动中，触犯刑法的，司法机关必将追究有关责任人的刑事责任，包括限制人身自由的管制、拘役、有期徒刑、无期徒刑乃至死刑
房地产经纪活动中的争议处理	（1）双方当事人本着平等自愿的原则协商解决； 　　（2）如双方协商不成，可以向有关政府管理部门投诉，由其从中进行调解； 　　（3）如经调解不能达成协议，双方可以按照合同中的有效仲裁条款进行处理； 　　（4）合同中无仲裁条款的，可以向房地产所在地人民法院提起诉讼

二、房地产经纪违规执业的民事责任（表9-14）

表 9-14   房地产经纪违规执业的民事责任

项　目		内　　　容
违约责任	概念	违约责任是当事人不履行合同义务或者履行义务不符合约定条件而应承担的民事责任
	构成要件	(1) 必须有违约行为； (2) 无免责事由
	违约行为的种类	包括履行不能、履行迟延、履行不当和履行拒绝四种情况
	免责事由的种类	(1) 不可抗力； (2) 自己有过失； (3) 约定免责事由
	承担违约责任的方式	(1) 强制实际履行； (2) 违约金； (3) 损害赔偿
	缔约过失责任的条件	当事人一方违反先合同义务，如告知、注意、保密等义务；当事人一方有过失；另一方有损失
	缔约过失责任的赔偿范围	缔约过失责任的赔偿范围以实际损失为原则
侵权责任	概念	侵权责任是指侵犯经纪合同所约定的债权之外的其他权利而应承担的民事责任。广义上的侵权行为指对他人的财产或人身造成损害并应承担民事责任的行为，包括一般侵权行为和特殊侵权行为；狭义上的侵权行为指因过错侵害他人的财产或人身并应承担民事责任的行为，仅指一般侵权行为
	侵权责任的构成要件	(1) 有侵权行为； (2) 无免责事由
	侵权行为的构成要件	(1) 行为违法； (2) 有损害事实； (3) 违法行为与损害事实之间有因果关系； (4) 主观过错
	免责事由的种类	(1) 阻却违法性事由，包括正当防卫和紧急避险； (2) 不可抗力； (3) 受害人过错
	承担侵权责任的主要方式	(1) 停止侵害； (2) 排除妨碍； (3) 消除危险； (4) 返还财产； (5) 恢复原状； (6) 赔偿损失； (7) 消除影响、恢复名誉； (8) 赔礼道歉

第十章　房地产经纪行业管理与发展

命题考点一　房地产经纪行业管理概述

一、房地产经纪行业管理的含义与作用（表10-1）

表10-1　　　　　　　　　　　房地产经纪行业管理的含义与作用

项目	内　容
房地产经纪行业管理的含义	房地产经纪行业管理是人民政府房地产经纪管理部门、房地产经纪行业组织对房地产经纪活动主体、房地产经纪行为等实施的管理，其目的在于规范房地产经纪行为，协调房地产经纪活动相关当事人（如房地产经纪机构、房地产经纪人员、房地产经纪活动服务对象）之间的关系
房地产经纪行业管理的基本作用	房地产经纪行业管理是社会公共管理的一个组成部分，因此它的基本作用就是维护社会整体利益，即通过管理使房地产经纪活动能符合社会整体规范，并能最大限度地增进社会福利

二、房地产经纪行业管理的基本原则（表10-2）

表10-2　　　　　　　　　　　房地产经纪行业管理的基本原则

原则	内　容
营造良好的环境，鼓励行业发展	房地产经纪行业是一个需要鼓励发展的行业。对房地产经纪行业的管理，应本着鼓励行业发展、促进行业进步的原则。行业管理模式的设计和行业管理措施的制定都应有利于营造良好的行业生存与发展环境，有利于建立行业自我提高、不断进步的发展机制
遵循行业规律，实施专业管理	房地产经纪行业是以促成房地产交易、提高房地产交易效率、维护房地产交易安全为服务内容的行业。房地产商品的特殊性和房地产交易的复杂性都使得房地产经纪是专业性极强的经纪活动。从境外房地产经纪行业的情况看，专业化的房地产经纪行业管理是一种惯例
严格依法办事，强化行业自律	法制社会对房地产经纪行业的管理应以国家法律为基本依据，应避免政府超出法律许可范围实施管理，更要避免不同政府部门从各自局限的角度出发制定互不衔接的行政法规和政策。行业自律就是充分发挥行业成员自身的积极性、能动性，充分利用社会资源，对行业进行自我管理
顺应市场机制，维护有序竞争	房地产经纪行业管理主要应起到避免市场机制失灵，保证市场机制正常运作的作用。房地产经纪行业管理应有助于形成按照市场经济原则有序运作，不断发展的行业发展机制。在这一原则指导下，房地产经纪行业管理应以维护房地产经纪行业及其相关市场有序竞争为价值取向

三、房地产经纪行业管理的基本模式（表10-3）

表10-3　　　　　　　　　　　房地产经纪行业管理的基本模式

模式	内　容
行政主管模式	在这种模式下，政府行政主管部门承担了房地产经纪行业管理的绝大部分职能，管理手段以行政手段为主，如进行执业资格认证、登记备案与年检、制定收费标准和示范合同、行政监督等。这种模式下的房地产经纪行业组织管理职能相对薄弱，一般只在教育训练、学术交流、评奖等方面发挥作用。目前我国内地和香港地区主要采取这种模式

模式	内　容
行业自治模式	这种模式中房地产经纪的直接管理主体是房地产经纪行业组织。行业协会不仅实施自律性管理职能，还受政府职能部门甚至立法机构的委托，行使对房地产经纪业的行政管理职能。在这种模式下，管理手段相对较为丰富，法律、行政、经济和自律等手段都有所运用。目前我国台湾地区就是采取这种模式
行政与行业自律并行管理模式	在这种模式中，政府行政主管部门和房地产经纪行业组织都是强有力的管理主体，但两者管理职能有所分工。美国房地产经纪业的行业管理即是这种模式

命题考点二　房地产经纪行业管理的内容

一、房地产经纪行业管理的基本框架（表 10-4）

表 10-4　　　　　　　　　　　房地产经纪行业管理的基本框架

基本框架	内　容
专业性管理	（1）对房地产经纪活动主体实行专业资质、资格管理； （2）对房地产经纪人员的职业风险进行管理； （3）重视房地产经纪管理的地域性
规范性管理	（1）房地产经纪业执业规范； （2）房地产经纪收费； （3）各国（地区）房地产经纪行业管理费都严令禁止房地产经纪机构赚取合同约定的佣金以外的经济利益，如房地产交易差价
公平性管理	（1）行业竞争与协作的管理； （2）房地产经纪业的诚信管理； （3）房地产经纪纠纷管理

二、我国现行房地产经纪行业管理的主要内容（表 10-5）

表 10-5　　　　　　　　　　我国现行房地产经纪行业管理的主要内容

项目		内　容
房地产经纪人员职业资格管理		自 2001 年 12 月 18 日原人事部、原建设部联合颁布《房地产经纪人员职业资格制度暂行规定》以来，我国已建立起一套包括职业资格考试和职业资格注册的房地产经纪人员执业资格管理制度
房地产经纪纠纷规避及投诉受理	房地产经纪活动中常见的纠纷类型	（1）缔约过失造成的纠纷； （2）合同不规范造成的纠纷； （3）服务标准与收取佣金标准差异造成的纠纷

项目		内　　容
房地产经纪纠纷规避及投诉受理	规避房地产经纪纠纷的主要手段	（1）制定示范合同文本。 示范合同文本可以发挥多重作用： 1）示范合同文本的推广，既不干涉经纪活动的正常运行，又可以将合法的合同规则通过公开的途径进行示范，鼓励、督促合同当事人自觉把握自己的权利义务关系。 2）示范合同文本的推广，有利于合同当事人通过比较，改变交易陋习和不自觉地违规、违法、违约行为。 3）示范合同文本的推广，可以保护社会的弱势群体，避免受到违反合同规则的恶意行为的损害。 4）示范合同文本也是政府管理机构与行业组织公开进行宣传，维护消费者利益、行业形象和政府的政策导向的有效手段。 （2）制定服务标准，明确服务要求和内容。 （3）加强对房地产经纪合同的监督管理
	房地产经纪纠纷投诉受理	对于已经出现的房地产经纪纠纷，房地产行政主管部门及其他相关部门还负有受理投诉、调节处理的职责
房地产经纪收费管理		房地产经纪活动的服务收费也是房地产经纪行业管理涉及的一项重要内容。根据规定，房地产中介服务收费实行明码标价制度，房地产经纪机构依照合同约定向委托人收取服务费，并开具发票。因此，对房地产经纪服务费的管理主要是从是否符合收费标准和是否明码标价两个方面进行管理
房地产经纪行业信用管理		房地产经纪行业信用管理也是房地产行业管理的一项重要内容。尤其在当前信用经济的大背景下，建立房地产经纪信用管理体系对于整顿房地产经纪市场，规范房地产经纪从业人员行为，提高行业诚信度和服务水平，促进房地产经纪行业的发展更显意义重大。目前，房地产经纪行业的信用管理是纳入房地产全行业信用管理体系中实施的。全国房地产信用档案系统建设按照"统一规划、分级建设、分步实施、信息共享"的原则

三、我国现行房地产经纪行业管理的主要内容（表10-6）

表 10-6　　　　　　　　我国现行房地产经纪行业管理的主要内容

项目	内　　容
法律	《城市房地产管理法》、《民法通则》、《合同法》等
部门规章	《城市房地产中介服务管理规定》、《经纪人管理办法》（工商行政管理局第36号）
地方性法规和地方性规章	各省、直辖市、自治区人大及其常委会在不与宪法、法律、行政法规相抵触的前提下结合当地实际制定了一些规范房地产经纪行为的地方性法规和规章
政府行政主管部门出台的规范性文件	《国家计委建设部关于房地产中介服务收费的通知》（计价格［1995］971号）、《人事部建设部关于印发〈房地产经纪人员职业资格制度暂行规定〉和〈房地产经纪人执业资格考试实施办法〉的通知》等

命题考点三 房地产经纪行业组织

一、房地产经纪行业组织的性质、组织形式与管理职责 （表 10-7）

表 10-7　　　　　　房地产经纪行业组织的性质、组织形式与管理职责

项目	内　容
性质和组织形式	房地产经纪行业学（协）会是房地产经纪人员的自律性组织，是社团法人。根据按需设立的原则，全国可以建立全国性的房地产经纪行业组织，省、自治区、直辖市及设区的市可根据需要设立各地方的房地产经纪人行业组织。中国房地产估价师与房地产经纪人学会是政府认可的唯一全国性房地产经纪行业组织。中国房地产估价师与房地产经纪人学会通过和各地方房地产经纪行业组织交流协作，实施对全国房地产经纪行业的自律管理
职责	（1）保障房地产经纪人员依法执业，维护房地产经纪人员合法权益； （2）组织开展房地产经纪理论、方法及其应用的研究、讨论、交流和考察； （3）拟订并推行房地产经纪执业标准、规则； （4）组织房地产经纪人员进行研讨、交流； （5）组织房地产经纪人员业务培训； （6）代表房地产经纪行业开展对外交流； （7）进行房地产经纪人员职业道德和执业纪律教育、监督和检查； （8）调解房地产经纪人员之间在执业活动中发生的纠纷； （9）按照章程规定对房地产经纪人员给予奖励或处分； （10）办理法律、法规规定和行政主管部门委托或授权的其他有关工作
执业规则的约束力表现	执业规则的约束力表现在：违反规则执业，对他人的合法权益造成侵害的，一要受到行政管理部门处罚，甚至法律的制裁；二要受到行业组织的通报批评，将不良行为记入信用档案

二、我国的房地产经纪行业自律管理体系 （表 10-8）

表 10-8　　　　　　　　我国的房地产经纪行业自律管理体系

项目	内　容
中国房地产估价师与房地产经纪人学会的主要构成	中国房地产估价师与房地产经纪人学会是我国房地产估价和经纪行业全国性的自律组织，主要由从事房地产估价和经纪活动的专业人士和专业机构组成，依法对房地产估价和经纪行业进行自律管理
中国房地产估价师与房地产经纪人学会的主要宗旨	主要宗旨是开展房地产估价和经纪研究、交流、教育及宣传活动，拟订并推行相关技术标准和执业规则，加强行业自律管理，开展国际交流合作，不断提升房地产估价和经纪人员及机构的专业胜任能力和职业道德水平，维护其合法权益，促进房地产估价和经纪行业规范健康持续发展。目前承担全国房地产估价师、房地产经纪人执业资格考试、注册、继续教育等工作
房地产经纪行业自律管理框架体系	（1）规范房地产经纪人执业资格考试、注册、继续教育； （2）确立房地产经纪执业规则； （3）推广房地产经纪业务合同文本； （4）发布房地产交易风险提示； （5）逐步建立房地产经纪学科理论体系； （6）建立并公示注册房地产经纪人和房地产经纪机构信用档案； （7）开展房地产经纪资信评价活动； （8）通报房地产经纪违法违规案件

命题考点四 我国房地产经纪业面临的主要问题

我国房地产经纪业面临的主要问题（表 10-9）

表 10-9 我国房地产经纪业面临的主要问题

项目		内　容
我国房地产经纪业面临的主要问题		(1) 房地产经纪机构良莠不齐，从业人员总体素质不高； (2) 存量房经纪方式相对落后，经纪服务水平有待提高； (3) 企业抗风险能力较弱，容易在市场波动中大起大落； (4) 行业管理体制不完善，行业管理水平不高； (5) 法律法规体系不健全，行业运行与管理缺乏良好的制度环境； (6) 社会对行业的总体认知度不高，不利于行业发展
房地产经纪行业管理的发展方向	建立科学的行业管理指导思想	(1) 以合法经营、规范运作、公平竞争为基本标准； (2) 以严格自律、加强合作、促进行业进步和不断发展为目标导向
	加强房地产经纪行业管理的法制建设	(1) 从法律层级上解决上位法缺失的问题； (2) 建立房地产经纪行业管理专项法规
	完善、优化房地产经纪行业管理体制	(1) 建立科学的行业管理模式； (2) 改变多头管理、各行其政现状，理顺行业管理体系； (3) 进一步发挥行业组织职能，自律管理和行政管理相结合； (4) 加强行业诚信体系建设，完善中国房地产经纪信用档案系统

第三部分　实战模拟试卷

实战模拟试卷（一）

一、单项选择题（共50题，每题1分。每题的备选答案中只有一个最符合题意，请在答题卡上涂黑其相应的编号）

1. 经纪行为中最原始的一种方式是（　　）。
   A. 行纪　　　　　　　　　　　　　　B. 代理
   C. 包销　　　　　　　　　　　　　　D. 居间

2. 从经济含义上来理解，可以认为（　　）是现代市场经济中众多直接或间接促进市场交易进行的经济活动的总称，是经济运行中不同主体或不同环节之间的联系。
   A. 代理　　　　　　　　　　　　　　B. 中介
   C. 包销　　　　　　　　　　　　　　D. 行纪

3. 由于房地产交易的类型众多、手续繁杂、涉及面广等特点，决定了（　　）活动对房地产交易具有重要的作用，成为房地产市场中不可缺少的经营活动。
   A. 房地产代理　　　　　　　　　　　B. 房地产经纪
   C. 房地产居间　　　　　　　　　　　D. 房地产咨询

4. 房地产经纪的核心功能是（　　）。
   A. 降低交易成本　　　　　　　　　　B. 规范交易行为
   C. 提高市场效率　　　　　　　　　　D. 促成房地产交易

5. 房地产是不动产，房地产市场是（　　）市场，无法像其他商品市场那样，通过商品从某个区域向另一个区域的空间移动来平衡不同区域的市场供求。
   A. 地域性　　　　　　　　　　　　　B. 社会性
   C. 区域性　　　　　　　　　　　　　D. 专业性

6. 房地产经纪人的职业责任是（　　）。
   A. 提高自己的专业水平，保证服务质量
   B. 促进市场交易，加快交易进程
   C. 学会与各种不同的人进行交易沟通
   D. 与时俱进，不断地学习新知识

7. 由于房地产经纪活动的专业性和复杂性，房地产经纪人员必须拥有完善的知识结构。这一知识结构的核心是房地产经纪专业知识，即（　　）。
   A. 房地产经纪有关的基础知识　　　　B. 经济知识
   C. 房地产经纪的基本理论与实务知识　　D. 法律知识

8. 房地产经纪人员的日常过程中，议价谈判是一项重要的工作内容。议价谈判中，最为重要的是两点，一是（　　），二是要将把控主动权与营造良好的谈判氛围有机结合。
   A. 坚持原则　　　　　　　　　　　　B. 对对方的情况进行仔细分析

C. 要将坚持原则与适当让步有机结合   D. 坚持让步幅度逐步减小的原则

9. 从长远来看，市场是公平的，只有（ ）的房地产经纪人，才能长期获得客户的认可和回报，正所谓"老实人，人欺，天不欺"。

    A. 遵纪守法   B. 诚实守信

    C. 尽职尽责   D. 规范执业

10. 房地产经纪机构的资产中，固定资产所占的比例较少，其核心资产主要是（ ）等无形资产。

    A. 商业模式、品牌、专利技术   B. 专利技术、品牌、专有技术

    C. 商业模式、商标、专有技术   D. 商业模式、品牌、专有技术

11. 目前（ ）房地产经纪机构在存量住房交易市场上的参与度较高。

    A. 存量房经纪业务为主的   B. 新建商品房经纪业务为主的

    C. 策划、顾问业务为主的   D. 综合性

12. 连锁经营模式的房地产经纪机构，根据房地产经纪机构与分支机构的关系分为（ ）和特许加盟连锁经营模式。

    A. 单店模式   B. 多店模式

    C. 直营连锁经营模式   D. 有店铺模式

13. 企业内部岗位设置的基本原则是（ ）

    A. 根据实际需要设岗   B. 因事设岗、因岗设人

    C. 根据公司业务流程设岗   D. 根据主要工作职责设岗

14. 房地产经纪门店的区域调查中，首先对对手进行详尽的调查，以选定门店的地点为中心，对（ ）m 半径距离内的同业门店的发展状况、营运状况进行调查。

    A. 400   B. 300

    C. 500   D. 200

15. 战略管理的关键要素中，（ ）阶段所要回答的问题是"企业走向何处"。

    A. 战略分析   B. 战略选择

    C. 战略实施   D. 战略评价和调整

16. 房地产经纪机构的经营战略中，关于多向多样化战略类型的表述有误的是（ ）。

    A. 技术关系多样化，即以研究技术或生产技术为基础，以异质的服务为对象，开发异质服务

    B. 市场开发多样化，即以现有市场领域的营销活动为基础，打入不同的市场

    C. 资源多样化，即以现有的物质基础为基础，打入异质产品（服务）、市场领域，求得资源的充分利用

    D. 复合多样化，即从与现行经营业务没有明显关联的服务和市场中寻求成长的策略

17. 企业品牌管理的内容中，能够体现品牌个性和品牌价值的是（ ）。

    A. 品牌核心价值的确定   B. 品牌定位

    C. 品牌标志   D. 品牌推广

18. CRM 系统凭借多种销售工具，用自动化的处理过程代替手工操作，缩短了销售周期，使得销售活动流程更为科学化、合理化，从而提高销售活动的效益。其销售工具不包括（ ）。

A. 卖场销售   B. 电子商务

C. 电话销售   D. 移动销售

19. 下列选项中，（　　）决定着经纪企业在规模扩大时能否保持乃至提高其整体服务质量和水准，所以也是经纪企业在选择经营规模时必须充分关注的。

A. 信息资源   B. 人力资源

C. 管理水平   D. 行业资源

20. 房地产经纪企业资金运用包括两个方面，一是对资金占用和耗费进行管理，二是（　　）的管理。

A. 对筹资渠道   B. 对外投资

C. 加强产品销售   D. 对回收资金

21. 企业人力资源管理的内容不包括（　　）。

A. 绩效考评   B. 薪酬管理

C. 劳动关系管理   D. 企业制度制定

22. 企业发展要取得员工的支持，管理者必须在组织当中灵活运用不断创新的（　　），提升员工的满意度，增强组织的活力和凝聚力，这样企业就会在竞争中立于不败之地。

A. 佣金制度   B. 薪酬制度

C. 激励机制   D. 生涯规划

23. 房地产经纪机构的意外风险指人们无法预料到的风险，下列属于其意外风险的是（　　）。

A. 因管理经验的不足造成经营成本上升的风险

B. 因筹措资金遇到困难或者财务经营状况不良产生的风险

C. 人们的过失行为所带来的风险

D. 因错误估计市场行情导致决策失误带来的风险

24. 房地产经纪机构的风险管理主要通过（　　）等一系列活动来规避和防范风险。

A. 风险分析、风险估计、风险驾驭、风险监控

B. 风险识别、风险分析、风险驾驭、风险监控

C. 风险识别、风险估计、风险分析、风险监控

D. 风险识别、风险估计、风险驾驭、风险监控

25. 目前在我国卖方代理是房地产经纪业最主要的代理业务，其主要业务类型不包括（　　）。

A. 房屋出租代理   B. 新建商品房的期权预租

C. 新建商品房销售代理   D. 存量房出售代理

26. 存量房经纪业务基本流程中客户开拓这一步的主要工作是（　　）。

A. 吸引客户   B. 向客户做宣传

C. 争取客户   D. 做品牌宣传

27. 房地产经纪人受理委托业务后，主要应收集的信息不包括（　　）。

A. 标的周边环境信息   B. 委托方信息

C. 标的物业信息   D. 与标的物业相关的市场信息

28. 一般而言，房地产经纪人应以标的物业的（　　）为基准来协调交易双方，必要时还可借助房地产估价机构的力量。

A. 实际价值   B. 市场价值

C. 评估价值   D. 客观市场价值

29. 新建商品房销售代理业务基本流程中，（ ）阶段的主要工作是在销售现场接待购房者看房，签订商品房买卖合同，并配合实施广告、公关活动等市场推广工作。

     A. 项目执行企划   B. 销售准备

     C. 销售执行   D. 项目结算

30. 申请人申请房地产交换转移登记一般应当向登记机构提交的文件不包括（ ）。

     A. 当事人身份证明（原件及复印件）   B. 购房人缴付费用计算表（原件）

     C. 房地产权证（原件）   D. 房地产交换合同（原件）

31. 购房抵押贷款一般采取分期偿还的方式，贷款期限一般为（ ）年。

     A. 5～35   B. 6～20

     C. 5～30   D. 6～40

32. 对于房地产开发投资咨询这一类型的投资，最常见的投资咨询服务就是提供（ ）。

     A. 房地产开发项目的可行性研究报告   B. 房地产细分市场供求分析

     C. 房地产细分市场需求预测   D. 房地产最高最佳使用分析

33. 房地产价格咨询业务的操作程序中，关于拟定作业计划内容的表述有误的是（ ）。

     A. 设计价格评估的技术路线   B. 拟定调查搜集的资料种类及来源渠道

     C. 安排本次业务需要的人员和经费   D. 拟定价格评估的技术方法

34. 按照经纪机构所提供经纪服务的不同分类，房地产经纪机构可开展的房地产法律咨询服务可分为（ ）。

     A. 土地交易法律咨询、商品房交易法律咨询和存量房地产交易法律咨询

     B. 房地产融资法律咨询、商品房交易法律咨询和存量房地产交易法律咨询

     C. 土地交易法律咨询、房地产融资法律咨询和存量房地产交易法律咨询

     D. 土地交易法律咨询、商品房交易法律咨询和房地产融资法律咨询

35. 能够引起房地产法律关系的产生、变更、消灭的事实分为（ ）两类。

     A. 行为和事件   B. 行为和关系

     C. 事件和关系   D. 关系和责任

36. 我国《合同法》规定，房屋租赁期限不得超过（ ）年，超过部分无效。

     A. 15   B. 10

     C. 20   D. 30

37. 一般情况下，房地产经纪合同的内容不包括（ ）。

     A. 对履约过程中发生障碍的处理办法

     B. 当事人对风险造成损失分担的事先预定

     C. 当事人各自的责任以及希望履行的标准

     D. 交易标的的物业信息

38. 房地产经纪人应当依照被代理人的授权指示处理事务。不属于其授权指示表现形式的是（ ）。

     A. 固定不变的指示   B. 可以变动的指示

     C. 任意性指示   D. 间断性指示

39. 房地产卖方代理业务中，房地产经纪人的基本义务是（   ）。

 A. 为委托人买到最低价格的房地产

 B. 实现标的物业的最高出售价格

 C. 在预定的价格下，买到适合的房地产

 D. 为委托人买到适宜价格的房地产

40. 房地产经纪信息能被传递到千家万户并得以保存，依据的基本要素是（   ）。

 A. 语言要素　　　　　　　　　　　　B. 内容要素

 C. 载体要素　　　　　　　　　　　　D. 属性要素

41. 下列不属于房地产经纪信息直接收集渠道的是（   ）。

 A. 门店接待　　　　　　　　　　　　B. 上门服务

 C. 媒体广告　　　　　　　　　　　　D. 沟通有房源的单位

42. 房地产信息传播的主要环节是（   ）。

 A. 信息投放　　　　　　　　　　　　B. 媒体选择

 C. 信息投放和媒体选择　　　　　　　D. 广告设计

43. 网络经济的发展为信息共享机制的建立提供了平台，其中（   ）是房地产经纪机构和行业间信息共享的有效工具。

 A. 客户关系管理系统　　　　　　　　B. 多重上市服务系统

 C. 经济信息管理系统　　　　　　　　D. 房地产流通管理系统

44. 房地产经纪执业规范的具体作用不包括（   ）。

 A. 规范房地产经纪执业行为，提高房地产经纪服务水平

 B. 促进房地产经纪行业法律体系的构建

 C. 协调房地产经纪同行及同业的关系，维护行业的整体利益

 D. 促进自律管理，有利于实现房地产经纪行业的健康持续发展

45. 下列选项中，（   ）原则是房地产经纪活动应当遵循的基本原则之一，它是指房地产经纪活动主体在房地产交易和房地产经纪活动中都必须遵守自愿协商的原则，都有权按照自己的真实意愿独立自主地进行选择和决策。

 A. 诚信　　　　　　　　　　　　　　B. 公平

 C. 保密　　　　　　　　　　　　　　D. 自愿

46. 房地产经纪执业行为规范，规定房地产经纪服务合同的保存期不少于（   ）年。

 A. 2　　　　　　　　　　　　　　　 B. 3

 C. 4　　　　　　　　　　　　　　　 D. 5

47. 房地产经纪人员执业中违约责任的免责事由包括（   ）。

 A. 受害人过错、自己有过失、约定免责事由

 B. 不可抗力、受害人过错、约定免责事由

 C. 不可抗力、自己有过失、受害人过错

 D. 不可抗力、自己有过失、约定免责事由

48. 在（   ）的原则指导下，房地产经纪行业管理应以维护房地产经纪行业及其相关市场有序竞争为价值取向。

 A. 严格依法办事，强化行业自律　　　B. 顺应市场机制，维护有序竞争

C. 遵循行业规律，实施专业管理　　　　D. 营造良好的环境，鼓励行业发展

49. 我国现行房地产经纪行业管理的主要内容不包括（　　）。

 A. 房地产经纪人员职业资格管理　　　　B. 房地产经纪纠纷规避及投诉受理

 C. 房地产经纪规范性管理　　　　　　　D. 房地产经纪收费管理

50. 房地产信用档案的内容包括（　　）等。

 A. 具体情况、业绩及良好行为、不良行为

 B. 基本情况、业绩及良好行为、不良行为

 C. 基本情况、业绩及规范行为、不良行为

 D. 基本情况、业绩及良好行为、违规行为

二、多项选择题（共30题，每题2分。每题的备选答案中有两个或两个以上符合题意，请在答题卡上涂黑其相应的编号。错选不得分；少选且选择正确的，每个选项得0.5分）

51. 中介服务根据其发挥作用的方向和途径可以分为（　　）。

 A. 为交易的顺利进行提供关于交易标的物业信息的活动

 B. 为交易的顺利进行提供关于卖方或卖方信息的活动

 C. 为交易的顺利进行提供关于交易标的品质、技术或其他综合信息的活动

 D. 为交易的顺利进行提供关于买方或买方信息（即交易主体信息）的活动

 E. 直接代理交易的一方完成交易具体程序的活动

52. 现代服务业迅猛发展的原因包括（　　）。

 A. 工业生产自动化不断提高和社会经济结构相应变革

 B. 专业化分工细，生产过程迂回，经济活动日益网络化

 C. 信息集成技术、互联网技术被引入服务业

 D. 电子信息等高技术或现代经营方式和组织形式的发展

 E. 人们不再仅仅满足于商品的消费，而需要各种适应个性化需求的服务来不断提高生活质量

53. 资本和信息化将成为推动中国房地产经纪业发展的两大支柱，房地产经纪业的（　　），无一不是在这两大因素的作用下进行的。

 A. 生产要素　　　　　　　　　　　　B. 业务类型的转型

 C. 新型业态的形成　　　　　　　　　D. 行业整体的产业升级

 E. 主要业务的转型

54. 由中国房地产估价师与房地产经纪人学会注销注册，收回或者公告收回房地产经纪人注册证书的情形包括（　　）。

 A. 死亡或者被宣告失踪的

 B. 完全丧失民事行为能力的

 C. 受刑事处罚的

 D. 连续3年以上（含3年）脱离房地产经纪工作岗位的

 E. 同时在两个或者两个以上房地产经纪机构执业

55. 房地产经纪人员职业道德从内容上讲，主要涉及的方面包括（　　）。

 A. 行为习惯　　　　　　　　　　　　B. 同行合作

 C. 执业理念　　　　　　　　　　　　D. 职业责任感

E. 职业良心

56. 房地产经纪机构负有的义务包括( )。
    A. 接受中国房地产估价师与房地产经纪人学会的监督和检查
    B. 认真履行房地产经纪合同，督促房地产经纪人员认真开展经纪业务
    C. 在经营场所公示营业执照、备案证明、房地产经纪人员注册证书、服务流程等的义务
    D. 维护委托人的合法权益，按照约定为委托人保守商业秘密
    E. 严格按照规定标准收费

57. 不同类型的房地产经纪机构，其部门设置会有很大差异，但不论这种差异有多大，各类房地产经纪机构内都设有的部门包括 ( )。
    A. 信息部门   B. 业务部门
    C. 客户服务部门   D. 业务支持部门
    E. 基础部门

58. 房地产经纪机构的业务支持部门主要是为经纪业务开展提供必须的支持及保障的一些部门，包括( )等。
    A. 行政部   B. 研究拓展部
    C. 网络信息部   D. 评估部
    E. 交易管理部

59. 房地产经纪门店的开设，要求门店与客户接近度越高越好，通常衡量接近度应考虑的因素包括 ( )。
    A. 人流的结构及行为特点   B. 门店实际状况
    C. 员工工资福利   D. 同业门店的情况
    E. 是否便于停车

60. 对于房地产经纪机构而言，其战略管理的主要内容包括( )。
    A. 明确使命   B. 经营环境分析
    C. 目标设立   D. 业务类型选择
    E. 经营模式选择

61. 基于房地产经纪机构的业务特点，房地产经纪机构的品牌管理应主要侧重 ( )。
    A. 通过服务质量的全面提高，提升客户感知价值，保持和扩大企业品牌的影响
    B. 通过制定企业的品牌战略、品牌识别系统以及积极的推广宣传，树立企业在市场中独一无二的形象和标示
    C. 通过建立良好和持续的客户关系，强化客户的归属感和品牌忠诚
    D. 通过建立品牌的识别系统，并进行品牌传播
    E. 通过达到品牌期望的目标，制定企业的品牌战略

62. 房地产经纪机构除了留住客户外，还需要积极争取更多的客户，需要加强的工作包括( )。
    A. 鼓励客户推荐   B. 给新客户提供附加服务
    C. 与客户积极沟通   D. 正确处理投诉
    E. 建立长久的合作关系

63. 要想通过业务流程管理模式取得成功，房地产经纪企业必须做好的基础工作包

括( )。

A. 制定重大经营发展战略   B. 培养复合型人才

C. 重塑企业文化   D. 建立流程管理信息系统

E. 建立有效的组织保障

64. 房地产经纪机构财务管理的主要内容包括( )。

A. 组织财务资源   B. 经营预算

C. 账务管理   D. 资金筹集管理

E. 资金运用管理

65. 房地产经纪机构薪酬制度要遵循的原则有( )。

A. 底薪与奖金分离   B. 简明扼要，易于执行

C. 管理方便，符合经济原则   D. 公平合理，有激励作用

E. 适时静态调整

66. 房地产租赁主要包括( )。

A. 办公楼的出租   B. 存量房屋的转租

C. 存量房屋的出租   D. 新建商品房现房出租

E. 新建商品房的期权预租

67. 在房地产经纪基本业务流程中，要想让客户成为真正的买主或租客，能够缩短进程的方式包括( )。

A. 需求引导   B. 能力判断

C. 了解出资人   D. 了解受益人

E. 与出资人友好沟通

68. 存量房经纪业务基本流程中，售后服务的内容包括( )。

A. 委托服务   B. 延伸服务

C. 主动服务   D. 改进服务

E. 跟踪服务

69. 购房人或者房地产权利人需要获得银行贷款的首先需要向贷款银行提出贷款申请，申请的文件一般包括( )。

A. 预售合同或买卖合同   B. 收入证明及财产证明

C. 婚姻证明（结婚证、离婚证或单身证明）   D. 银行认为需要提供的相关文件

E. 首付房款的发票复印件

70. 房地产开发项目可行性研究步骤包括( )。

A. 接受委托   B. 环境影响分析

C. 财务评价   D. 方案选择和优化

E. 编制可行性研究报告

71. 房地产最高最佳使用分析操作过程的基本步骤包括( )。

A. 确定标的房地产的土地（假设其为空地）的最高最佳使用用途

B. 确定标的房地产的土地（假设其为空地）上理想的建筑物

C. 确定标的房地产现有建筑物的改良方案

D. 确定标的房地产的土地的可行用途

E. 选出房地产物质条件的使用用途

72. 房地产交易中，无效的房屋买卖合同包括（　　　）。

A. 违反法律法规政策的房屋买卖　　　B. 双方当事人主体资格不合格

C. 规避法律的买卖行为　　　　　　　D. 双方当事人意思表示不真实

E. 双方当事人意思表示一致

73. 房地产经纪人一旦在一份房地产代理合同上签字，该合同生效后，他（她）就负有的义务包括（　　　）。

A. 按照指示处理事务的义务

B. 亲自处理事务的义务

C. 向被代理人报告处理事务情况的义务

D. 处理事务的收益和所得交付被代理人的义务

E. 承担后果的义务

74. 房地产经纪合同的权利义务不等具体表现为（　　　）。

A. 房地产经纪人因自己的履约能力不够，利用委托人对交易过程和成交方式的不熟悉，故意减少自己的义务以逃避责任

B. 房地产经纪人为了避免自己发生违约影响佣金的收取，有意加大委托人的义务，以减少自己的风险

C. 因委托人愿意支付的佣金数额不能满足自己的期望目标，订立合同时要求减少自己的义务

D. 房地产经纪人通过买断、收购，或者买卖双方不见面等方式隐匿买卖活动中的收益，获取差价和利润

E. 房地产经纪人利用自己的职业便利将房地产的买卖合同的内容与经纪合同的内容归纳在一个买卖合同或是概念含糊不清的交易合同内，直接将房地产买进或卖出，把向委托人提供的服务性劳务活动改变为房地产权利的直接处分活动

75. 房地产经纪信息管理系统设计的原则有（　　　）。

A. 网络化原则　　　　　　　　　　　B. 积累原则

C. 增值原则　　　　　　　　　　　　D. 共享原则

E. 协同原则

76. 根据系统规模的大小，可以将 MLS 系统的运作形式分为（　　　）。

A. 独家代理的 MLS 系统　　　　　　B. 仅买方代理的 MLS 系统

C. 全国性的 MLS 系统　　　　　　　D. 企业内部的 MLS 系统

E. 企业之间的 MLS 系统

77. 根据国家工商行政管理局颁布的《房地产广告发布暂行规定（修订）》（国家工商行政管理局令第 71 号，1998 年 12 月 3 日国家工商行政管理局令第 86 号修订）的规定，房地产经纪机构发布房地产广告或者业务招揽广告还应当遵守的规范包括（　　　）。

A. 房地产广告中对价格有表示的，应当清楚表示为实际的销售价格，明示价格的有效期限

B. 房地产广告中涉及所有权或者使用权的，所有或者使用的基本单位应当是有实际意义的完整的生产、生活空间

C. 房地产广告不得含有风水、占卜等封建迷信内容，对项目情况进行的说明、渲染，不得有悖社会良好风尚

D. 房地产中表现项目位置，应以从该项目到达某一具体参照物的现有交通干道的实际距离表示，不得以所需时间来表示距离

E. 房地产的建筑面积示意图，应当准确、清楚，比例恰当

78. 房地产经纪人员执业中违法犯罪行为的违约行为包括（　　）情况。

A. 履行不能 　　　　　　　　　B. 履行迟延

C. 履行不当 　　　　　　　　　D. 履行拒绝

E. 履行错误

79. 示范合同文本可以发挥的多重作用包括（　　）。

A. 示范合同文本的推广既不干涉经纪活动的正常运行，又可以将合法的合同规则通过公开的途径进行示范，鼓励、督促合同当事人自觉把握自己的权利义务关系

B. 示范合同文本的推广，有利于合同当事人通过比较，改变交易陋习和不自觉地违规、违法、违约行为

C. 示范合同文本的推广，可以保护社会的弱势群体，避免受到违反合同规则的恶意行为的损害

D. 示范合同文本也是政府管理机构与行业组织公开进行宣传，维护消费者利益、行业形象和政府的政策导向的有效手段

E. 示范合同文本的推广，有利于维护整个社会整体的利益

80. 我国房地产经纪业面临的主要问题有（　　）。

A. 房地产经纪机构良莠不齐，从业人员总体素质不高

B. 存量房经纪方式相对落后，经纪服务水平有待提高

C. 企业抗风险能力较弱，容易在市场波动中大起大落

D. 行业管理体制不完善，行业管理水平不高

E. 房地产经纪科学理论体系不健全

三、综合分析题（共20小题，每小题2分。每小题的备选答案中有一个或一个以上符合题意，请在答题卡上涂黑其相应的编号。错选不得分；少选且选择正确的，每个选项得0.5分）

（一）

张某到B房地产经纪公司，拟出租房屋。有一位穿着超短裙、无跟凉鞋的经纪人走过来说："来，登个记"。说完，该经纪人拿出一张小纸条，扔给张某。张某登记时，桌上电话响了，经纪人没有接听电话。走时，张某才知道这名经纪人叫段某。

一天后，张某从未接触过的某中介公司经纪人雷某打电话与张某联系，说有客户承租张某的房屋。雷某仔细了解房源及附属设施之后促成了交易。两天后，张某接到段某电话，要张某请她吃饭，理由是：她接待张某并办理出租客户登记手续后，张某的房屋才顺利出租。

81. 经纪人段某在经纪活动中，违反经纪人职业道德的行为有（　　）。

A. 在店内穿无跟凉鞋、超短裙

B. 接待客户时礼仪不周

C. 段某打电话给业主，让业主请客吃饭

D. 未能为张某寻找到合适的承租方

82. 张某房屋出租后，应当（　　）。

  A. 减半支付佣金　　　　　　　　　　B. 支付佣金给段某

  C. 支付佣金给雷某　　　　　　　　　　D. 按标准支付佣金

83. 关于上述经纪活动，下列选项正确的是（　　）。

  A. 段某与雷某之间存在转委托关系

  B. B 房地产经纪公司与雷某之间存在转委托关系

  C. B 房地产经纪公司与雷某共同完成该经纪事务

  D. B 房地产经纪公司与雷某执业的房地产经纪公司之间存在转委托关系

84. 针对上述经纪事务，可进行的经纪活动是（　　）。

  A. 雷某确认房源详细资料

  B. 雷某介绍客户给张某

  C. 未能为张某寻找到合适的承租方，段某私自委托另一中介公司的雷某，请雷某提供承租方的信息

  D. 张某、雷某都应向段某支付佣金

（二）

  某房地产经纪人需要了解丁办公楼在 2010 年 9 月 11 日的正常价格。已知案例 A 的成交价格为 2100 元/m²，比正常情况高 2%，其他因素与丁办公楼基本一致；案例 B 房地产的市场年净租金收入为 230 元/m²，其收益倍数为 9，其他因素与丁办公楼基本一致；案例 C 的成交时间是在 2010 年 9 月 3 日，其个别因素比丁办公楼优 3%，成交价格为 2300 元/m²，其他因素与丁办公楼基本一致。

85. 从案例 A 推知，丁办公楼的单价为（　　）元/m²。

  A. 2000　　　　　　　　　　　　　　B. 2058

  C. 2058.82　　　　　　　　　　　　D. 2100

86. 从案例 B 推知，丁办公楼的单价为（　　）元/m²。

  A. 2070　　　　　　　　　　　　　　B. 2100

  C. 2200　　　　　　　　　　　　　　D. 2300

87. 从案例 C 推知，丁办公楼的单价为（　　）元/m²。

  A. 2300　　　　　　　　　　　　　　B. 2233.01

  C. 2120.61　　　　　　　　　　　　D. 2058.82

（三）

  王五委托 A 房地产经纪人事务所的经纪人刘军购买一套二手房，刘军介绍张三所有的一套房屋，王五看后拟同意购买。随后，王五与张三商谈《房屋买卖合同》事宜。

88. 假设王五与张三办理了该房屋的转让手续，下列选项正确的是（　　）。

  A. 王五应当按照约定支付报酬

  B. 刘军为促成房屋成交而发生的 1000 元费用，由 A 房地产经纪人事务所负担

  C. 刘军为促成房屋成交而发生的 1000 元费用，由刘军自己负担

  D. 刘军为促成房屋成交而发生的 1000 元费用，由王五负担

89. 假如王五与张三达成该房屋的转让合同，而刘军为该经纪活动发生了 1000 元的费用，

下列选项正确的是（　　）。

A. A 房地产经纪人事务所不得要求支付经纪佣金

B. A 房地产经纪人事务所可以要求王五支付从事居间活动支出的全部费用

C. A 房地产经纪人事务所可以要求王五支付从事居间活动支出的 1000 元费用当中的必要费用

D. A 房地产经纪人事务所可以要求王五支付原经纪佣金的一半

90. 在王五与张三就该房屋的转让合同进行洽谈过程当中，刘军不得（　　）。

A. 将王五可承受的最高购买价告诉张三

B. 将房屋转让涉及的税费告诉王五与张三

C. 将张三的付款能力等个人信用情况告诉王五

D. 将张三的房屋存在租赁情况告诉王五

（四）

B 房地产经纪公司（以下简称 B 公司）受开发商委托，代理销售某楼盘。房地产经纪人小张受 B 公司指派具体负责该楼盘代理销售工作。某一天，小张接待了有意向购房的小明，小张为小明详细介绍了一套商品房后，小明表示满意，一致同意按照《商品房买卖合同示范文本》的条款签合同。

91. 根据《合同法》、《城市房地产管理法》及其他有关法律、法规，在双方一致同意订立的《商品房买卖合同示范文本》中第一条"项目建设依据"中包括（　　）。

A. 土地使用权出让合同号　　　　　　B. 建设用地规划许可证号

C. 建设工程规划许可证号　　　　　　D. 房屋权属证书号

92. 小张与小明在协商订立《商品房买卖合同》时，就处理商品房面积差异，下列说法正确的有（　　）。

A. 合同没有约定的，面积误差比绝对值在 3% 以内（含 3%）的，买受人小明按实结算房价

B. 合同可以约定，面积误差比绝对值超过 3%，买受人小明有权不退房，并且不需要补交房价款

C. 合同可以约定，面积误差比绝对值超过 3%，买受人小明如不要求退房，应补足房价款

D. 合同没有约定的，面积误差比绝对值超过 3%，买受人小明无权要求退房，只能补足房价款

93. 依照国家和当地人民政府有关规定，开发商应将（　　）的商品房交付买受人小明使用。

A. 经验收合格　　　　　　　　　　　B. 符合《商品房买卖合同》

C. 符合小明要求　　　　　　　　　　D. 办理了房屋所有权证

94. 按照《商品房买卖合同示范文本》中提示性条款，对有可能影响到所购商品房质量或使用功能的规划变更、设计变更，开发商、小明的权利义务有（　　）。

A. 开发商应当在有关部门批准同意之日起 15 日内书面通知小明

B. 小明有权在通知到达之日起 15 日内作出是否退房的书面答复

C. 小明在通知到达之日起 15 日内未作出答复视同接受变更

D. 开发商在规定时限内未通知小明，小明有权退房

95. 按照《商品房买卖合同》中内容要求，小张向小明明示商品房达到交付使用条件后，如购商品房为住宅，开发商还需提供（　　）。

A.《住宅质量保证书》　　　　　　　B.《住宅使用说明书》

C.《土地使用权出让合同书》　　　　D.《开发企业资质证书》

（五）

C 房地产开发商为尽快收回资金，拟销售其正在开发的在建住宅项目。为此，C 房地产开发商委托 D 房地产经纪机构为其办理商品房预售手续。取得商品房预售许可证之后，C 房地产开发商委托 D 房地产经纪机构为其提供订立房地产预售的媒介服务。该项目销售到最后只剩余少许零散房屋，C 房地产开发商拟全部降价出售。在这种情况下，D 房地产经纪机构将其全部买断伺机出售，赚取批零差价和时间差价。

96. D 房地产经纪机构的上述经纪活动中包括（　　）。

A. 代理　　　　　　　　　　　　　B. 居间

C. 买方代理　　　　　　　　　　　D. 卖方代理

97. 下列关于 D 房地产经纪机构将剩余的房屋全部买断行为的表述中，正确的有（　　）。

A. 属于房地产交易活动

B. 属于卖方代理

C. 该行为合法

D. 该行为有违房地产经纪的基本执业规范的要求

98. 下列关于 C 房地产开发商办理商品房预售许可证应具备条件的表述中，正确的有（　　）。

A. C 房地产开发商已交付部分土地使用权出让金，取得土地使用权证书

B. C 房地产开发商持有建设工程规划许可证

C. 向县级以上人民政府土地和房产管理部门办理预售登记

D. C 房地产开发商已经确定该住宅建设项目的施工进度和竣工交付日期，投入开发建设的资金达到工程建设总投资的 25% 以上

99. C 房地产开发商取得预售许可证后进行预售，其基本流程有（　　）。

A. 订立商品房预售合同

B. C 房地产开发商应该及时办理商品房预售合同登记备案

C. 商品房竣工后，C 房地产开发商交付房屋

D. 由购房人自行办理商品房预售合同登记备案

100. 预购人刘某在订立商品房预售合同 3 个月后，又拟将所购商品房转让。刘某委托 D 房地产经纪机构的经纪人董某代为出售。下列表述中有误的是（　　）。

A. D 房地产经纪机构可以接受刘某委托

B. D 房地产经纪机构不应接受委托，而董某个人可以接受委托

C. D 房地产经纪机构如接受刘某委托，不必告知 C 房地产开发公司

D. D 房地产经纪机构如接受刘某委托，可指派董某与刘某签订经纪合同

实战模拟试卷（一）参考答案

一、单项选择题

1. D	2. B	3. C	4. D	5. C
6. B	7. C	8. C	9. D	10. D
11. A	12. C	13. B	14. C	15. B
16. B	17. C	18. A	19. C	20. B
21. D	22. C	23. C	24. D	25. B
26. C	27. A	28. D	29. C	30. B
31. C	32. A	33. D	34. A	35. A
36. C	37. D	38. D	39. B	40. C
41. C	42. C	43. B	44. B	45. D
46. D	47. D	48. B	49. C	50. B

二、多项选择题

51. CDE	52. ABE	53. ABCD	54. ABCE	55. CDE
56. BCDE	57. BCDE	58. BCDE	59. ADE	60. ABCE
61. AC	62. AB	63. BCDE	64. ABC	65. ABCD
66. BCDE	67. ABCD	68. BDE	69. ABCD	70. ACDE
71. ABC	72. ABCD	73. ABCD	74. ABC	75. ADE
76. CDE	77. ABCD	78. ABCD	79. ABCD	80. ABCD

三、综合分析题

81. ABC	82. CD	83. D	84. AB	85. C
86. A	87. B	88. AD	89. AB	90. A
91. A	92. AB	93. AB	94. BCD	95. AB
96. AB	97. D	98. ABCD	99. ABC	100. BD

实战模拟试卷（二）

一、单项选择题（共50题，每题1分。每题的备选答案中只有一个最符合题意，请在答题卡上涂黑其相应的编号）

1. 在经纪服务的方式里，从事（　　）活动的经纪人拥有的权利较大，承担的责任也较重。

   A. 包销
   B. 代理
   C. 行纪
   D. 居间

2. 房地产经纪机构和房地产经纪人员根据委托人的委托，为促成委托人与第三方进行房地产交易，提供的居间或代理等专业服务，并收取佣金等服务费用的经济活动是（　　）。

   A. 房地产咨询服务
   B. 房地产经纪
   C. 房地产交易保障服务
   D. 房地产经纪信息

3. 在房地产经纪活动中，经纪人可以在签订经纪服务合同时预收部分（　　）。

   A. 信息费
   B. 中介费
   C. 酬金
   D. 佣金和费用

4. 根据房地产经纪所促成的房地产交易具体方式的不同，可将房地产经纪分为房地产买卖经纪和（　　）。

   A. 房地产租赁经纪
   B. 新建商品房经纪
   C. 存量房经纪
   D. 房地产交换经纪

5. 房地产服务活动中的（　　）是为促成其他相对两方的交易而提供的服务活动。

   A. 经纪
   B. 中介
   C. 委托
   D. 代理

6. 房地产经纪人执业资格的一个注册有效期为（　　）年。

   A. 3
   B. 4
   C. 1
   D. 2

7. 房地产经纪人的（　　）是根据交易标的金额的一定比例来确定的。

   A. 信息费
   B. 佣金
   C. 介绍费
   D. 差价

8. 道德包括客观和主观两个方面，客观方面是指一定的社会对社会成员的要求，表现为（　　）等。

   A. 道德意识、道德理想、道德标准、道德规范
   B. 道德关系、道德信念、道德标准、道德规范
   C. 道德关系、道德理想、道德判断、道德规范
   D. 道德关系、道德理想、道德标准、道德规范

9. 下列选项中，（　　）主要是指对市场竞争、同行合作等问题的认识和看法。

   A. 执业理念
   B. 职业道德
   C. 职业责任
   D. 行为习惯

10. 房地产经纪机构（含分支机构）的名称、法定代表人（执行合伙人、负责人）、住所、注册房地产经纪人员等备案信息发生变更的，应当在变更后（　　）日内，向原备案机构

办理备案变更手续。

  A. 40   B. 20

  C. 30   D. 50

11. 公司制房地产经纪机构的出资形式不包括( )。

  A. 实物   B. 非专利技术

  C. 知识产权   D. 工业产权

12. 在房地产经纪机构经营模式的类型中,目前我国约有三分之一的房地产经纪机构采用
( )。

  A. 无店铺经营模式   B. 单店经营模式

  C. 连锁经营模式   D. 混合经营模式

13. 下列房地产经纪机构的组织结构形式中,采用( )组织结构形式时,由职能机构派
出、参加横向机构(事业部或项目组)的人员,既受所属职能机构领导,又接受横向机
构领导。

  A. 直线-参谋制   B. 分部制

  C. 矩阵制   D. 网络制

14. 售楼处设置的工作程序中,制订售楼处管理制度的内容不包括( )。

  A. 工作流程   B. 关键内容说辞

  C. 接待时间   D. 人流的线设计

15. 一个好的现代企业战略目标通常具有的特征不包括( )。

  A. 目的性   B. 综合性

  C. 时限性   D. 确定性

16. 房地产经纪机构多样化战略中,( )通过开发完全异质的服务和市场来使经营领域
多样化。

  A. 横向多样化   B. 水平多样化

  C. 多向多样化   D. 专业多样化

17. 下列选项中,( )取决于客户对服务过程和服务结果的期望和实际感受之间的综合品
牌权衡。

  A. 品牌建立   B. 客户感知价值

  C. 品牌维护   D. 品牌识别

18. 房地产经纪机构的( )是影响客户感知价值的重要因素之一。

  A. 服务质量   B. 企业品牌

  C. 品牌形象   D. 产品品牌

19. 下列选项中,( )目前正在为越来越多的大型房地产经纪机构所接受。

  A. 直营连锁经营   B. 特许经营

  C. 连锁经营   D. 设立分支机构

20. 房地产经纪机构作为现代服务业的企业,具体而言,须从( )方面着手。

  A. 办公地址交通便利程度、区域分布、办公室内部布局

  B. 办公地址选择、交通便利程度、办公室内部布局

  C. 办公地址选择、区域分布、办公室内部布局

D. 办公地址选择、区域分布、交通便利程度

21. 企业财务管理又是企业生产经营活动所需各种资金的筹集、使用、耗费、收入和分配，进行(　　)等一系列工作的总称。

    A. 预测、决策、计划、控制、预算、分析和考核

    B. 预测、决算、计划、控制、预算、分析和考核

    C. 预测、决策、决算、控制、预算、分析和考核

    D. 预测、决策、计划、决算、预算、分析和考核

22. 房地产经纪机构的人力资源管理符合房地产经纪行业管理中有关房地产经纪人员职业资格注册管理的规定，体现了房地产经纪机构人力资源管理的(　　)特点。

    A. 人本性　　　　　　　　　　　　　B. 双赢性与互惠性

    C. 战略性与全面性　　　　　　　　　D. 合法性

23. 房地产经纪业务可能出现的风险中，(　　)比较常见的是房屋的质量、产权、上市许可等问题。

    A. 操作不规范引起的风险　　　　　　B. 信息欠缺引起的风险

    C. 承诺不当引起的风险　　　　　　　D. 资金监管不当引起的风险

24. 因筹措资金遇到困难或者财务经营状况不良产生的风险是(　　)。

    A. 经营风险　　　　　　　　　　　　B. 财务风险

    C. 决策风险　　　　　　　　　　　　D. 意外风险

25. 经纪人都希望与卖方签订(　　)，而事实上，这种方式也是最为常见的代理合同。

    A. 独售权合同　　　　　　　　　　　B. 联营制合同

    C. 开放出售权合同　　　　　　　　　D. 独售权共享合同

26. 存量房经纪业务基本流程中，关于商圈经营目的表述有误的是(　　)。

    A. 使企业的业务组织扎根于具体的区域，精耕服务，提升为客户服务的水准，建立企业品牌形象

    B. 使业务人员确切了解各自所在商圈内的各种重要信息及房源行情，对各自所在商圈的各项动态能确切把握

    C. 避免各商圈的房源外流，确保企业委托房源的来源，保证企业市场占有率的稳定与增长

    D. 使全体业务人员以各所在店铺周围的客户为主要服务对象，省却业务人员因外区房源而来回奔波，缩短标的成交时间，降低人力与物力的浪费，以实现门店式经营的最高经济效益

27. 从中介服务的角度来说，(　　)是保证产权真实性、准确性的主要手段，是房屋交易前必不可少的环节。

    A. 现场查验　　　　　　　　　　　　B. 物业查验

    C. 产权调查　　　　　　　　　　　　D. 勘察房屋

28. 房地产交易通常涉及房地产产权的转移（如买卖），或抵押权的设立及租赁等，而(　　)是保证这类权利变更有效性的基本手段。

    A. 房地产登记　　　　　　　　　　　B. 信息收集

    C. 物业查验　　　　　　　　　　　　D. 物业交接

29. 新建商品房销售代理业务基本流程中，（   ）阶段是对销售资料、销售人员、销售现场的准备。

    A. 项目执行企划
    B. 项目签约
    C. 销售准备
    D. 项目信息开发与整合

30. 因预购商品房申请预告登记的，申请人应当是商品房预售合同双方当事人，但当事人为保障将来实现房地产权利，可以持预告登记的约定文件单方申请预告登记。申请人申请预购商品房预告登记一般应当向登记机构提交的文件不包括（   ）。

    A. 房地产登记申请书（原件）
    B. 当事人身份证明（原件及复印件）
    C. 商品房预售合同（原件）
    D. 契税完税凭证（原件）

31. 房地产预告登记的审核时限中，登记机构应当自受理预告登记及其注销登记申请之日起（   ）日内完成审核。

    A. 4
    B. 5
    C. 6
    D. 7

32. 关于申请个人住房贷款条件的表述有误的是（   ）。

    A. 具有完全民事行为能力的自然人
    B. 有担保人认可的资产作为抵押或质押
    C. 具有城镇常住户口或有效居留身份
    D. 有稳定职业和经济收入，信用良好，有偿还贷款本息的能力

33. 下列选项中，（   ）是决定房地产市场价格的基础，一个房地产投资者要在市场竞价中取胜，获得一宗房地产，并通过这一投资获得正常利润，就必须明确了解这宗房地产的最高最佳使用。

    A. 最高最佳使用
    B. 需求预测
    C. 供求分析
    D. 现金流量贴现分析

34. 在一定的市场条件下，租赁经营的费用支出常常是相对刚性的，因此是否能获得合理利润主要取决于（   ）。

    A. 能收到的全部租金收入
    B. 租赁经营所支出的费用
    C. 实际能获得的租金收入
    D. 租赁市场的供求关系

35. 我国立法上对房地产买卖的主、客体条件作了限制性规定，其中不包括（   ）。

    A. 只有房屋所有权人才有权出卖房屋，非所有权人在没有取得房屋所有权人授权的情况下不得出卖他人房屋
    B. 凡是经过改建、扩建的房屋，所有权人应当在房地产行政管理部门办妥变更登记手续之后方能投入市场交易
    C. 对于已经出租的房屋，如果出售必须提前2个月通知承租人，承租人在同等条件下有优先购买权
    D. 共有房地产如果要出租或出售必须提交共有人同意或委托出卖的证明，在同等条件下共有人有优先购买权

36. 我国台湾地区的著名房地产经纪机构——信义房屋，多年前就在台湾率先创立了（   ），并在实际业务进行中加以实施。

    A. 不动产说明书制度
    B. 漏水保固制度

C. 高氯离子瑕疵保障制度   D. 高放射瑕疵保障制度

37. 根据合同条款的内容，合同条款可以分为（   ）。

     A. 主要条款和普通条款   B. 实体条款和程序条款

     C. 明示条款和默示条款   D. 有责条款和免责条款

38. 房地产经纪合同中，以介绍委托人与第三人订立合同为目的是（   ）。

     A. 房地产代理合同   B. 房地产租赁合同

     C. 房地产居间合同   D. 房地产买卖合同

39. 在我国房地产市场，新建商品房的经纪活动主要采取（   ）方式。

     A. 居间   B. 代理

     C. 委托   D. 租赁

40. 同一条房地产经纪信息对于不同的人，具有不同的价值，体现了房地产经纪信息的（   ）特征。

     A. 共享性   B. 多维性

     C. 积累性   D. 时效性

41. 随着信息化的日益发展，（   ）成为获取信息的便捷途径。

     A. 电视   B. 媒介

     C. 广播   D. 网络

42. 房地产经纪信息管理系统设计的原则中，协同的最基本含义是协同工作，也就是多人相互配合完成同一目标。其核心内容是（   ）。

     A. 应用协同   B. 人的协同

     C. 信息协同   D. 流程协同

43. 从国外的经验来看，大多数国家倾向于（   ）系统，因为这样能更好地实现信息的全面共享，提高信息的透明度，并在较短的时间内满足客户的要求，促成房地产交易。

     A. 自愿性   B. 全国性的 MLS

     C. 强制性   D. 企业之间的 MLS

44. 房地产经纪执业规范的落实和执行主要依靠（   ）。

     A. 执业人员自觉和法律调节   B. 执业人员自觉和行业的自律

     C. 法律调节和行业的自律   D. 道德调节和法律调节

45. 在房地产经纪活动中，房地产经纪执业的平等原则主要体现的方面不包括（   ）。

     A. 房地产经纪活动当事人的法律地位平等

     B. 房地产经纪活动当事人依法平等地享受权利和负担义务

     C. 房地产经纪活动当事人的合法权益受法律平等保护

     D. 房地产经纪执业行为必须合法

46. 对房地产经纪机构和人员来说，专业是执业之本，（   ）是执业之基。

     A. 保密   B. 诚信

     C. 合法   D. 自律

47. 房地产经纪人员执业中违法犯罪行为中，缔约过失责任的赔偿范围以（   ）为原则。

     A. 违约造成的损失   B. 实际损失

     C. 相对损失   D. 雨期利益损失

48. 房地产经纪行业管理是社会公共管理的一个组成部分，因此它的基本作用是（　　）。
    A. 维护社会整体利益
    B. 维护委托人利益
    C. 维护房地产经纪行业利益
    D. 维护房地产经纪人的利益

49. 房地产经纪是围绕一种特定的商品——房地产，开展的中介服务活动，具有很强的（　　）。
    A. 针对性
    B. 专业性
    C. 法制性
    D. 权威性

50. 我国现行房地产经纪管理体制的主要问题是（　　）。
    A. 房地产经纪机构良莠不齐，从业人员总体素质不高
    B. 存量房经纪方式相对落后，经纪服务水平有待提高
    C. 企业抗风险能力较弱，容易在市场波动中大起大落
    D. 行政管理效率不高、行业自律管理力度不够

二、**多项选择题**（共30题，每题2分。每题的备选答案中有两个或两个以上符合题意，请在答题卡上涂黑其相应的编号。错选不得分；少选且选择正确的，每个选项得0.5分）

51. 关于经纪与经销活动的本质区别，描述正确的有（　　）。
    A. 经纪活动仅仅是为交易提供服务
    B. 经纪活动的主体对交易标的有所有权
    C. 经销活动的主体直接参与交易
    D. 经销活动主体对交易标的没有所有权
    E. 经纪活动的主体获得的是作为经纪服务报酬的佣金

52. 1978年到现在，我国房地产经纪业发展的阶段，正确的表述包括（　　）。
    A. 第一阶段：萌芽阶段（20世纪80年代到90年代初）
    B. 第二阶段：起步阶段（1992—1996年）
    C. 第三阶段：崛起阶段（1997—1999年）
    D. 第四阶段：盘整阶段（2000—2004年）
    E. 第五阶段：扩张阶段（2005—2008年）

53. 房地产经纪业虽然是历史悠久的传统服务业，但在现代经济和现代信息技术迅猛发展的推动下，已经开始向现代服务业转型，主要包括（　　）。
    A. 以先进的信息技术为主要依托，信息整合、开发与利用能级大大提高
    B. 行业知识和技术密集程度提高，专业化分工向纵深发展
    C. 企业规模扩大，现代企业制度成为龙头企业的发展根本
    D. 企业规模扩大促使工业生产自动化不断提高
    E. 企业规模扩大促使社会经济结构相应变革

54. 房地产经纪人协理享有的权利包括（　　）。
    A. 要求委托人提供与交易有关的资料
    B. 有权拒绝执行委托人发出的违法指令
    C. 执行房地产经纪业务并获得合理报酬
    D. 协助房地产经纪人处理经纪有关事务并获得合理的报酬
    E. 加入房地产经纪机构

55. 由于房地产经纪活动的专业性和复杂性，房地产经纪人员必须拥有完善的知识结构。这一知识结构的核心是房地产经纪专业知识，该核心的外层是与房地产经纪有关的基础知识，包括（　　）。

  A. 经济知识   B. 法律知识

  C. 社会心理知识   D. 房地产专业知识

  E. 对房地产经纪人员的文化修养产生潜移默化影响的人文方面的知识

56. 房地产经纪机构主要依靠人力资源和信息资源进行运作，经营效益更多地取决于（　　）等"软"实力。

  A. 外部管理   B. 内部管理

  C. 企业文化   D. 人员培训

  E. 企业治理制度

57. 房地产经纪直营连锁的优点是（　　）。

  A. 由于所有权与经营权的统一，加上直接行政管理的管理制度，这种模式的可控程度高，有利于制度的贯彻执行

  B. 信息搜集范围扩大，信息利用率高，在房源、客源不断增加的同时提高了双方的匹配速度，使得成交比例提高

  C. 对员工的统一培训和管理，使业务水平提高，客户信任度增大，竞争能力相应提高

  D. 完善的培训体系和较大的发展空间可以留住很多优秀的房地产经纪人

  E. 可以不受资金的限制迅速扩张，品牌影响可以迅速扩大

58. 房地产经纪机构的组织结构形式包括（　　）。

  A. 直线-参谋制组织结构形式   B. 分部制组织结构形式

  C. 矩阵制组织结构形式   D. 网络制组织结构形式

  E. 职能制组织结构形式

59. 售楼处的基本功能是（　　）。

  A. 与客户交流的场所   B. 展示样板房的场所

  C. 与开发商充分沟通的场所   D. 提供商品房销售的场所

  E. 展示商品房项目的信息

60. 从目前房地产经纪机构所实施的扩张战略来看，主要的选择有（　　）。

  A. 跨地域市场扩张战略   B. 跨专业市场扩张战略

  C. 跨行业扩张战略   D. 综合性扩张战略

  E. 混合性扩张战略

61. 房地产经纪企业品牌管理的意义包括（　　）。

  A. 为房地产经纪机构的长远发展奠定基础

  B. 通过品牌管理，提高企业经济效益

  C. 品牌管理是企业品牌延伸及品牌国际化经营的基础，是推动企业发展和社会进步的一个积极因素

  D. 通过品牌管理，增强企业的吸引力与辐射力

  E. 通过品牌管理，提高企业品牌的核心竞争力

62. 房地产经纪机构客户关系管理系统的设计包括（　　）。

A. 客户关系管理系统的构成　　　　B. 客户数据库的建立和维护

C. 客户分析子系统

D. 建立长久的合作关系

E. 决策支持子系统

63. 业务流程改造的基本原则是（　　）。

A. 执行流程时，插手的人越少越好

B. 选择好解决方案后安排专人负责实施

C. 在流程服务对象（顾客）看来，越简单越好

D. 将问题分类，确定解决问题的措施

E. 修正解决方案，再次实施

64. 房地产经纪机构基本费用包括（　　）等。

A. 法律费用（组建公司）

B. 财务费用（咨询费、建立账目）

C. 通信费、加盟网络和专业协会的费用、办公室（押金、装修、租金）

D. 办公设备（电脑、传真机、复印设备、办公桌椅、文件柜等）

E. 购置或租赁车辆所需费用

65. 和任何一个企业一样，房地产经纪机构具体的人力资源管理的内容包括（　　）。

A. 全面活动和招聘

B. 人力资源规划

C. 员工激励

D. 绩效考评

E. 薪酬管理

66. 商圈经营的工作内容包括（　　）。

A. 建立大楼名称档案（楼高、屋龄、外观、特色、管理费的标准……）

B. 互通街巷的号码，巷内细部住宅种类的区分（新旧社区、楼层区分、等级、住户水准、大小环境……）

C. 区域的人文背景

D. 区域的重要公共设施调查统计（公园绿地、车位、学区、交通路线、景观等）

E. 布告栏类型的统计

67. 存量房经纪业务基本流程中，要通过接待客户成功承接委托业务，首先要求房地产经纪人员树立良好的"客户意识"，"客户意识"主要有（　　）。

A. 注意客户的真实意愿

B. 平等化意识

C. 珍惜常客

D. 体察客户的希望

E. 注意客户的需求

68. 新建商品房销售代理业务基本流程中，销售准备的销售现场准备包括（　　）等。

A. 搭建、装修布置售楼处

B. 搭建、装修布置样板房

C. 搭建、装修布置看房通道

D. 销售资料的准备

E. 销售人员的安排

69. 申请注销预购商品房抵押权预告登记的，申请人应当是房地产登记册记载的预购商品房抵押权人或者预购人。申请人申请注销预购商品房抵押权的预告登记一般应当向登记机构提交的文件有（　　）。

A. 预购商品房抵押合同终止的证明文件（原件）

B. 房地产登记申请书（原件）

C. 当事人身份证明（原件及复印件）

D. 主债权转让合同（原件）

E. 预购商品房抵押权登记证明（原件）

70. 理解物业未来产租能力的影响因素对房地产置业投资咨询的分析也有帮助。影响物业未来产租能力的因素主要有（　　）。

A. 投资领域　　　　　　　　　　　B. 市场需求

C. 市场的供给　　　　　　　　　　D. 房产功效

E. 区位优势

71. 房地产估价的基本原则有（　　）。

A. 可信原则　　　　　　　　　　　B. 供求原则

C. 最高最佳使用原则　　　　　　　D. 时点原则

E. 合法原则

72. 2008 年，广州市政府有关部门公布了《广州市房地产中介服务管理规定（征求意见稿）》。该文件首次提出了"房地产说明书"的概念，房地产说明书内容包括（　　）等。

A. 房屋坐落、面积　　　　　　　　B. 产权权属文件、用途

C. 建筑年限、土地出让金缴交情况　D. 需要特别说明的情况

E. 抵押情况、转租情况

73. 房地产居间合同中房地产经纪人的义务有（　　）。

A. 如实报告的义务　　　　　　　　B. 尽力提供居间服务的义务

C. 保守秘密的义务　　　　　　　　D. 支付报酬的义务

E. 支付必要费用的义务

74. 房地产经纪合同中缔约过失造成的纠纷，产生的原因有（　　）。

A. 房地产交易行为与经纪行为混淆

B. 居间行为与代理行为混淆

C. 房地产经纪人的失信、失职

D. 经纪合同当事人的观念和法律意识不足

E. 经纪合同的权利义务不等

75. 房地产经纪人可以足不出户，在任何时间通过网络获取信息，主要途径包括（　　）。

A. 利用专门市场收集信息　　　　　B. 利用通信询问收集信息

C. 利用互联网收集信息　　　　　　D. 利用商情数据库收集信息

E. 利用联机系统收集信息

76. 为了使 MLS 系统有效地运行，各国都制定了相应的 MLS 系统运行规则，主要包括（　　）。

A. 明确系统类型　　　　　　　　　B. 报送的方式

C. 佣金的分配方式和佣金支付时间　D. 受托人的义务

E. 系统成员间的处事原则

77. 在房地产经纪活动中，房地产经纪执业的自愿原则主要体现在（　　）。

A. 房地产经纪机构及人员要诚实，不弄虚作假，不欺诈，进行正当竞争

B. 房地产经纪活动当事人意志自由，自主决定房地产经纪服务的有关事项

C. 房地产经纪机构与委托人的权利和义务对等，利益关系均衡

D. 房地产经纪机构获得经纪业务的机会平等

E. 房地产经纪活动当事人对自己的真实意思负责，自愿做出的承诺具有法律效力

78. 房地产经纪人员执业中侵权行为的构成要件有（　　）。

A. 主观过错　　　　　　　　　　　　B. 有损害事实

C. 违法行为与损害事实之间有因果关系　　D. 行为违法

E. 违约行为

79. 房地产经纪行业的公平性管理主要包括（　　）。

A. 房地产经纪收费　　　　　　　　　　B. 房地产经纪业的诚信管理

C. 房地产交易差价　　　　　　　　　　D. 房地产经纪纠纷管理

E. 行业竞争与协作的管理

80. 加强房地产经纪行业管理的法制建设的内容包括（　　）。

A. 从法律层级上解决上位法缺失的问题　　B. 建立房地产经纪行业管理专项法规

C. 建立科学的行业管理模式　　　　　　D. 理顺行业管理体系

E. 改变多头管理、各行其政现状

三、综合分析题（共20小题，每小题2分。每小题的备选答案中有一个或一个以上符合题意，请在答题卡上涂黑其相应的编号。错选不得分；少选且选择正确的，每个选项得0.5分）

（一）

王先生举家出国发展，欲将其婚内购置的两套住房售给乙房地产咨询公司（以下简称乙公司）。经充分商洽，双方在所有合同条款上达成一致。乙公司董事长莫先生代表乙公司在房屋买卖合同上签字。

81. 房屋购得后，乙公司因业务需要，将其中一套房屋向丁银行申请了抵押贷款。一年后，乙公司将设定抵押的房屋出租给了丙公司，另一套出租给了陈先生。对于出租给丙公司的这套房屋，应该征得（　　）同意。

A. 人民银行　　　　　　　　　　　　B. 丁银行

C. 房产管理局　　　　　　　　　　　D. 税务局

82. 丙公司在承租房屋时必须提供（　　）。

A. 营业执照　　　　　　　　　　　　B. 税务登记证

C. 经纪人资质证　　　　　　　　　　D. 法人代码证

83. 由于工作需要，陈先生欲将租赁期间的房屋转租他人。陈先生必须办理的手续有（　　）。

A. 取得乙公司的书面同意

B. 陈先生与承租人签订房屋转租合同

C. 陈先生与乙公司签订房屋转租合同

D. 持房屋转租合同到房地产登记机关办理房屋转租合同备案

（二）

有一旧厂房（该工厂土地为划拨地）委托中介机构代为出售。中介机构为其找到了买受

人，但成交后办理过户手续时，发现该工厂所用土堆按城市规划要求 4 年后将成为公共绿地。为此，该地块使用年限仅有 4 年。

84. 如果中介机构的信息库中有适宜的买方信息，直接为其撮合成交，则标的物的瑕疵由（　　）负责。

    A. 委托人   B. 中介机构

    C. 买受人   D. 政府

85. 如果通过拍卖转让给最高竞买者，则标的物的瑕疵由（　　）负责。

    A. 委托人   B. 中介机构

    C. 买受人   D. 政府

86. 对于房地产拍卖，意味着拍卖全过程结束的是（　　）。

    A. 拍卖物交付   B. 产权过户

    C. 拍卖结算   D. 拍卖师承担

（三）

张某需要购买一套商品住宅，但他没有时间去寻找适合自己的房源，于是找到丁房地产经纪公司。丁房地产经纪公司在听取了张某的要求后，答应帮其找合适的房源，并签订了经纪合同。经过 5 天时间，丁房地产经纪公司经纪人李某从乙房地产开发公司在建住宅项目中找到了适合张某的房源，乙房地产开发公司对该房的报价是总价款 20 万元，首付 30% 的房款，余款提供 20 年的抵押贷款，年贷款利率为 6%。

87. 李某评估该套住房价格为 19 万元，则下列表述中正确的有（　　）。

    A. 李某不能评估，应由房地产估价机构的房地产估价师进行评估

    B. 李某可以评估，但不能收取评估费

    C. 丁房地产经纪公司可以收取张某的评估费

    D. 丁房地产经纪公司不能收取评估费，但因为李某为张某评估了该住房的价格，可以要求适当增加经纪佣金

88. 李某参加了张某与乙房地产开发公司的洽谈，帮助张某以 19.3 万元的价格订立了《商品房预售合同》，丁房地产经纪公司的这项业务活动属于（　　）。

    A. 代理行为   B. 居间行为

    C. 房地产投资咨询行为   D. 房地产价格咨询行为

89. 张某与乙房地产开发公司订立了《商品房预售合同》，并将所购商品房抵押给银行，办理个人购房贷款手续。需要到房地产登记部门办理备案登记的合同有（　　）。

    A.《商品房预售合同》   B.《借款合同》

    C.《房地产抵押合同》   D.《房地产经纪合同》

（四）

王某、于某、李某和赵某共同开办了一家房地产经纪公司 B，王某和于某是房地产经纪人，而李某和赵某是房地产经纪人协理。某日，客户吴某委托 B 公司代理出租或销售其拥有的一间商业用房，吴某与 B 公司签订了房地产经纪合同。

90. 关于李某和赵某在该公司中的行为，下列说法正确的是（　　）。

    A. 二人可以作为合伙人

    B. 二人可以代表机构签订房地产经纪合同

C. 二人可以作为该公司某部门的负责人

D. 二人不能作为合伙人，但可以用现金出资，参与利润分配

91. 有关吴某与B公司签订的房地产经纪合同，说法正确的是（　　）。

　　A. 房地产经纪合同上必须有王某、于某、李某和赵某四者之一的签名及执业证号

　　B. 房地产经纪合同应是采用书面形式的合同

　　C. 这是商事代理合同

　　D. B公司处理有关此项合同事务的后果直接归吴某承担

92. 吴某与B公司在进行业务洽谈时，B公司的经纪人应向吴某告知的事项有（　　）。

　　A. 经纪人姓名及资格　　　　　　　　B. 执行委托时可能遇到的风险

　　C. 提供服务的时限　　　　　　　　　D. 纠纷的解决方式

93. 对于吴某与B公司所签订的房地产经纪合同，B公司的权限范围为（　　）。

　　A. 经吴某同意，经纪人可以以高于委托人指定的价格卖出，并增加报酬

　　B. 以吴某的名义与第三方进行交易

　　C. 经吴某同意，经纪人自己可以作为买受人

　　D. 经纪活动中产生的权利和责任归吴某

94. B公司受理了吴某的委托业务后，必须采取的服务步骤是（　　）。

　　A. 物业信息的传播　　　　　　　　　B. 收集相关信息

　　C. 客户开拓　　　　　　　　　　　　D. 物业查验

95. 若B公司在对此房屋进行物业查验时发现，此房已于半年前抵押给人民银行，则下列选项正确的是（　　）。

　　A. 抵押对此房的出租或转让无约束力

　　B. 抵押对此房的出租无约束力，但对转让有约束力

　　C. 抵押对此房的出租或转让均有约束力

　　D. 若银行同意，此房可以出租或转让

96. 若吴某于4年前已将此房出租给甲某，租赁合同的租期为15年，而现在吴某想转让此房，则（　　）。

　　A. 租赁期限未到，不能转让　　　　　B. 可以转让，原租赁合同有效

　　C. 原租赁合同有效，有效期为11年　　D. 原租赁合同有效，有效期为15年

97. 若B公司的王某和于某恰好有一桩外地的业务去处理，让李某独自处理吴某的委托事务，则（　　）。

　　A. 李某将以B公司的名义承接吴某委托事务

　　B. 李某被授权后将以B公司的名义承接吴某委托事务

　　C. 李某承接业务违反了执业规范中的"执业限制"

　　D. 李某承接业务违反了执业规范中的"执业回避"

98. 若此房准备转让，恰好E公司有意于此房，在E公司经办人与吴某就该物业的转让进行洽谈过程中，B经纪公司经纪人需要（　　）。

　　A. 将房屋转让涉及的税费告诉双方

　　B. 将吴某的房屋正被租赁的情况告诉E公司

　　C. 将E公司可承受的最高价告诉吴某

D. 将吴某炒股业绩告诉 E 公司

99. 若 B 公司的王某和于某恰好有一桩外地的业务去处理，让另一经纪公司的经纪人刘小姐与李某共同处理吴某的委托事务，则下列说法正确的是(   )。

A. 经纪人刘小姐与李某可以共同处理吴某的委托事务

B. 在刘小姐的指导下，李某可以处理此事务

C. 二者承接业务违反了执业规范中的"职业范围"

D. 二者承接业务违反了执业规范中的"回避制度"

100. 若 B 公司的王某和于某恰好有一桩外地的业务去处理，委托 C 经纪公司处理吴某的房屋转让事务，经 C 公司的经纪人刘小姐的努力，吴某房屋转让交易成功。之后，吴某应当(   )。

A. 减半支付佣金

B. 支付佣金给 C 公司

C. 支付佣金给刘小姐

D. 按标准支付佣金

实战模拟试卷（二）参考答案

一、单项选择题

1. C	2. B	3. D	4. A	5. A
6. A	7. B	8. D	9. A	10. C
11. C	12. D	13. C	14. D	15. A
16. C	17. B	18. A	19. B	20. C
21. A	22. D	23. B	24. B	25. A
26. D	27. C	28. A	29. C	30. D
31. D	32. B	33. A	34. C	35. C
36. A	37. B	38. C	39. B	40. B
41. D	42. B	43. C	44. B	45. D
46. B	47. B	48. A	49. B	50. D

二、多项选择题

51. ACE	52. ABC	53. ABC	54. DE	55. ABCD
56. BCDE	57. ABCD	58. ABCD	59. DE	60. ABCD
61. BCDE	62. ABCE	63. AC	64. ABCD	65. BCDE
66. ABCD	67. BCD	68. ABC	69. ABCE	70. DE
71. BCDE	72. ABCD	73. ABC	74. CD	75. CDE
76. ACDE	77. BE	78. ABCD	79. BDE	80. AB

三、综合分析题

81. B	82. D	83. ABD	84. B	85. C
86. B	87. B	88. BD	89. ABC	90. A
91. BCD	92. ABCD	93. BD	94. AB	95. CD
96. BC	97. C	98. AB	99. C	100. D

实战模拟试卷（三）

一、单项选择题（共50题，每题1分。每题的备选答案中只有一个最符合题意，请在答题卡上涂黑其相应的编号）

1. 在服务活动类型中，（ ）可以提高交易效率、降低交易成本，是一种有偿的经济活动。

    A. 经纪
    B. 行纪
    C. 居间
    D. 代理

2. 经纪人从事特定经纪业务时按照国家对特定经纪业务规定的佣金标准收取的佣金是（ ）。

    A. 法定佣金
    B. 信息佣金
    C. 自由佣金
    D. 强制佣金

3. 目前房地产代理活动的主要类型是（ ），一般由房地产经纪机构接受房地产开发商委托，负责商品房的市场推广和具体销售工作。

    A. 房地产物业代理
    B. 房地产买卖居间
    C. 新建商品房销售代理
    D. 房地产租赁居间

4. 目前在很多大城市，（ ）已成为一项非常活跃的经济活动。

    A. 房地产居间
    B. 房地产代理
    C. 房地产物业代理
    D. 房地产拍卖

5. 房地产流通方式的演进是沿着如何通过流通中的产权形式创新来实现房地产价值运动的重构这一方向发展的，在这一演进过程中，房地产业内部逐渐产生行业分化，将自发地形成资金和专业实力雄厚的房地产投资业和为房地产投资业服务的（ ）等细分行业。

    A. 房地产代理、房地产金融、房地产经纪、房地产设施管理
    B. 房地产开发、房地产代理、房地产经纪、房地产设施管理
    C. 房地产开发、房地产金融、房地产代理、房地产设施管理
    D. 房地产开发、房地产金融、房地产经纪、房地产设施管理

6. 对于房地产经纪人员的职业资格，国际上通行的做法是根据可从事的房地产经纪业务范围的不同，设立房地产经纪人员职业资格的（ ）认证制度。

    A. 四级
    B. 三级
    C. 两级
    D. 一级

7. 房地产经纪活动中，（ ）的知识可以通过调查或客户访谈获得，如访问该房屋周边的学校、学生及家长的感受和评价。

    A. 程序性
    B. 体验性
    C. 实践性
    D. 全面性

8. 房地产经纪人员的市场分析技能是指经纪人根据所掌握的信息，采用一定的方法对其进行分析，进而对市场供给、需求、价格的现状及变化趋势进行判断。对信息的分析方法不包括（ ）。

    A. 简单统计分析
    B. 比较分析

C. 因果关系分析   D. 事件树分析

9. 与普通的商业服务业相比，房地产经纪人员及其就职的房地产经纪机构，并不实际占有具有实体物质形态的商品，要想使买卖双方相信自己的最基本要素就是"诚"。"诚"的第二要义是( )，即诚实地向客户告知自己的所知。

  A. 诚心   B. 坦诚

  C. 真诚   D. 诚实

10. 下列选项中，( )是指依法设立并到工商登记所在地的县级以上人民政府房地产管理部门备案，从事房地产经纪活动的中介服务机构。

  A. 房地产经纪机构   B. 房地产经纪信息

  C. 房地产经纪延伸服务   D. 房地产经纪

11. 下列选项中，( )房地产经纪机构大多是通过业务多元化而在原来相对单纯的主营业务基础上逐步扩展而成长起来的。

  A. 存量房经纪业务为主的   B. 新建商品房经纪业务为主的

  C. 策划、顾问业务为主的   D. 综合性

12. 根据房地产经纪机构下属分支机构的数量及分支机构的商业组织形式，可将房地产机构的经营模式分为 ( )。

  A. 单店模式、多店模式和连锁经营模式

  B. 无店铺模式、有店铺模式和多店模式

  C. 单店模式、多店模式和有店铺模式

  D. 无店铺模式、多店模式和连锁经营模式

13. 目前中国存量房经纪业务主要在住宅市场开展，关于调查和分析指标的表述有误的是( )。

  A. 销售及租赁的成交面积比例   B. 成交单位的面积与成交户型

  C. 销售及租赁的成交额比例   D. 成交单价与市场占有率

14. 房源状况的区域调查中，将直接影响到区域内市场开拓潜力的是 ( )。

  A. 区域内业主置业情况   B. 区域内业主户数及结构

  C. 区域内房屋周边环境状况   D. 区域内房屋转让率及出租率

15. 下列选项中，不属于现代企业战略管理特点的是( )。

  A. 全局性   B. 决策层是管理主体

  C. 特殊性   D. 企业资源是保障

16. 品牌的市场作用主要表现的方面不包括( )。

  A. 品牌是企业与消费者之间的一份无形契约，是对消费者的一种保证，有品牌与无品牌的产品相比，消费者更多地信赖有品牌的产品

  B. 品牌是消费者选择商品的依据，是消费经验的积累与运用

  C. 品牌是规避单纯价格竞争的一种手段，因为消费者愿意为品牌的特有附加价值，支付一定的费用

  D. 品牌是身份和地位的象征，有利于促进产品销售，树立品牌形象

17. 企业的品牌管理一般包含三层含义，即( )。

  A. 品牌管理、品牌建设以及品牌维护   B. 品质管理、品牌建设以及品牌维护

C. 品质管理、品牌管理以及品牌维护　　　　D. 品质管理、品牌建设以及品牌管理

18. 下列分析中，不属于客户分析系统的是（　　）。
    A. 客户分类分析　　　　　　　　　　　B. 市场活动影响分析
    C. 简单统计分析　　　　　　　　　　　D. 客户联系时机优化分析

19. 房地产经纪机构的沟通对象包括开发商、业主、购买者和承租人等，经纪企业要与他们进行积极的、及时的沟通，（　　）是经纪企业与客户有效沟通的载体。
    A. 沙龙　　　　　　　　　　　　　　　B. 论坛
    C. 讲座　　　　　　　　　　　　　　　D. 客户俱乐部

20. 房地产经纪企业的资金来源不包括（　　）。
    A. 风险投资基金　　　　　　　　　　　B. 企业内部筹资
    C. 银行贷款　　　　　　　　　　　　　D. 资本市场

21. 房地产经纪企业的经营费用分为固定费用和流动费用，不属于固定费用的是（　　）。
    A. 工资　　　　　　　　　　　　　　　B. 向有关行业组织交纳的会费
    C. 房租　　　　　　　　　　　　　　　D. 前期考察费

22. 薪酬支付方式中，（　　）奖励大，刺激性强，业务员的"危机意识"最高。
    A. 固定薪金制　　　　　　　　　　　　B. 佣金制
    C. 混合制　　　　　　　　　　　　　　D. 信息费制

23. 企业风险类型中，一般由外部环境的变化引起，且可控性较差的是（　　）。
    A. 总体风险　　　　　　　　　　　　　B. 个别风险
    C. 经营风险　　　　　　　　　　　　　D. 意外风险

24. 房地产经纪机构的风险规避，主要以预防为主，针对房地产经纪机构可能存在的上述风险，关于其措施和方法的表述有误的是（　　）。
    A. 加强对房地产经纪人教育和培养　　　B. 完善企业自身的制度建设和日常管理
    C. 建立有效的风险识别和警示系统　　　D. 完善企业自身的风险管理制度建设

25. 房地产指示居间行为是房地产经纪人向委托人提供房地产的交易信息，包括（　　）等，使委托人能够选择符合自己交易目的的房地产。
    A. 交易的数量、交易行情、交易金额　　B. 交易金额、交易行情、交易方式
    C. 交易的数量、交易金额、交易方式　　D. 交易的数量、交易行情、交易方式

26. 房地产经纪业务根据标的房地产的物质状态类型（土地、房屋）进行划分，其划分的类型包括（　　）。
    A. 土地经纪业务和房屋经纪业务
    B. 土地经纪业务和商业房地产经纪业务
    C. 商业房地产经纪业务和房屋经纪业务
    D. 商业房地产经纪业务和工业房地产经纪业务

27. 房地产经纪人受理委托业务后，收集与标的物业相关的市场信息是指标的物业所属的房地产分类市场的（　　）等。
    A. 物质状况、价格信息　　　　　　　　B. 供求信息、物质状况
    C. 供求信息、价格信息　　　　　　　　D. 权属状况、物质状况

28. 存量房经纪业务流程中，信息传播的主要内容是（　　）。

A. 分类市场的供求信息　　　　　　　　B. 分类市场的价格信息

C. 委托方信息　　　　　　　　　　　　D. 委托标的物的信息

29. 目前，许多购房人了解存量房市场的第一步就是浏览各大房地产专业网站和知名门户网站的房地产频道，因此，（　　）已成为房地产经纪人获得客源的一个重要渠道。

A. 网上虚拟地盘　　　　　　　　　　　B. 房地产经纪门店

C. 房源发布网络化　　　　　　　　　　D. 网上门店

30. 申请人申请存量房地产买卖转移登记一般应当向登记机构提交的文件不包括（　　）。

A. 房地产登记申请书（原件）　　　　　B. 当事人身份证明（原件及复印件）

C. 房地产权证（原件）　　　　　　　　D. 购房付款凭证（原件）

31. 目前大多数银行都对个人住房抵押贷款规定了最高偿还比率，一般是（　　）。

A. 40%　　　　　　　　　　　　　　　B. 50%

C. 30%　　　　　　　　　　　　　　　D. 60%

32. 房地产细分市场供求分析的基本步骤中，包括界定标的房地产的市场区域和确定标的房地产最可能的使用者的是（　　）。

A. 投资标的房地产的产品分析　　　　　B. 确定细分市场

C. 预测需求量　　　　　　　　　　　　D. 分析需求与供给的相对关系

33. 房地产交易中最敏感、关键的因素就是（　　）。

A. 成本　　　　　　　　　　　　　　　B. 利润

C. 价格　　　　　　　　　　　　　　　D. 收入

34. 在土地使用权出让合同中，一旦双方签订了土地使用权出让合同，便产生了法律关系，签订土地使用权出让合同这一事实或客观情况便是（　　）。

A. 法律关系　　　　　　　　　　　　　B. 法律事实

C. 法律变更　　　　　　　　　　　　　D. 法律消灭

35. 房地产法律行为是指以法律关系主体的意志为转移并能引起房地产法律关系产生、变更、消灭的活动。根据行为的性质可分为（　　）。

A. 积极行为、合法行为、恶意行为与违法行为

B. 善意行为、积极行为、恶意行为与违法行为

C. 善意行为、合法行为、积极行为与违法行为

D. 善意行为、合法行为、恶意行为与违法行为

36. 房屋租赁当事人办理登记时须提交的文件不包括（　　）。

A. 委托人证明文件　　　　　　　　　　B. 房屋所有权证

C. 书面租赁合同　　　　　　　　　　　D. 当事人合法证件

37. 下列选项中，（　　）是房地产经纪机构或房地产经纪人为委托人提供有助于促成其与第三方之间的房地产交易的经纪服务而与委托人协商订立的协议。

A. 房地产代理合同　　　　　　　　　　B. 房地产居间合同

C. 房地产经纪合同　　　　　　　　　　D. 房地产买卖经纪合同

38. 根据合同条款的责任内容，合同条款可以分为（　　）。

A. 主要条款和普通条款　　　　　　　　B. 实体条款和程序条款

C. 明示条款和默示条款　　　　　　　　D. 有责条款和免责条款

39. 房地产买卖与房屋租赁是房地产交易中交易性质不同的行为，其中买卖是（　　）行为。
    A. 债权经营　　　　　　　　　　　　B. 权利转让
    C. 债权转让　　　　　　　　　　　　D. 权利转移

40. 信息具有许多特性，其主要特性不包括（　　）。
    A. 可量度性　　　　　　　　　　　　B. 可连续性
    C. 可转换性　　　　　　　　　　　　D. 可识别性

41. 信息管理的过程不包括（　　）。
    A. 信息收集　　　　　　　　　　　　B. 信息传输
    C. 信息分类　　　　　　　　　　　　D. 信息储存

42. 房地产经纪信息的整理程序中，（　　）的主要目的是为了便于查询，能够减少查询时间。
    A. 鉴别　　　　　　　　　　　　　　B. 编辑
    C. 整序　　　　　　　　　　　　　　D. 研究

43. 建立房地产经纪信息计算机管理系统，首先要对房地产经纪机构进行企业信息化改造。企业信息化不包括（　　）。
    A. 业务处理自动化　　　　　　　　　B. 业务系统自动化
    C. 办公自动化　　　　　　　　　　　D. 生产、设计、客户服务自动化

44. 执业规范是用条例、章程、守则、规则、制度、公约等以简明的形式对行业行为作出规定，执业规范的条文指向具体的行为，具有很强的（　　）。
    A. 广泛性和时代性　　　　　　　　　B. 广泛性和可操作性
    C. 针对性和时代性　　　　　　　　　D. 针对性和可操作性

45. 对房地产经纪活动而言，（　　）原则就是要求房地产经纪机构和人员在提供经纪服务时，言而有信，童叟无欺，同时不得损害他人及社会的利益。
    A. 平等　　　　　　　　　　　　　　B. 诚信
    C. 回避　　　　　　　　　　　　　　D. 保密

46. 违约责任是当事人不履行合同义务或者履行义务不符合约定条件而应承担的（　　）。
    A. 民事责任　　　　　　　　　　　　B. 侵权责任
    C. 刑事责任　　　　　　　　　　　　D. 行政责任

47. 房地产经纪人员执业中违约责任的构成要件，一是必须有违约行为，二是（　　）。
    A. 无免责事由　　　　　　　　　　　B. 不可抗力
    C. 自己有过失　　　　　　　　　　　D. 约定免责事由

48. 美国房地产经纪业的行业管理即是（　　）模式。
    A. 行业自治　　　　　　　　　　　　B. 行政主管
    C. 行政与行业自律并行管理　　　　　D. 混合

49. 目前，我国房地产经纪行业主管部门规避房地产经纪纠纷的主要手段不包括（　　）。
    A. 制定示范合同文本　　　　　　　　B. 制定服务标准，明确服务要求和内容
    C. 加强对房地产经纪合同的监督管理　D. 制定行业标准规范

50. 对房地产经纪服务费的管理主要是从（　　）两个方面进行管理。

A. 是否符合行业标准和是否明码标价　　　B. 是否符合收费标准和是否实际价值

C. 是否符合规范标准和是否明码标价　　　D. 是否符合收费标准和是否明码标价

二、多项选择题（共30题，每题2分。每题的备选答案中有两个或两个以上符合题意，请在答题卡上涂黑其相应的编号。错选不得分；少选且选择正确的，每个选项得0.5分）

51. 一般而言，经纪服务最主要的方式有（　　）。

A. 居间　　　　　　　　　　　　　　　　B. 委托

C. 代理　　　　　　　　　　　　　　　　D. 租赁

E. 行纪

52. 房地产经纪与其他经纪活动一样，也具有活动主体的专业性、活动地位的中介性和活动内容的服务性。与此同时，房地产经纪还有不同于其他经纪活动的特性，其中包括（　　）。

A. 活动后果的社会性　　　　　　　　　　B. 活动范围的地域性

C. 活动范围的区域性　　　　　　　　　　D. 活动时间的连续性

E. 活动主体的客观性

53. 房地产交易是一种特定的法律行为，指房地产的所有权、使用权及他项权利的有偿取得或转让，其主要内容包括（　　）。

A. 房地产转让　　　　　　　　　　　　　B. 房屋租赁

C. 房地产抵押　　　　　　　　　　　　　D. 以房地产抵债

E. 以房地产作价出资

54. 申请房地产经纪人注册的人员必须同时具备的条件有（　　）。

A. 取得房地产经纪人执业资格证书

B. 无犯罪记录

C. 身体健康，能坚持在注册房地产经纪人岗位上工作

D. 经所在经纪机构考核合格

E. 取得房地产经纪人协理从业资格证书

55. 房地产经纪人员职业道德的情感层面涉及房地产经纪人员的（　　）等。

A. 行为习惯　　　　　　　　　　　　　　B. 执业理念

C. 在执业活动中的心理习惯　　　　　　　D. 成就感

E. 职业荣誉感

56. 不同企业性质的房地产经纪机构类型包括（　　）。

A. 公司制房地产经纪机构　　　　　　　　B. 合伙制房地产经纪机构

C. 个人独资房地产经纪机构　　　　　　　D. 综合制房地产经纪机构

E. 房地产经纪机构设立的分支机构

57. 策划、顾问业务为主的房地产经纪机构的经营业务中，（　　）等咨询服务业务占据了很大比例。

A. 房地产市场分析　　　　　　　　　　　B. 房地产投资项目可行性分析

C. 房地产营销方案策划　　　　　　　　　D. 房地产信息服务

E. 房地产按揭服务

58. 房地产经纪门店选址的原则有（　　）。

A. 保证充足的客源和房源　　　　　　B. 保证周边良好的环境

C. 保证顺畅的交通和可达性　　　　　D. 确保可持续性经营

E. 保证良好的展示性

59. 门店经营成本中租金所占成本的比率很高，所以必须谨慎考虑和核算，全面地考虑门店经营的可行性和延续性，往往要注意协商的环节包括（　　）。

A. 租金价格及调整　　　　　　　　　B. 是否便于停车

C. 缴付方式　　　　　　　　　　　　D. 邻居类型

E. 附加条件

60. 现代企业战略管理主要内容包括（　　）。

A. 企业使命的确定　　　　　　　　　B. 外部环境与内部条件的分析

C. 制定战略目标　　　　　　　　　　D. 业务领域选择

E. 制定营销策略

61. 客户关系管理可以从（　　）层面理解。

A. 客户关系管理是一种企业管理的指导思想和理念，为企业提供全方位的管理视角；赋予企业更完善的客户交流能力，实现企业和客户利益的双赢

B. 客户关系管理是创新的企业管理模式和运营机制，是自动化的以客户为中心的商业过程

C. 客户关系管理是企业管理中信息技术、软硬件系统集成的管理方法和应用解决方案的总和

D. 客户关系管理是一种以客户为中心的经营策略

E. 客户关系管理以信息技术为手段

62. 客户关系管理的功能包括（　　）。

A. 改进营销方式　　　　　　　　　　B. 优化客户选择

C. 协助客户分析　　　　　　　　　　D. 提供更好的客户服务支持

E. 加强销售管理

63. 企业财务管理的含义包括（　　）。

A. 财务管理是一项综合性管理工作　　B. 财务管理与企业各方面具有广泛联系

C. 财务管理能迅速反映企业生产经营状况　　D. 财务管理与社会各方面具有广泛联系

E. 财务管理是一项专业性管理工作

64. 企业财务管理目标的特征包括（　　）。

A. 财务管理目标具有相对稳定性　　　B. 财务管理目标具有可操作性

C. 财务管理目标具有层次性　　　　　D. 财务管理目标具有连续性

E. 财务管理目标具有间断性

65. 房地产经纪机构的激励机制有（　　）。

A. 目标激励　　　　　　　　　　　　B. 奖金激励

C. 尊重激励　　　　　　　　　　　　D. 参与激励

E. 情感激励

66. 随着房地产市场的发展，一些国家（地区）会形成一些主要的合同类型，如美国有 5 种主要的合同类型，根据这些不同的合同，也就形成了房地产代理业务运作的 5 种方式，

包括(　　)。

A. 房地产居间合同
B. 联营制合同
C. 独售权共享合同、开放出售权合同
D. 净卖权合同
E. 独售权合同

67. 存量房经纪业务基本流程中，在核验房屋产权时需注意的问题包括(　　)。

A. 物业权属的类别与范围
B. 产权的完整
C. 产权的登记
D. 房地产其他权利设定情况
E. 房屋周边的环境

68. 无论是哪一种经纪行为，最终都要促成交易，因此，协助交易达成环节是整个流程中的关键。房地产经纪人在这一环节中的主要工作是(　　)。

A. 真实意愿
B. 资格甄别
C. 协助或代理客户签订交易合同
D. 促成交易
E. 协调交易价格

69. 签订抵押贷款合同时，合同条款包括(　　)等。

A. 贷款种类、币种
B. 用途、数额
C. 期限、还款方式
D. 汇率
E. 利率

70. 关于签订抵押贷款合同要点的表述正确的是(　　)。

A. 必须是借款人亲自在借款抵押合同上签字
B. 抵押价值和借款的数额需要区分出来，还款的期限应填写清楚，但必须告知借款人实际还款期限以贷款实际发放日期作为起算日期
C. 还贷的方式一般由借款客户自己选择，房地产经纪人应向借款人介绍等额本金和等额本息两种还贷方式的区别；介绍公积金冲抵贷款本金和利息的两种方法，为贷款客户提供参考意见
D. 逾期还款的违约责任
E. 提前还贷的条件和程序

71. 房地产法律咨询服务的方式主要有(　　)。

A. 个案解答
B. 商业文书审查
C. 房地产全程法律服务
D. 分类解答
E. 房地产局部法律服务

72. 房地产的权利包括(　　)。

A. 土地所有权和使用权
B. 房屋所有权
C. 房地产交易权
D. 相邻权
E. 房地产租赁权

73. 房地产经纪服务合同的主要特征包括(　　)。

A. 房地产经纪服务合同属于劳务合同
B. 房地产经纪服务合同是双务合同
C. 房地产经纪服务合同是有偿合同
D. 房地产经纪服务合同一般为书面形式的合同

E. 房地产经纪服务合同是主合同

74. 房地产经纪合同的主要条款欠缺的原因具体为( )。

A. 拟定合同格式和内容不是依照法律规定制定的，而是根据市场的交易习惯和自己的成交经验来制定的

B. 缺乏基本的常识，合同的内容不能保护委托人的利益，同样也不能保护自己的利益

C. 逃避责任，唯恐发生违约行为被人追究

D. 因委托人愿意支付的佣金数额不能满足自己的期望目标，订立合同时要求减少自己的义务

E. 房地产经纪人为了避免自己发生违约影响佣金的收取，有意加大委托人的义务，以减少自己的风险

75. 关于 MLS 系统主要功能的表述正确的是( )。

A. 以会员联盟的形式，将房地产开发商、代理商、经纪公司所拥有的代售信息集合在一起，基于互联网而建立起来的房源信息数据库

B. 是房地产经纪行业共享信息、协同销售、共享佣金的服务系统

C. 通过信息的收集和传播，使其系统成员能够利用相关信息对物业进行价格和其他方面的评估，是房地产经纪人组织或公会参与房地产公共数据库建设的一个工具

D. 受托经纪人（代售经纪人）补偿协作销售经纪人，与其共同分享佣金的手段

E. 系统成员间建立有序联系以及传播上市房源信息的工具，使其能够更好地为客户、顾客和公众服务

76. MLS 系统具有的特点包括( )。

A. 采用会员联盟的形式
B. 鼓励广泛协作
C. 缩短交易时间，提高交易效率
D. 保证信息的全面性和时效性
E. 保证信息的准确性

77. 房地产经纪机构在接受房地产出售或出租委托时，应当由房地产经纪人向委托人书面告知与委托业务相关的事项包括 ( )。

A. 是否与委托房屋有利害关系

B. 应当由委托人协助的事宜、提供的资料

C. 委托房屋的售价或租金意见书

D. 房屋交易的一般程序及可能存在的风险

E. 房屋交易涉及的税费

78. 房地产经纪机构向委托人提供房地产经纪服务时，与委托人签订的书面的房地产经纪合同应当包括的主要内容有( )。

A. 合同当事人的权利、义务
B. 合同履行的期限
C. 交易物质量、安全状况及责任约定
D. 佣金的支付标准、数额、时间
E. 经纪事项及服务质量标准

79. 具体来看，目前我国房地产经纪行业管理的法律依据主要包括( )。

A. 《经纪人管理办法》（工商行政管理总局 2004 年第 14 号文）

B. 《城市房地产中介服务管理规定》

C. 《合同法》

D. 《民法通则》

E. 《城市房地产管理法》

80. 房地产经纪行业组织根据章程，或经政府房地产管理部门授权，履行的职责包括（　　）。

A. 保障房地产经纪人员依法执业，维护房地产经纪人员合法权益

B. 组织开展房地产经纪理论、方法及其应用的研究、讨论、交流和考察

C. 拟订并推行房地产经纪执业标准、规则

D. 组织房地产经纪人员进行研讨、交流

E. 代表房地产经纪企业开展国内外交流

三、综合分析题（共 20 小题，每小题 2 分。每小题的备选答案中有一个或一个以上符合题意，请在答题卡上涂黑其相应的编号。错选不得分；少选且选择正确的，每个选项得 0.5 分）

（一）

胡某、李某、陈某三人拟共同发起设立一家“A 房地产经纪公司”（以下简称“A 公司”）。胡某、李某具有房地产经纪人执业资格，陈某仅具有房地产经纪人协理资格。A 公司成立后，聘请了房地产经纪人崔某、经纪人协理王某担任写字楼经纪部负责人。一天，王某接待一位客户朱某，朱某委托 A 公司代理销售其拥有的一间办公用房，A 公司与朱某签订了房地产经纪合同。王某在对该物业的权属状况进行调查时，发现该物业在 2 年前已由朱某出租给刘某，租赁合同约定的租期为 21 年。

81. A 公司要依法成立，应当具备（　　）等条件。

A. 注册资金须达 10 万元以上

B. 胡某、李某作为股东，陈某不得作为股东

C. 租期 N 年的办公场地

D. 胡某和陈某无不良行为记录

82. 有关 A 公司与朱某签订的房地产经纪合同，以下说法正确的是（　　）。

A. 王某作为 A 公司的代表在房地产经纪合同上署名

B. 经口头请示胡某同意后，王某作为 A 公司的代表在房地产经纪合同上署名

C. 崔某没有办理具体的经纪事务，但崔某可以作为 A 公司的代表在房地产经纪合同上署名

D. 经陈某授权，王某可以代陈某作为 A 公司的代表在房地产经纪合同上署名

83. 该物业在由 A 公司代理转让后，原租赁合同（　　）。

A. 无效

B. 有效，有效期为 18 年

C. 有效，有效期为 19 年

D. 有效，有效期为 21 年

84. 如果王某未将该物业已租赁的情况告诉其业务主管，买受方在不知情的情况下购买了该物业，买受方的损失应当由（　　）承担。

A. A 公司

B. 王某个人

C. 崔某

D. 朱某

85. 如果该物业在租赁前三个月由朱某抵押给中国工商银行，则下列选项正确的是（　　）。

A. 租赁合同对中国工商银行有约束力

B. 租赁合同对中国工商银行没有约束力

C. 因为物业转让未经工商银行同意，物业转让合同无效

D. 不管物业转让是否经工商银行同意，物业转让合同有效

（二）

李某从某大学房地产专业毕业后进入 B 房地产经纪公司从事房屋销售。凭借上大学四年所学的专业知识，李某的销售业绩很好，收入颇丰。但是，近年他的心情越来越糟，因为许多亲戚、朋友都对他的职业不认同，而且与他同时进公司的张某，大学学的不是房地产专业，原来的销售业绩远远落后于李某，但最后却慢慢赶了上来。一天，李某照例身着他最喜爱的名牌 T 恤和牛仔裤来到售楼处，一进门便看到身着白衬衣和藏青色西裤，打着暗红条纹领带的张某正在翻阅售楼处昨天的电话记录，李某在心里骂了一句："假正经"。这时电话铃响了，李某迅速冲过去接起电话："喂，你找谁？"当电话里传来"我找张先生"的声音时，李某说了句"他不在"便将电话挂断。

86. 作为一名房地产经纪人员，李某在（　　）方面存在不足。

　　A. 心理素质　　　　　　　　　　B. 着装风格

　　C. 职业道德　　　　　　　　　　D. 接听电话的速度

87. 李某在职业道德方面特别需要提高的素质是（　　）。

　　A. 遵纪守法　　　　　　　　　　B. 诚实守信

　　C. 尽职尽责　　　　　　　　　　D. 公平竞争

88. 李某接起电话时，应当说（　　）。

　　A. 您好！B 房地产经纪公司，请问有什么需要我为您服务的

　　B. 您好！请问您是哪位

　　C. 您好！对不起，让您久等了，请问有什么需要我为您服务的

　　D. 您好！您是ＸＸ吧？请问有什么需要我为您服务的

89. 李某应着重提高（　　）的心理素质。

　　A. 自知、自信　　　　　　　　　B. 乐观、开朗

　　C. 坚韧、奋进　　　　　　　　　D. 积极、主动

（三）

丁房地产开发公司（以下简称丁公司）建设一住宅小区。2010 年 6 月，丁公司取得当地房地产管理部门颁发的商品房预售许可证，并委托乙房地产经纪公司（以下简称乙公司）独家代理出售。2010 年 7 月，孙某签订了商品房预售合同，并在合同中约定："房屋建筑面积为 150 m²。房屋交付后，如产权登记面积与合同约定面积发生差异时，按照《商品房销售管理办法》有关规定处理。"2010 年 8 月，丁公司经有关部门批准调整了原规划设计，孙某所购买的该套房屋的建筑面积调整为 155 m²，并书面通知孙某。该小区综合验收合格后房产测绘单位实测，孙某所购买的该套房屋的套内建筑面积为 123 m²，套内阳台建筑面积 3 m²，分摊的共有建筑面积为 31 m²。

90. 丁公司预售商品房时，应当具备（　　）等条件。

　　A. 取得土地使用权证

　　B. 投入资金达到工程建设总投资的 20% 以上

　　C. 取得建设工程规划许可证

D. 取得商品房预售许可证

91. 乙公司代理预售商品房须向购房人出示（　　）。

A. 商品房预售许可证　　　　　　　　　B. 商品房销售广告

C. 房屋综合验收合格证明　　　　　　　D. 丁公司出具的商品房销售委托书

92. 关于孙某签订商品房预售合同，下列表述中正确的为（　　）。

A. 孙某应当与丁公司人员直接洽谈和订立预售合同

B. 孙某应当与乙公司订立预售合同

C. 孙某通过与乙公司的房地产经纪人洽谈，最终与丁公司订立预售合同

D. 孙某应当与乙公司人员直接订立预售合同

93. 关于乙公司的独家代理，下列表述中正确的为（　　）。

A. 乙公司可以自主委托其他房地产经纪公司共同代理

B. 丁公司销售的房屋是否计入乙公司的销售业绩，视丁乙双方订立的代理合同而定

C. 如果取得丁公司书面同意，乙公司可以与其他房地产经纪公司共同代理

D. 丁公司未经乙公司同意不得将该项目委托丙公司代理

94. 孙某收到丁公司规划设计变更书面通知之日起（　　）日内未作出书面答复即视为接受。

A. 5　　　　　　　　　　　　　　　　　B. 10

C. 15　　　　　　　　　　　　　　　　　D. 20

95. 在办理房屋产权登记时，孙某购买的房屋建筑面积应登记为（　　）m^2。

A. 150　　　　　　　　　　　　　　　　B. 154

C. 155　　　　　　　　　　　　　　　　D. 157

（四）

张某购买了一套二手房，面积为 80 m^2。两年后，张某委托乙房地产经纪公司（以下简称乙公司）出售。乙公司派出房地产经纪人宋某与张某接洽并签订了委托合同。合同中约定：由乙公司以张某的名义为其寻找买方，并签订出售合同；出售价格最低为 2800 元/m^2，佣金为成交价的 3%。一个月后，该房屋仍未卖出。于是宋某建议张某降价，张某同意将最低出售价格定为 2500 元/m^2。降价后乙公司立即将房屋出售给赵某，乙公司和赵某协商价格为 2550 元/m^2，而乙公司告知张某成交价格为 2500 元/m^2。赵某入住之后，赵某意外地接到物管公司追收原拖欠的物业管理费 5000 元，水电气费 248 元的通知，买卖双方为此发生纠纷。

96. 乙公司与张某签订的房屋出售委托合同，属于（　　）。

A. 买方居间合同　　　　　　　　　　　B. 卖方代理合同

C. 买方代理合同　　　　　　　　　　　D. 卖方居间合同

97. 关于乙公司与赵某协商价格与告知张某的成交价格不一致的事件，下列表述中正确的为（　　）。

A. 乙经纪公司赚取房屋价格差价，属于房地产经纪活动中禁止的行为

B. 宋某建议张某降价，是其获取收益的一种合法手段

C. 对宋某的降价建议，张某应视为乙公司的行为

D. 对成交价格高于最低价格的收入，应在乙公司和张某之间平均分配

98. 关于赵某入住后与物管公司就有关欠费支付问题的纠纷，下列表述中正确的为（　　）。

A. 物业管理费、水电气费是以业主名为交纳账户的

B. 对于物管公司的催收费用，应当根据买卖合同的约定处理

C. 物业管理费、水电气费是以房屋单位为交纳账户的

D. 赵某应当交纳，并不得向张某追偿，因为已经办理房屋交接手续

99. 针对房地产经纪人宋某的经纪活动，下列表述中正确的为（   ）。

A. 乙经纪公司不应当指派宋某与张某订立经纪合同

B. 如果赵某入住后支付了物管公司催收的物管费、水电气费等，宋某个人有赔付责任

C. 对于宋某的经纪活动，应由乙经纪公司承担责任

D. 因为乙经纪公司收取了房屋差价，物管公司催收的物管费、水电气费等应由乙经纪公司支付

100. 在接受张某委托之前，乙公司应查验收的房地产内容为（   ）。

A. 房地产的物质状况   B. 委托人的财务状况

C. 房地产的权属状况   D. 房地产的环境状况

实战模拟试卷（三）参考答案

一、单项选择题

1. B	2. A	3. C	4. D	5. D
6. C	7. B	8. D	9. B	10. A
11. D	12. A	13. D	14. D	15. C
16. D	17. B	18. C	19. D	20. A
21. D	22. B	23. A	24. D	25. D
26. A	27. C	28. D	29. D	30. D
31. B	32. B	33. C	34. B	35. D
36. A	37. C	38. D	39. B	40. B
41. C	42. C	43. B	44. D	45. B
46. A	47. A	48. C	49. D	50. D

二、多项选择题

51. ACE	52. AB	53. ABC	54. ABCD	55. CDE
56. ABCE	57. ABC	58. ACDE	59. ACE	60. ABCD
61. ABC	62. ACDE	63. ABC	64. ABC	65. ACDE
66. BCDE	67. ABCD	68. CDE	69. ABCE	70. BCDE
71. ABC	72. ABD	73. ABCD	74. ABC	75. CDE
76. ABCD	77. ABDE	78. ABCD	79. CDE	80. ABCD

三、综合分析题

81. AD	82. C	83. B	84. A	85. C
86. ABC	87. D	88. A	89. B	90. ACD
91. ACD	92. C	93. BD	94. C	95. D
96. B	97. ABC	98. AB	99. C	100. ACD

实战模拟试卷（四）

一、单项选择题（共50题，每题1分。每题的备选答案中只有一个最符合题意，请在答题卡上涂黑其相应的编号）

1. 经纪服务方式从形式上看，（　　）与自营很相似，但是除经纪人自己买受委托物的情况外，大多数情况下经纪人都并未取得交易商品的所有权，它是依据委托人的委托而进行活动。

    A. 包销　　　　　　　　　　　　　　B. 代理

    C. 行纪　　　　　　　　　　　　　　D. 居间

2. 房地产经纪的主要方式是（　　）。

    A. 居间和包销　　　　　　　　　　　B. 居间和代理

    C. 包销和代理　　　　　　　　　　　D. 行纪和代理

3. 除法律法规另有规定外，（　　）是经纪人在完成经纪服务后取得的报酬，其支付时间由经纪人与委托人自行约定。

    A. 信息费　　　　　　　　　　　　　B. 佣金

    C. 酬金　　　　　　　　　　　　　　D. 红利

4. 房地产买卖经纪包括新建商品房销售代理、存量房买卖居间和代理，是目前我国房地产经纪活动的主要类型，并主要集中于（　　）房地产市场。

    A. 办公楼　　　　　　　　　　　　　B. 工业仓库

    C. 商业　　　　　　　　　　　　　　D. 住宅

5. 经纪作为一种特殊的商贸活动，具有区别于其他商贸活动的自身特性，主要表现不包括（　　）。

    A. 活动主体的专业性　　　　　　　　B. 活动地位的中介性

    C. 活动内容的服务性　　　　　　　　D. 活动范围的地域性

6. 房地产经纪人协理从业资格注册由（　　）负责。

    A. 国务院　　　　　　　　　　　　　B. 各省级注册管理机构

    C. 中国房地产估价师学会　　　　　　D. 房地产经纪人学会

7. 所谓自信，对于房地产经纪人员来讲，是指在（　　）基础上形成的一种职业荣誉感、成就感和执业活动中的自信力。

    A. 自知　　　　　　　　　　　　　　B. 实力

    C. 乐观　　　　　　　　　　　　　　D. 开朗

8. 道德包括客观和主观两个方面，主观方面是指人们的道德实践，包括（　　）、道德信念、道德判断、道德行为和道德品质等。

    A. 道德关系　　　　　　　　　　　　B. 道德理想

    C. 道德意识　　　　　　　　　　　　D. 道德标准

9. 房地产经纪活动中，为了协调每个职业与社会以及同一职业中各个主体之间的关系，就逐渐形成了（　　）。

    A. 执业理念　　　　　　　　　　　　B. 道德

C. 执业责任　　　　　　　　　　　　D. 职业道德

10. 合伙制房地产经纪机构的合伙人可以用(　　)出资。
   A. 货币、实物、工业产权、知识产权或者其他财产权利
   B. 货币、实物、土地使用权、工业产权或者其他财产权利
   C. 货币、实物、土地使用权、知识产权或者其工业产权
   D. 货币、实物、土地使用权、知识产权或者其他财产权利

11. 下列选项中，(　　)是指股东以其出资额为限对公司承担责任，公司以其全部资产对公司的债务承担责任。
   A. 有限责任公司　　　　　　　　　　B. 股份有限公司
   C. 合伙制房地产经纪机构　　　　　　D. 个人独资房地产经纪机构

12. 在(　　)中，房地产经纪机构与直接从事经营活动的组织之间的关系有两种，一种是隶属关系，另一种是契约合作关系。
   A. 无店铺经营模式　　　　　　　　　B. 单店经营模式
   C. 连锁经营模式　　　　　　　　　　D. 特许加盟连锁模式

13. 下列房地产经纪机构的组织结构形式中，(　　)组织结构形式的特点是在高层管理者之下按商品类型、地区或顾客群体设置若干分部或事业部，由高层管理者授予分部处理日常业务活动的权力。
   A. 直线-参谋制　　　　　　　　　　B. 分部制
   C. 矩阵制　　　　　　　　　　　　　D. 网络制

14. 售楼处的工作团队不包括(　　)。
   A. 推广人员　　　　　　　　　　　　B. 辅助人员
   C. 管理人员　　　　　　　　　　　　D. 销售人员

15. 房地产经纪机构的经营宏观环境分析的内容不包括(　　)。
   A. 金融制度和融资环境　　　　　　　B. 人力资源状况
   C. 法律层面　　　　　　　　　　　　D. 地方法规

16. 下列战略中，(　　)战略的前提思想是企业业务的专一化，能以更高的效率和更好的效果为某一狭窄的细分市场服务，从而超越在较广阔范围内竞争的对手们。
   A. 低成本　　　　　　　　　　　　　B. 聚焦
   C. 一体化成长　　　　　　　　　　　D. 多样化

17. 房地产经纪机构品牌的战略目标包括(　　)。
   A. 品牌承诺、品牌定位和品牌结构　　B. 品牌愿景、品牌承诺和品牌结构
   C. 品牌愿景、品牌定位和品牌承诺　　D. 品牌愿景、品牌定位和品牌结构

18. 品牌结构，即下属品牌组成，以及品牌与下属品牌的层次关系。其层次结构不包括(　　)。
   A. 企业品牌　　　　　　　　　　　　B. 事业品牌
   C. 个性品牌　　　　　　　　　　　　D. 产品品牌

19. 企业业务流程再造提出了(　　)的思想，即借助信息技术，以重整业务流程为突破口，将原先被分割得支离破碎的业务流程再"组装"起来。
   A. 合工　　　　　　　　　　　　　　B. 分工

C. 以业务为中心

D. 以业务为改造对象

20. 房地产经纪机构作为现代服务业的企业，其（　　）就是其最核心的"生产"场所，因而也是房地产经纪机构组织管理中的一个主要对象。

A. 办公地址选择

B. 办公场所

C. 区域分布

D. 办公室内部布局

21. 关于房地产经纪机构办公地址选择的表述有误的是（　　）。

A. 房地产经纪机构办公室的选址首先要考虑交通便利程度，比如距离地铁、公交线路较近，有一定的人流、车流量

B. 具体选择办公室地点时，必须以办公便利为指导

C. 办公室总部应该设在交通便利的地点，应考虑距离公司其他业务办公场所的远近问题，以及在那些业务部门里工作人员的方便程度

D. 如希望公众来办公室，则应该把办公室的标记制作得较为醒目，要保证有足够停车场地，需要给客户和员工足够的交谈空间

22. 房地产经纪机构的主体是（　　）。

A. 房地产估价师

B. 房地产经纪人

C. 房地产策划专员

D. 房地产投资顾问

23. 房地产经纪机构的风险管理，是指地产经纪机构对风险进行（　　），并在此基础上有效地处置风险，以最低成本实现最大安全保障的科学管理方法。

A. 预测、识别、分析

B. 识别、衡量、分析

C. 预测、衡量、分析

D. 识别、预测、衡量

24. 房地产经纪企业风险可大致分为的类型包括（　　）。

A. 信息欠缺引起的风险、个别风险和意外风险

B. 总体风险、信息欠缺引起的风险和意外风险

C. 总体风险、个别风险和意外风险

D. 总体风险、个别风险和承诺不当引起的风险

25. 房地产经纪业务根据标的房地产的用途类型进行划分，其划分类型不包括（　　）。

A. 商业房地产经纪业务

B. 产业房地产经纪业务

C. 住宅房地产经纪业务

D. 工业房地产经纪业务

26. 存量房经纪业务基本流程的客户开发方法中，最快最有效的开发方式是（　　）。

A. 发放广告宣传单

B. 电话及短信开发

C. 媒体开发

D. 同行开发

27. 房地产经纪人要善于从电话问询、当面倾谈、看房等服务过程中注意（　　）。

A. 客户的希望

B. 客户的需求

C. 客户的意愿

D. 客户的要求

28. 下列选项中，（　　）是房地产交易过程中最容易暴露问题和产生矛盾的一环。

A. 产权过户

B. 产权登记

C. 物业交接

D. 售后服务

29. 房地产经纪业务的基本流程中，（　　）是房地产经纪机构提高服务、稳定老客户的重要环节。

　　A. 佣金结算　　　　　　　　　　　　B. 产权调查

　　C. 产权过户　　　　　　　　　　　　D. 售后服务

30. 申请人申请预购商品房转让预告登记一般应当向登记机构提交的文件不包括（　　）。

　　A. 预告登记证明（原件）

　　B. 预购商品房预告登记的登记证明（原件）

　　C. 预购商品房权益转让书或预购商品房转让、抵债等合同（原件）

　　D. 契税凭证（原件）

31. 《物权法》规定，当事人约定买卖期房或者转让其他不动产物权的，债权人为限制债务人处分该不动产，保障将来取得物权，可以向登记机构申请预告登记，债权人已经支付（　　）以上价款或者债务人书面同意预告登记的，登记机构应当进行预告登记。

　　A. 1/5　　　　　　　　　　　　　　B. 1/4

　　C. 1/3　　　　　　　　　　　　　　D. 1/2

32. 从购房者的实际经济承受能力出发，根据国际经验，月还款额一般不应超过家庭总收入的（　　）。

　　A. 30%　　　　　　　　　　　　　　B. 40%

　　C. 50%　　　　　　　　　　　　　　D. 70%

33. 最高最佳使用的分析过程实质上是一个不断过滤的过程，它通过对（　　）这四个标准的逐项检验来确定标的房地产的最高最佳用途。

　　A. 经济允许、物质条件可能、法律上可行和能产生最高价值

　　B. 经济允许、物质条件可能、经济上可行和能产生最高价值

　　C. 法律允许、物质条件可能、方案上可行和能产生最高价值

　　D. 法律允许、物质条件可能、经济上可行和能产生最高价值

34. 标的房地产现有建筑物的改良方案中，对现有建筑物进行全面整修，使建筑物从内到外全面更新指的是（　　）。

　　A. 修缮　　　　　　　　　　　　　　B. 改造

　　C. 翻新　　　　　　　　　　　　　　D. 改变用途

35. 房屋租赁当事人应在租赁合同签订后（　　）日内持有关文件到市、县人民政府房地产管理部门申请办理登记。

　　A. 20　　　　　　　　　　　　　　　B. 10

　　C. 30　　　　　　　　　　　　　　　D. 15

36. 由于房地产交易的复杂性，以及房地产市场的动荡，合同签置后一方毁约的现象经常发生，这是房地产交易中一项巨大的风险。而房地产经纪机构如能提供（　　）服务，则可有效降低这一风险发生的概率。

　　A. 质量保证　　　　　　　　　　　　B. 履约保证

　　C. 高氯离子瑕疵保障　　　　　　　　D. 漏水保固

37. 根据合同条款的表现形式，合同条款可以分为（　　）。

　　A. 主要条款和普通条款　　　　　　　B. 实体条款和程序条款

　　C. 明示条款和默示条款　　　　　　　D. 有责条款和免责条款

38. 房地产买卖行为一般不包括（　　）。

A. 投资新建房地产期权的房屋买卖   B. 现房买卖

C. 存量房地产的买卖   D. 享受政府优惠补贴建设的房屋买卖

39. 房地产经纪服务合同不规范造成的纠纷原因不包括(　　)。

A. 房地产交易行为与经纪行为混淆   B. 居间行为与代理行为混淆

C. 经纪服务合同的权利义务不等   D. 房地产经纪人的失信、失职

40. 房地产经纪信息的重要性不包括(　　)。

A. 房地产经纪信息是房地产经纪机构的重要资源

B. 房地产经纪信息是房地产经纪服务的重要内容

C. 房地产经纪信息是房地产经纪机构实力的重要标志

D. 房地产经纪信息是房地产经纪服务的基本内容

41. 房地产经纪信息的整理程序中,(　　)是对房地产经纪信息的准确性、真实性、可信性进行分析,判断误差的大小和时效的高低,剔除人为、主观的部分,使之准确、客观。

A. 筛选   B. 整序

C. 鉴别   D. 编辑

42. 房地产经纪信息管理系统设计的原则中,(　　)原则要求房地产经纪信息管理系统的设计,在提供信息共享平台的基础上,构筑协同办公的平台。

A. 网络化   B. 协同

C. 共享   D. 积累

43. MLS系统类型中,(　　)系统几乎包括了一个国家或地区内所有的房地产经纪机构及房地产经纪人,影响力较大。

A. 国际性的MLS   B. 全国性的MLS

C. 企业内部的MLS   D. 企业之间的MLS

44. 房地产经纪人员和机构在进行任何房地产经纪活动时,都应当遵循(　　)等原则。

A. 效率、平等、自愿、公平、诚信、保密、回避

B. 合法、效率、自愿、公平、诚信、保密、回避

C. 合法、平等、效率、公平、诚信、保密、回避

D. 合法、平等、自愿、公平、诚信、保密、回避

45. 在房地产经纪活动中,房地产经纪执业的合法原则主要体现的方面不包括(　　)。

A. 房地产经纪活动当事人的法律地位平等

B. 房地产经纪执业行为必须合法

C. 从事房地产经纪活动的机构资质和人员资格必须合法

D. 房地产经纪促成交易的房地产必须合法

46. 房地产经纪机构、房地产经纪人员应当严格保守委托人的商业秘密或者个人隐私,不得擅自将委托人提供的资料公开或者泄漏给他人,体现了房地产经纪执业的(　　)原则。

A. 公平   B. 诚信

C. 回避   D. 保密

47. 房地产经纪人和房地产经纪机构在经营活动中,刑事责任重在(　　),对刑事责任的追究非常注重行为的主观要件。

A. 补偿性   B. 惩罚性

C. 强制性 　　　　　　　　　　　　　　D. 严惩性

48. 下列选项中，（　　）是人民政府房地产经纪管理部门、房地产经纪行业组织对房地产经纪活动主体、房地产经纪行为等实施的管理，其目的在于规范房地产经纪行为，协调房地产经纪活动相关当事人（如房地产经纪机构、房地产经纪人员、房地产经纪活动服务对象）之间的关系。

A. 房地产经纪的企业管理 　　　　　　　B. 房地产经纪管理

C. 房地产经纪信息管理 　　　　　　　　D. 房地产经纪行业管理

49. 在（　　）模式下，管理手段相对较为丰富，法律、行政、经济和自律等手段都有所运用。

A. 行业自治 　　　　　　　　　　　　　B. 行政主管

C. 行政与行业自律并行管理 　　　　　　D. 混合

50. 下列选项中，（　　）是我国房地产估价和经纪行业全国性的自律组织，主要由从事房地产估价和经纪活动的专业人士和专业机构组成，依法对房地产估价和经纪行业进行自律管理。

A. 同业公会 　　　　　　　　　　　　　B. 地产代理商协会

C. 地产代理专业协会 　　　　　　　　　D. 中国房地产估价师与房地产经纪人学会

二、**多项选择题**（共 30 题，每题 2 分。每题的备选答案中有两个或两个以上符合题意，请在答题卡上涂黑其相应的编号。错选不得分；少选且选择正确的，每个选项得 0.5 分）

51. 1978 年到现在这一时期，我国内地房地产经纪业的发展可以划分的阶段包括（　　）。

A. 萌芽阶段 　　　　　　　　　　　　　B. 传统阶段

C. 崛起阶段 　　　　　　　　　　　　　D. 扩张阶段

E. 盘整阶段

52. 我国台湾地区房地产经纪业在中介发展时期，行业发展的特点有（　　）。

A. 拓展项目，全面服务 　　　　　　　　B. 提供虚假信息

C. 调整薪奖，注重品牌 　　　　　　　　D. 不合理收费

E. 同业联盟，交易安全

53. 按照《国民经济行业分类》（GB/T 4754—2002），中国的国民经济被划分为 21 个门类，98 个大类。其中房地产业作为一个单独的大类，又包括的小类为（　　）。

A. 农产品经纪 　　　　　　　　　　　　B. 其他房地产活动

C. 房地产中介服务业 　　　　　　　　　D. 物业管理业

E. 房地产开发经营业

54. 房地产经纪人员负有的义务包括（　　）。

A. 遵守法律、法规、行业管理规定和职业道德

B. 不得同时受聘于两个或两个以上房地产经纪机构执行业务

C. 向委托人披露相关信息，充分保障委托人的权益，完成委托业务

D. 为委托人保守机构隐私及商业秘密

E. 接受职业继续教育，不断提高业务水平

55. 房地产经纪人员的心理素质包括（　　）。

A. 自知、自信 　　　　　　　　　　　　B. 乐观、开朗

C. 积极、主动   D. 坚韧、奋进

E. 合作、竞争

56. 房地产经纪机构的设立应符合(   )等法律法规及其实施细则和工商登记管理的规定。

     A. 《中华人民共和国公司法》   B. 《中华人民共和国合伙企业法》

     C. 《中华人民共和国个人独资企业法》   D. 《中外合资经营企业法》

     E. 《中外合作经营企业法》

57. 近十年来，在我国沿海发达地区的特大城市，房地产经纪服务的对象的变化趋势包括(   )。

     A. 连锁经营的大型、超大型房地产经纪机构出现

     B. 为数众多的采用单店模式甚至单人模式的小型房地产经纪机构

     C. 特许经营模式迅猛发展

     D. 投资性购房客户群体增加

     E. 购房群体中高收入群体比重加大

58. 房地产经纪机构的直线-参谋制组织结构形式的缺点是(   )。

     A. 职能部门重叠，管理人员增多，费用开支大

     B. 不利于培养高层管理者的后备人才

     C. 职能机构和人员相互间的沟通协调性差，各自的观点有局限性

     D. 只有高层管理者对组织目标的实现负责，各职能机构都只有专业管理的目标

     E. 高层管理者高度集权，难免决策迟缓，对环境变化的适应能力差

59. 房地产经纪门店形象设计的基本原则有(   )。

     A. 符合经纪机构的形象宣传

     B. 注重个性化

     C. 注重人性化

     D. 保证良好的展示性

     E. 内部设计风格要与外观风格保持一致

60. 房地产经纪企业品牌管理的内容主要包括(   )。

     A. 品牌创建   B. 品牌推广

     C. 品牌定位   D. 品牌识别

     E. 品牌核心价值的确定

61. 房地产经纪机构的经营环境分析的内容包括 (   )

     A. 宏观环境分析   B. 微观行业环境分析

     C. 风险分析   D. 管理制度分析

     E. 市场分析

62. 房地产经纪机构经营模式的选择包括(   )。

     A. 客户类型的选择   B. 业务领域的选择

     C. 规模化经营方式选择   D. 企业规模的确定

     E. 组织结构的选择

63. 房地产经纪企业对企业规模的选择着重考虑经营规模与(   )方面因素的匹配程度。

     A. 业务领域   B. 管理水平

　　C. 信息资源　　　　　　　　　　　　D. 人力资源

　　E. 客户类型

64. 加强房地产经纪机构财务管理的途径有（　　）。

　　A. 加强质量管理

　　B. 加强成本管理

　　C. 各项决策包括筹资决策、投资决策、经营决策等要在保证企业持续经营和发展的基础上进行

　　D. 建立健全会计信息和统计信息相结合的电算化管理

　　E. 建立健全以财务管理为核心的管理体系

65. 房地产经纪机构人力资源管理的特征有（　　）。

　　A. 合法性　　　　　　　　　　　　　B. 双赢性与互惠性

　　C. 战略性与全面性　　　　　　　　　D. 间断性

　　E. 人本性

66. 存量房经纪业务基本流程中，客户开发的方法包括（　　）。

　　A. 发放广告宣传单　　　　　　　　　B. 展销会

　　C. 驻守　　　　　　　　　　　　　　D. 陌生拜访和物业拜访

　　E. 网络开发

67. 关于房地产经纪的业务洽谈要求，说法正确的有（　　）。

　　A. 业务洽谈的首要环节是倾听客户的陈述

　　B. 要充分了解客户的意图与要求，把握委托方的心理状况，同时衡量自身接受委托、完成任务的能力

　　C. 要向客户告知自己及房地产经纪机构的姓名、名称、资格以及按房地产经纪执业规范必须告知的所有事项

　　D. 要就经纪方式、佣金标准、服务标准以及拟采用的经纪服务合同类型及文本等关键事项与客户协商，达成委托意向

　　E. 要耐心地听，以示尊重；谨慎地问，以增进沟通；热情地说，以施加影响

68. 随着互联网的迅速发展，中国网民数量已跃升至世界第一位，互联网已成为各类信息传播的重要渠道。目前（　　）是房源发布的主要网络渠道。

　　A. 雅虎　　　　　　　　　　　　　　B. 安居客

　　C. 搜狐焦点　　　　　　　　　　　　D. 新浪

　　E. 搜房

69. 申请人申请以预购商品房设定抵押的预告登记一般应当向登记机构提交的文件有（　　）。

　　A. 房地产登记申请书（原件）

　　B. 当事人身份证明（原件及复印件）

　　C. 预购商品房预告登记证明（原件及复印件）

　　D. 抵押担保的主债权合同（原件）

　　E. 契税完税凭证（原件）

70. 房地产细分市场供求分析的基本步骤包括（　　）。

A. 投资标的房地产价格分析   B. 确定细分市场

C. 预测供给量   D. 预测需求量

E. 分析需求与供给的相对关系

71. 房地产经纪人员从事房地产价格咨询，除了要充分发挥自身优势外，还要结合房地产价格咨询业务的特点掌握房地产价格评估的基本原则和（　　）等估价基本方法，熟悉房地产价格咨询的程序。

A. 最高最佳使用分析   B. 价格走势分析

C. 成本法   D. 收益法

E. 市场比较法

72. 优先权是指在相同的价款、支付方式、期限等同等条件下优于他人购买的权利。享有房地产优先购买权的人包括（　　）。

A. 房地产共有人   B. 房屋承租人

C. 房地产估价师   D. 房地产策划专员

E. 房地产投资顾问

73. 房地产居间合同中委托人的义务包括（　　）。

A. 如实报告的义务   B. 尽力提供居间服务的义务

C. 保守秘密的义务   D. 支付报酬的义务

E. 支付必要费用的义务

74. 房地产代理合同的主要特征包括（　　）。

A. 房地产代理合同属于委托代理合同

B. 代理合同是指代理人向委托人提供订立合同的媒介服务

C. 房地产代理合同属于商事代理合同

D. 代理合同是以介绍委托人与第三人订立合同为目的

E. 代理人可以同时接受一方或相对两方委托人的委托，向一方或相对两方委托人提供代理服务

75. 房地产经纪信息的特征有（　　）。

A. 共享性   B. 时效性

C. 多维性   D. 间断性

E. 积累性

76. MLS 系统的作用包括（　　）。

A. 有利于提高房地产经纪服务的效率   B. 有利于规范行为

C. 有利于有效管理   D. 有利于市场监控

E. 有利于提高公司利润

77. 在房地产经纪活动中，房地产经纪执业的公平原则主要体现在（　　）。

A. 房地产经纪机构及人员要诚实，不弄虚作假，不欺诈，进行正当竞争

B. 房地产经纪活动当事人意志自由，自主决定房地产经纪服务的有关事项

C. 房地产经纪机构与委托人的权利和义务对等，利益关系均衡

D. 房地产经纪机构获得经纪业务的机会平等

E. 房地产经纪活动当事人对自己的真实意思负责，自愿做出的承诺具有法律效力

78. 房地产经纪人员执业中，承担侵权责任的主要方式有（　　）。

    A. 正当防卫   B. 紧急避险

    C. 停止侵害   D. 赔偿损失

    E. 消除危险

79. 房地产经纪行业的专业性管理主要体现在（　　）。

    A. 对房地产经纪活动主体实行专业资质、资格管理

    B. 对房地产经纪人员的职业风险进行管理

    C. 重视房地产经纪管理的地域性

    D. 房地产经纪业执业规范

    E. 房地产经纪收费

80. 完善、优化房地产经纪行业管理体制的内容包括（　　）。

    A. 以合法经营、规范运作、公平竞争为基本标准

    B. 从法律层级上解决上位法缺失的问题

    C. 建立房地产经纪行业管理专项法规

    D. 建立科学的行业管理模式

    E. 改变多头管理、各行其政现状，理顺行业管理体系

三、**综合分析题**（共20小题，每小题2分。每小题的备选答案中有一个或一个以上符合题意，请在答题卡上涂黑其相应的编号。错选不得分；少选且选择正确的，每个选项得0.5分）

（一）

    赵某曾是某市一家房地产经纪公司的房地产经纪人。在长期的业务实践中，赵某发现外国人的租赁经纪业务是该市房地产中介市场中的一个空白点。2008年3月，赵某辞去原工作，发起设立了乙房地产经纪公司（以下简称乙公司），专门为在本市的外国人提供租赁经纪服务。经过几年的发展，到2009年，乙公司已经成为该市的一家大型房地产经纪公司，其组织结构如下图：

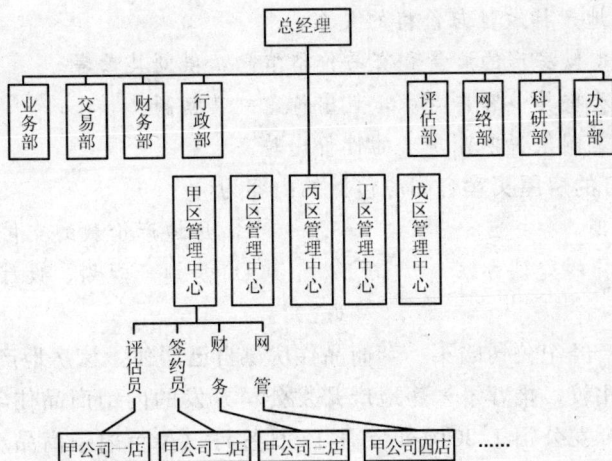

    从2010年开始，乙公司顺应行业发展变化，内部信息系统采用了公盘制（即所有房源信息完全共享）。

81. 甲公司采用公盘制，符合房地产经纪信息的（   ）特征。

    A. 时效性   B. 多维性

    C. 积累性   D. 共享性

82. 从图中可以看出，乙公司的组织结构形式为（   ）。

    A. 直线-参谋制   B. 分部制

    C. 矩阵制   D. 网络制

83. 从图中还可以看出，乙公司的经营模式为（   ）。

    A. 网上联盟经营模式   B. 单店经营模式

    C. 多店经营模式   D. 连锁店经营模式

（二）

A 房地产经纪公司（以下简称 A 公司）是一家知名的房地产经纪机构，宋某是 A 公司的地产经纪人。业主孙某委托 A 公司以孙某名义销售自己的一处房产。宋某与孙某进行洽谈，最终 A 公司同意为孙某销售其房产。随后，A 公司在一家报纸上刊登了有关孙某房产信息的广告。不久，刘某来到了 A 公司要求购买孙某的房产，宋某接待了他。经过谈判，刘某和孙某在三天后签订了房屋买卖合同。

84. 下列关于 A 公司销售孙某房产业务的表述中，正确的为（   ）。

    A. A 公司是孙某房产的所有人   B. 此项经纪业务为房地产代理

    C. 此项经纪业务为房地产居间   D. 此项经纪业务为房地产广告

85. 宋某在接待刘某时，正确的做法为（   ）。

    A. 为客户刘某着想，向刘某承诺可以帮助把房价压低一些

    B. 了解刘某的购房要求，并进行详细记录

    C. 在刘某希望看房时，吴某要求刘某按公司规定交 500 元 "看房费"

    D. 如果刘某没有提出看房的要求，吴某可以不带刘某去看房

86. 刘某在看过孙某房产后很喜欢该房产，但又觉得价格稍高而一时拿不定主意。此时宋某正确的做法为（   ）。

    A. 向刘某解释房地产稀缺性与价格的关系

    B. 准确提供周边类似房产的质量和交易价格信息，供刘某参考

    C. 叫同事打电话称有其他客户看房，且出价比刘某稍高

    D. 利用已成交的案例来说明此房产的性价比较高

87. 孙某与刘某所签订的房屋买卖合同应包括的内容为（   ）。

    A. 房地产交付日期   B. 房地产价款的支付方式

    C. 房地产面积差异的处理办法   D. 房地产规划、设计变更的约定

（三）

刘×委托甲房地产经纪公司购买一套商品住房供自己居住，该房地产经纪公司的执业房地产经纪人李×经过比较，推荐了×房地产开发公司开发的内销商品住宅，刘×同意购买。于是李×与×房地产开发公司于 2010 年 4 月 12 日签订《A 市内销商品房预售合同》。刘×将佣金交给李×，并将全部购房款交给×房地产开发公司，该开发公司于 2010 年 10 月 18 日将刘×所购商品住房交付其使用。

88. 刘×与甲房地产经纪公司之间的业务关系属于（   ）。

A. 代理   B. 居间

C. 经纪   D. 代办

89. 李×与刘×在进行业务洽谈时，应事先确定的事项有（　　）。

A. 拟采用的经纪合同类型   B. 佣金标准

C. 服务标准   D. 刘×与甲房地产经纪公司的佣金分成

90. 李×在与×房地产开发公司进行业务洽谈时为确保刘×了解和掌握该开发公司的主体资格、生产经营状况及信誉，应查验公司的（　　）证件。

A. 营业执照   B. 商品房预售许可证

C. 建筑工程施工许可证   D. 售楼说明书

91. 《商品房预售合同》应由（　　）向政府管理部门登记备案。

A. 刘×   B. 李×

C. 甲房地产经纪公司   D. ×房地产开发公司

92. 刘×取得所购商品住房所有权的日期为（　　）的日期。

A. 商品房预售合同签订   B. 商品房预售合同生效

C. 刘×所购商品房住房竣工   D. 取得房屋权属证明

（四）

小明欲购买一套商品住房，看中了某个商品住宅项目找到该项目售楼处，向销售人员咨询了如下问题。假设你是该楼的销售人员，请予以回答。

93. 购买其中标价 3000 元/m²、面积为 100 m² 的一套住房如果按要求交付了 20% 的首付款，余额全部向银行抵押贷款，贷款 10 年。按月等额偿还，月还款额为（　　）元（假定银行贷款年利率 5%）。

A. 2000.0   B. 2500.0

C. 2546.6   D. 2590.0

94. 购买上述住房所需的贷款额不知能否足额贷到，银行确定其最高贷款金额的依据是（　　）。

A. 不超过按照最高偿还比率计算出的金额

B. 不超过按照最高贷款价值比率计算出的金额

C. 不超过住房公积金的最高贷款限额

D. 不超过购房首付款的 3 倍

95. 购买上述住房的购房款可以采用下列方式支付，如果不考虑支付能力对购房人最有利的付款方式是（　　）（假定年折现率为 5%）。

A. 现在一次性付款价格优惠 5%

B. 首付 20%，余款分两期每隔半年支付一次

C. 首付 10 万元，余款分两期每隔半年支付一次

D. 一年后一次性付款不给优惠

96. 向银行申请抵押贷款、银行通常要求借款人购买有关保险，其理由是（　　）。

A. 用以抵押的房地产有可能毁损、灭失

B. 用以抵押的房地产的价值有可能随经济不景气而降低

C. 借款人有可能死亡或丧失劳动能力

D. 借款人可能因失业等原因而不能获得预期收入

（五）

赵×与丙房地产经纪机构（以下简称丙）签订房地产经纪合同，约定将其房屋委托给丙，出售期限是自合同签订之日起至 2010 年 3 月 21 日止。丙在合同期限内未将房屋卖出，赵×也未与丙办理继续委托手续。2010 年 7 月 10 日，丙为赵×物色到买家之后并以赵×的名义与乙签订了房屋买卖合同，2010 年 7 月 20 日，丙通知了赵×，赵×当日办理了产权过户等手续。

97. 丙以赵×的名义与乙签订房屋买卖合同属于（   ）行为。

  A. 无权代理   B. 越权代理

  C. 有权代理   D. 表见代理

98. 2010 年 7 月 10 日时，房屋买卖合同的效力为（   ）。

  A. 有效   B. 无效

  C. 部分有效   D. 效力待定

99. 2010 年 7 月 20 日时，房屋买卖合同的效力为（   ）。

  A. 有效   B. 无效

  C. 部分有效   D. 效力待定

100. 赵×办理了产权过户等手续属于（   ）行为。

  A. 明示   B. 默示

  C. 追认房屋买卖合同效力   D. 追认房地产经纪合同效力

实战模拟试卷（四）参考答案

一、单项选择题

1. C	2. B	3. B	4. D	5. D
6. B	7. A	8. C	9. D	10. D
11. A	12. C	13. B	14. A	15. B
16. B	17. D	18. C	19. A	20. B
21. B	22. B	23. B	24. C	25. B
26. D	27. A	28. C	29. D	30. B
31. D	32. A	33. D	34. C	35. C
36. B	37. C	38. D	39. D	40. B
41. C	42. B	43. B	44. D	45. A
46. D	47. B	48. D	49. A	50. D

二、多项选择题

51. ACDE	52. ACE	53. BCDE	54. ABCE	55. ABCD
56. ABC	57. DE	58. BCDE	59. ABC	60. BCDE
61. ABE	62. CDE	63. BCD	64. BCDE	65. ABCE
66. ACDE	67. ACD	68. BCDE	69. ABCD	70. BCDE
71. CDE	72. AB	73. DE	74. AC	75. ABCE
76. ABCD	77. CD	78. CDE	79. ABC	80. DE

三、综合分析题

81. D	82. B	83. D	84. B	85. B
86. AD	87. AB	88. A	89. ABC	90. ABC
91. D	92. D	93. C	94. AB	95. A
96. ACD	97. A	98. D	99. A	100. BCD

实战模拟试卷（五）

一、单项选择题 （共 50 题，每题 1 分。每题的备选答案中只有一个最符合题意，请在答题卡上涂黑其相应的编号）

1. 在经济活动中，具体指自然人、法人和其他经济组织通过一定的服务方式，促成委托人与他人交易，并向委托人收取佣金的经济活动是（　　）。
   A. 行纪　　　　　　　　　　　　　B. 居间
   C. 经纪　　　　　　　　　　　　　D. 代理

2. 经纪收入的基本来源是（　　）。
   A. 佣金　　　　　　　　　　　　　B. 信息费
   C. 差价　　　　　　　　　　　　　D. 工资

3. 就房地产经纪而言，如按服务方式分类，房地产经纪主要分为房地产居间与（　　）两大类。
   A. 房地产咨询　　　　　　　　　　B. 房地产投资
   C. 房地产代理　　　　　　　　　　D. 房地产行纪

4. 房地产转让最主要的特征是（　　）。
   A. 使用权发生转移　　　　　　　　B. 发生权属变化
   C. 房地产买卖　　　　　　　　　　D. 房地产租赁

5. "现代服务业"主要指依托电子信息等高技术或现代经营方式和组织形式而发展起来的服务业，既包括新兴服务业，也包括对传统服务业的技术改造和升级。其中属于其新兴服务业的是（　　）。
   A. 电信　　　　　　　　　　　　　B. 现代物流
   C. 金融　　　　　　　　　　　　　D. 中介服务

6. 我国参照了国际上的通行做法，把房地产经纪人员职业资格分为房地产经纪人执业资格和（　　）。
   A. 房地产经纪营业员从业资格　　　B. 房地产营业员从业资格
   C. 房地产经纪人协理从业资格　　　D. 房地产代理执业资格

7. 由于房地产经纪活动的专业性和复杂性，房地产经纪人员必须拥有完善的知识结构。这一知识结构的最外层则是对房地产经纪人员的（　　）。
   A. 文化修养和心理素质产生潜移默化影响的人文（如文学、艺术、哲学等）和心理方面的知识
   B. 房地产经纪专业知识
   C. 房地产经纪的基本理论与实务知识
   D. 与房地产经纪有关的基础知识

8. 房地产经纪人必须掌握良好的人际沟通技能，其人际沟通技能的内容不包括（　　）。
   A. 了解对方心理活动和基本想法的技能
   B. 适当运用向对方传达意思方式（如语言、表情、身体动作等）的技能
   C. 对日常得到的信息进行鉴别的能力

D. 把握向对方传达关键思想的时机的技能

9. 与普通的商业服务业相比，房地产经纪人员及其就职的房地产经纪机构，并不实际占有具有实体物质形态的商品，要想使买卖双方相信自己的最基本要素就是"诚"。"诚"的第一要义是(　　)，即真心以客户的利益为己任。

    A. 诚心   B. 坦诚

    C. 真诚   D. 诚实

10. 不属于房地产经纪机构特点的是(　　)。

    A. 房地产经纪机构是企业性质的中介服务机构

    B. 房地产经纪机构是轻资产类型企业

    C. 房地产经纪机构的企业规模具有巨大的可选择范围

    D. 房地产经纪机构是重资产类型企业

11. 我国房地产经纪行业中较早发展起来，且市场参与度尚不够高的房地产经纪机构是(　　)。

    A. 存量房经纪业务为主的房地产经纪机构

    B. 新建商品房经纪业务为主的房地产经纪机构

    C. 策划、顾问业务为主的房地产经纪机构

    D. 综合性房地产经纪机构

12. 根据房地产经纪机构是否有店铺，可将房地产经纪机构的经营模式分为无店铺模式和有店铺模式两大基本类型，下列关于单店模式和多店模式中"店"的描述，正确的是(　　)。

    A. 单店模式和多店模式中的"店"指的是"门店"

    B. 单店模式和多店模式中的"店"不是指作为经纪机构经营活动的具体组织单元

    C. 单店模式和多店模式中的"店"不可以是经纪机构下属的分支机构

    D. 单店模式和多店模式中的"店"可以是独立的房地产经纪公司

13. 下列工作中，不属于房地产经纪机构销售员岗位工作的是(　　)。

    A. 全力完成公司下达的各项工作指标

    B. 自觉遵守公司制定的一切规章制度，对同事的不良行为不包庇、不纵容

    C. 具有高尚品质，良好的职业道德及行为准则；对公司忠诚，杜绝各种不良习气及损害消费者与公司利益行为的发生

    D. 积极参加公司对员工的各项专业知识方面的培训并争取优良成绩

14. 关于房地产经纪门店客流类型的表述有误的是(　　)。

    A. 自身的客流，指专门为购房或租房而寻求中介的客流

    B. 分享客流，指从临近的竞争对手的客流中获得的客流

    C. 派生客流，指事先没有购买目标，无意中进店了解相关知识及信息等所形成的客流

    D. 潜在客流，指无意中进店了解相关知识及信息等所形成的客流

15. 企业的资源可以分为内部资源和外部资源，下列属于内部资源的是(　　)。

    A. 产业资源   B. 人力资源

    C. 行业资源   D. 市场资源

16. 关于品牌特点的表述有误的是(　　)。

A. 特定的品牌只和特定的产品或企业联系在一起，品牌具有独立性

B. 品牌具有品牌价值

C. 品牌具有丰富的内涵

D. 品牌塑造需要一个过程

17. 一个品牌必须要有自己核心的品牌价值，也就是(　　)。

    A. 品牌定位　　　　　　　　　　　　B. 品牌识别

    C. 品牌承诺　　　　　　　　　　　　D. 品牌维护

18. 客户服务支持管理功能不包括(　　)。

    A. 客户账号管理　　　　　　　　　　B. 服务合约管理

    C. 服务请求管理　　　　　　　　　　D. 客户分类管理

19. 房地产经纪机构经营管理的首要任务是(　　)。

    A. 品牌建立　　　　　　　　　　　　B. 品牌维护

    C. 选择恰当的经营模式　　　　　　　D. 设立门店

20. 房地产经纪企业资金回收与分配管理是指企业对有效回收资金和合理分配资金所进行的管理活动。活动内容主要包括两个方面，一是加强产品（服务）销售管理，最大限度地回收货币资金，二是(　　)。

    A. 对资金占用和耗费进行管理　　　　B. 对回收资金进行合理地分配

    C. 对外投资的管理　　　　　　　　　D. 对筹资量的确定

21. 房地产经纪机构的人力资源管理的最终目标是 (　　)。

    A. 提高员工个人和企业整体的业绩　　B. 促进企业目标的实现

    C. 创造理想的企业环境　　　　　　　D. 帮助企业实现竞争环境下的具体目标

22. 下列薪酬支付方式中，可以保障底薪，维持最低所得，对业务员生活最有保障，人员流动率最低，与顾客的关系容易保持常态的是(　　)。

    A. 固定薪金制　　　　　　　　　　　B. 佣金制

    C. 混合制　　　　　　　　　　　　　D. 信息费制

23. 当房地产行情变化会直接影响到房地产经纪机构的经营情况时，体现了企业风险中的(　　)风险。

    A. 政策　　　　　　　　　　　　　　B. 市场

    C. 经营　　　　　　　　　　　　　　D. 决策

24. 房地产经纪机构风险规避过程的步骤构成不包括(　　)。

    A. 针对现有风险进行进一步分析　　　B. 根据调研结果，草拟消除风险的方案

    C. 将该方案与相关人员讨论，并报上级批准　　D. 实施该方案

25. 房地产卖方代理的委托人不包括(　　)。

    A. 承租房屋的租客　　　　　　　　　B. 出租房屋的业主

    C. 房地产开发商　　　　　　　　　　D. 存量房的所有者

26. 存量房经纪业务的基本共性是(　　)。

    A. 客户比较分散

    B. 标的通常是一个楼盘

    C. 标的房地产以单宗房地产为主

　　D. 标的通常是一个楼盘的某一部分的批量化房地产商品

27. 房地产经纪人受理委托业务后，收集标的物业信息不包括标的物业的（　　）方面的信息。

　　A. 价格状况

　　B. 环境状况

　　C. 物质状况

　　D. 权属状况

28. 在房地产经纪的业务流程中，当引领买方（承租方）看房时，经纪人首先要（　　）。

　　A. 建立信心

　　B. 客观展示房屋

　　C. 将房屋的优缺点尽量列在表上

　　D. 胸有成竹，能作答客户提出的问题

29. 新建商品房销售代理业务基本流程中，（　　）阶段在后期还要完成商品房交验（俗称"交房"）的工作。

　　A. 项目结算

　　B. 销售执行

　　C. 销售准备

　　D. 项目执行企划

30. 申请人申请公有住房出售的转移登记，一般应当向登记机构提交的文件不包括（　　）。

　　A. 契税完税凭证（原件）

　　B. 房屋平面图（原件两份）

　　C. 房地产买卖合同（原件）

　　D. 公有住房价格出售计算表（原件）

31. 目前，个人住房贷款形式主要有（　　）。

　　A. 政策性银行贷款、商业贷款和个人住房组合贷款

　　B. 公积金贷款、政策性银行贷款和个人住房组合贷款

　　C. 公积金贷款、商业贷款和个人住房组合贷款

　　D. 公积金贷款、商业贷款和政策性银行贷款

32. 房地产细分市场供求分析的基本步骤中，投资标的房地产的产品分析主要从产品的（　　）四个方面进行分析。

　　A. 物质特征、市场区域、区位和市场吸引力

　　B. 物质特征、权属特征、区位和市场吸引力

　　C. 市场区域、权属特征、区位和市场吸引力

　　D. 物质特征、权属特征、市场区域和市场吸引力

33. 房地产是一种稀缺资源，无论是社会还是权利人都希望能发挥其最大的效益，并根据这种期望确定土地利用方式，体现了房地产估价的（　　）。

　　A. 合法原则

　　B. 最高最佳使用原则

　　C. 均衡原则

　　D. 适合原则

34. 根据房地产经纪所促成的房地产交易的不同方式，房地产经纪机构所开展的房地产法律咨询服务可分为（　　）等。

　　A. 商品房交易法律咨询、房地产买卖法律咨询、房地产租赁法律咨询、房地产抵押法律咨询

　　B. 房地产融资法律咨询、商品房交易法律咨询、房地产租赁法律咨询、房地产抵押法律咨询

　　C. 房地产融资法律咨询、房地产买卖法律咨询、商品房交易法律咨询、房地产抵押法律咨询

　　D. 房地产融资法律咨询、房地产买卖法律咨询、房地产租赁法律咨询、房地产抵押法律咨询

35. 房屋所有权即房屋产权，包含占有、使用、收益、处分四项权能，其中（　　）是房屋所有权的核心。
   A. 占有权   B. 使用权
   C. 收益权   D. 处分权

36. 房屋租赁期限在（　　）个月以上的房屋租赁合同应该采用书面形式。
   A. 5   B. 6
   C. 3   D. 7

37. 下列作用中，不属于房地产经纪服务合同作用的是（　　）。
   A. 有效保障合同当事人的合法权益   B. 维护和保证市场交易的安全
   C. 维护和保证市场交易的秩序   D. 有效保障合同当事人利益最大化

38. 房地产经纪合同的免责条款特征不包括（　　）。
   A. 免责条款具有约定性   B. 免责条款具有预先性
   C. 免责条款具有明示性   D. 免责条款具有权威性

39. 房地产买方代理的义务是（　　）。
   A. 为委托人买到最低价格的房地产
   B. 实现标的物业的最高出售价格
   C. 在预定的价格下，买到适合的房地产
   D. 为委托人买到适宜价格的房地产

40. 房地产经纪信息是指反映房地产经纪活动并为房地产经纪活动服务的信息。它通常包括（　　）。
   A. 房源信息、客户信息、房地产市场信息和房地产经纪行业信息
   B. 交易信息、客户信息、房地产市场信息和房地产经纪行业信息
   C. 房源信息、交易信息、房地产市场信息和房地产经纪行业信息
   D. 房源信息、客户信息、交易信息和房地产经纪行业信息

41. 不属于房地产经纪信息管理原则的是（　　）。
   A. 重视房地产经纪信息的系统性   B. 加强房地产经纪信息的目的性
   C. 提高房地产经纪信息的时效性   D. 实现房地产经纪信息的完整性

42. 为了降低房地产经纪信息的发布成本，在发布信息时首先应（　　）。
   A. 明确发布任务和目标   B. 决定投入资金的多少
   C. 选择信息投放及媒体   D. 注意信息的完整性和准确性

43. 房地产经纪信息计算机管理系统中，（　　）系统通过对信息化的原始数据进行科学的加工处理，运用一定的计算模型，为管理和决策提供基础数据支持。
   A. 数据管理   B. 流程控制
   C. 辅助决策   D. 业务处理

44. 房地产经纪执业规范主要依靠房地产经纪从业人员的（　　）来自觉遵守，当然也靠社会的舆论力量和职业教育来维持。
   A. 信念、行为及行业自律   B. 信念、习惯及行为
   C. 信念、习惯及行业自律   D. 行为、习惯及行业自律

45. 房地产经纪活动中的（　　）原则，指在房地产经纪活动中所有当事人法律地位平等，任

何一方不得把自己的意志强加给对方。

A. 公平　　　　　　　　　　　　　　B. 自愿

C. 诚信　　　　　　　　　　　　　　D. 平等

46. 房地产经纪机构对合作完成的经纪业务承担的责任是（　　）。

A. 赔偿责任　　　　　　　　　　　　B. 连带责任

C. 违约责任　　　　　　　　　　　　D. 侵权责任

47. 下列违约行为中，（　　）是指债务人在债务成立后履行期届满前，能履行而明示不履行的意思表示。

A. 履行不能　　　　　　　　　　　　B. 履行迟延

C. 履行不当　　　　　　　　　　　　D. 履行拒绝

48. 在（　　）模式下的房地产经纪行业组织管理职能相对薄弱，一般只在教育训练、学术交流、评奖等方面发挥作用。

A. 行业自治　　　　　　　　　　　　B. 行政主管

C. 行政与行业自律并行管理　　　　　D. 混合

49. 房地产经纪行业管理的侧重点在于（　　）。

A. 提供实体性产品　　　　　　　　　B. 提供具有使用价值的动态过程

C. 保证服务过程的规范性　　　　　　D. 加强房地产经纪信息的目的性

50. 我国现行房地产经纪行业管理中，通过（　　）系统的建设，可以为各级政府部门和社会公众监督房地产企业市场行为提供依据，为社会公众查询企业和个人信用信息提供服务，为社会公众投诉房地产领域违法违纪行为提供途径。

A. 房地产经纪人员职业资格管理　　　B. 房地产经纪纠纷规避及投诉受理

C. 房地产经纪收费管理　　　　　　　D. 房地产经纪行业信用管理

二、多项选择题（共30题，每题2分。每题的备选答案中有两个或两个以上符合题意，请在答题卡上涂黑其相应的编号。错选不得分；少选且选择正确的，每个选项得0.5分）

51. 关于经纪、行纪、经销以及包销之间的区别，表述正确的有（　　）。

A. 经纪同交易主体之间是以自己的名义进行活动

B. 经销同交易标的之间是不占有交易标的

C. 行纪同交易主体之间是以自己的名义进行活动，但行为受到一定的限制

D. 经纪报酬的形式是差价＋酬金

E. 包销同交易标的之间是不占有交易标的

52. 关于房地产的特殊性决定房地产经纪必不可少的内容包括（　　）。

A. 房地产是不可移动的商品，无法像一般商品那样，集中到固定的市场上进行展示

B. 房地产是构成要素极为复杂的商品

C. 在商品经济运行体系中，大多数商品的流通环节是由商品经销商来完成的

D. 房地产商品的超强异质性导致房地产交易主体难以对交易标的进行市场比较

E. 房地产交易的决策通常需要多人的共同参与和相互妥协

53. 房地产经纪企业介入到房地产开发过程的前期，为开发商提供（　　）。

A. 交易服务　　　　　　　　　　　　B. 营销策划服务

C. 产品定位　　　　　　　　　　　　D. 投资咨询

E. 市场调查

54. 房地产经纪人不予注册的情形包括（　　）。

A. 不具有完全民事行为能力的

B. 因受刑事处罚，自刑事处罚执行完毕之日起至申请注册之日止不满 4 年的

C. 在房地产经纪或者相关业务中犯有严重错误受行政处罚或者撤职以上行政处分，自处罚、处分决定之日起至申请注册之日止不满 10 年的

D. 不在房地产经纪机构执业或者同时在两个或者两个以上房地产经纪机构执业的

E. 依照本办法被注销注册的，自被注销注册之日起至申请注册之日止不满 3 年的

55. 房地产经纪人员职业道德的主要内容有（　　）。

A. 遵纪守法　　　　　　　　　　　　B. 规范执业

C. 诚实守信　　　　　　　　　　　　D. 尽职尽责

E. 积极合作

56. 合伙制房地产经纪机构是指依照我国《合伙企业法》和有关房地产经纪管理的规定在我国境内设立的由合伙人订立合伙协议、（　　），并对合伙机构债务承担无限连带责任的从事房地产经纪活动的营利性组织。

A. 自负盈亏　　　　　　　　　　　　B. 共担风险

C. 共享收益　　　　　　　　　　　　D. 合伙经营

E. 共同出资

57. 不同业务类型的房地产经纪机构包括（　　）。

A. 存量房经纪业务为主的房地产经纪机构

B. 新建商品房经纪业务为主的房地产经纪机构

C. 现房出租经纪业务为主的房地产经纪机构

D. 策划、顾问业务为主的房地产经纪机构

E. 综合性房地产经纪机构

58. 房地产经纪门店开设的工作程序有（　　）。

A. 区域选择　　　　　　　　　　　　B. 店址选择

C. 租赁谈判和签约　　　　　　　　　D. 开业准备

E. 正式营业

59. 售楼处选址应在售楼处功能要求与项目自身条件约束之间寻求平衡点。具体而言，其必须注意的事项包括（　　）。

A. 保证售楼处的可视性

B. 保证售楼处的通达性

C. 保证售楼处的空间容纳性

D. 保证售楼处与项目（特别是样板房）之间的便捷性

E. 保证进出售楼处工作人员的安全性

60. 关于现代企业战略管理意义的表述正确的是（　　）。

A. 为企业提出明确的发展方向和目标

B. 为企业迎接一切机遇和挑战创造良好的条件

C. 为企业明确发展使命

D. 为企业制定重大经营策略

E. 决策更加科学化和规律化

61. 建立房地产经纪机构品牌时，应做的工作包括（　　）。

A. 制定企业的品牌战略

B. 通过服务质量的全面提高，提升客户感知价值，保持和扩大企业品牌的影响力

C. 通过建立良好和持续的客户关系，强化客户的归属感和品牌忠诚

D. 树立企业在市场中独一无二的形象和标示

E. 建立品牌的识别系统，并进行品牌传播

62. 房地产经纪机构要通过满足客户需求来留住他们，可以从（　　）方面入手。

A. 提供个性化服务
B. 正确处理投诉

C. 积极开发潜在客户
D. 建立长久的合作关系

E. 与客户积极沟通

63. 关于房地产经纪企业办公室区域分布的表述正确的是（　　）。

A. 目前工作环境发展趋势对办公室容量提出的最基本的要求，通常是要有一个工作总部，员工办公单间

B. 办公室的区域分布应具有灵活性，能自由应付公司的变化的需要

C. 信息中心和支持中心的布置尤为重要，要求有充足的空间容纳管理人员和后勤支持人员

D. 办公室布置的目的是通过合理的布局，最大限度地促进生产效率的提高，同时对雇员产生吸引力

E. 除了工作区域外，还可以设置休息室，阅览室和健身中心

64. 企业财务管理的基本内容主要包括（　　）。

A. 经营预算
B. 组织财务资源

C. 资金回收与分配管理
D. 资金运用管理

E. 资金筹集管理

65. 在我国房地产经纪机构中薪酬的支付方式大体分为（　　）方式。

A. 固定薪金制
B. 佣金制

C. 混合制
D. 综合制

E. 周薪制

66. 关于新建商品房经纪业务特点的表述正确的是（　　）。

A. 客户比较分散
B. 业务运作成本较低

C. 业务运作成本较高
D. 房源批量化

E. 客户相对强势

67. 由于房屋本身的好坏是影响成交的重要因素，应根据现场查验后所了解的情况，向业主提出一些化解房屋缺陷的建议，以利于成交，如（　　）。

A. 建议修复缺陷

B. 留意通风采光，空屋应少开窗通风，避免房屋日久风化

C. 建议花费适当的成本加以修整，甚至装潢，提升房屋的格调

D. 通知客户准备好房屋产权证、室内平面图、物业管理公约及其他文件

E. 预备赠送家具电器的清单,贵重家具如不想赠送,则宜提前搬出,免生异议

68. 在与客户的接触过程中,要密切留意成交的信号,如:客户询问完毕时,询问集中在某一特别事项,开始默默地思考,不自觉地点头时,专注价格问题时,反复询问相同问题时,关注售后手续的办理等。当出现这类信号时,具体可采用( )方法尽快促成交易。

A. 加强客户对房地产经纪人的信心

B. 针对客户的动机、偏好,寻机说服

C. 遇到迟迟不下决定的客户,可慎重使用"压迫"措施

D. 房地产经纪人开出合理的价格

E. 强化交易合同的保障作用

69. 办理抵押贷款手续中,贷款银行收到申请人的资料后,从( )方面进行贷款审查。

A. 贷款数额   B. 贷款期限

C. 个人的信用   D. 抵押物的价值

E. 贷款的条件

70. 房地产投资所涉及的领域有( )等。

A. 置业   B. 房地产开发

C. 房屋建设   D. 旧城改造

E. 土地开发

71. 根据现有建筑物与理想建筑物的差异程度,对现有建筑可采取的行动方案包括( )。

A. 保持现状不变   B. 修缮

C. 改造   D. 翻新

E. 重建

72. 具有( )情况的房地产,不得投入房地产市场进行买卖。

A. 产权未经确认或存在产权纠纷的

B. 未经有关主管部门批准擅自违章自建、扩建的

C. 司法机关的行政机关依法裁定、决定查封或以其他形式限制房地产权利的

D. 国家依法收回土地使用权的

E. 共有房地产经其他共有人口头同意的

73. 房地产经纪合同的主要条款包括( )。

A. 当事人的名称或者姓名和住所   B. 标的

C. 服务事项与服务标准   D. 劳务报酬或佣金

E. 合同的履行期限、地点和方式

74. 房地产经纪合同格式粗糙,内容简易,其中反映合同要件的主要条款欠缺,如( )等,对于这些涉及双方权利义务关系的主要条款的约定,常常用口头的方式表示,因为口头表示约定的随意性很大,经常因为时间和情况的变化造成不能履约,致使引起纠纷。

A. 酬金或劳务报酬条款   B. 违约条款

C. 争议协商解决条款   D. 履行期限条款

E. 服务条款

75. 房地产经纪信息计算机管理系统主要有( )类型。

    A. 房源管理系统   B. 销售管理系统

    C. 流程控制系统   D. 辅助决策系统

    E. 数据管理系统

76. 根据参加系统的意愿,可以将 MLS 系统分为( )类型。

    A. 全国性的 MLS 系统   B. 企业之间的 MLS 系统

    C. 强制性系统   D. 自愿性系统

    E. 企业内部的 MLS 系统

77. 房地产经纪业务办理的行为规范包括( )。

    A. 安排办理人员   B. 及时报告订约机会等信息

    C. 制定业务战略   D. 协助签订房地产交易合同

    E. 交易资金监管

78. 房地产经纪活动中的争议处理包括( )。

    A. 双方当事人本着平等自愿的原则协商解决

    B. 如双方协商不成,可以向有关政府管理部门投诉,由其从中进行调解

    C. 如经调解不能达成协议,双方可以按照合同中的有效仲裁条款进行处理

    D. 合同中无仲裁条款的,可以向房地产所在地人民法院提起诉讼

    E. 在履行房地产经纪合同过程中,因房地产经纪人员或其所在的房地产经纪机构的故意或过失,给当事人造成经济损失的,均由房地产经纪机构承担赔偿责任

79. 房地产经纪行业管理的基本原则包括( )。

    A. 营造良好环境,鼓励行业发展   B. 遵循行业规律,实施专业管理

    C. 严格依法办事,强化行业自律   D. 保证服务规范,提供实体产品

    E. 顺应市场机制,维护有序竞争

80. 房地产经纪行业自律管理框架体系主要包括( )方面。

    A. 规范房地产经纪人协理执业资格考试、注册、继续教育

    B. 确立房地产经纪执业规则

    C. 推广房地产经纪业务合同文本

    D. 发布房地产交易风险提示

    E. 逐步建立房地产经纪学科理论体系

三、**综合分析题** (共 20 小题,每小题 2 分。每小题的备选答案中有一个或一个以上符合题意,请在答题卡上涂黑其相应的编号。错选不得分;少选且选择正确的,每个选项得 0.5 分)

(一)

    丁房地产经纪公司(以下简称丁公司)经纪人杨某与客户张某洽谈一笔房地产买卖经纪业务,杨某私下告诉张某他有比本公司其他经纪人更丰富的房源,因为他同时还在其他经纪机构兼职。后来,杨某代表丁公司与张某订立房屋买卖经纪合同。合同约定:杨某接受委托,代理张某购买一间办公用房,但该办公用房是否存在租赁抵押等权利瑕疵,丁公司和杨某本人一概不负责。若代理不成功,只收取佣金 5000 元;代理成功后,佣金按成交价格的 2.3% 收取。杨某通过乙房地产经纪公司(以下简称乙公司)寻找到房源,并与乙公司签订

房屋买卖合同，合同约定乙公司将丙公司的一间办公用房过户给张某，转让价格为 90 万元，其中 80 万元支付给丙公司，余下 10 万元杨某收取 1.8 万元佣金，8.2 万元归乙公司。张某按杨某的要求分别支付 90 万元的房价款和 2.07 万元的佣金后，在房屋交付前杨某代办房屋过户的过程中，发现其购买的办公用房原来已同丙公司办理了抵押登记，担保了丙公司的一笔 50 万元的建行贷款，该贷款半年后到期。张某因此与丁公司发生纠纷。

81. 下列关于丁公司与张某订立的房屋买卖经纪合同的表述中正确的为(　　)。

    A. 代理不成功，不该收取 5000 元佣金

    B. 代理不成功，可以按约定收取经纪成本费用 800 元

    C. 可以约定丁公司对该办公用房是否存在租赁、抵押等权利瑕庇不承担责任，但杨某应承担责任

    D. 代理不成功，经纪机构不应收取任何费用

82. 该办公用房的所有权人为(　　)。

    A. 给丙公司贷款的建行　　　　　　　　B. 丙公司

    C. 张某　　　　　　　　　　　　　　　D. 乙公司

83. 乙公司在该笔经纪业务中存在的违法行为为(　　)。

    A. 赚取差价

    B. 其与杨某订立的房屋买卖合同

    C. 未调查丙公司委托其出售的办公用房是否存在租赁、抵押

    D. 未通知杨某所在的丁公司

84. 对于张某的损失，他应首先找(　　)承担责任。

    A. 丁公司　　　　　　　　　　　　　　B. 经纪人杨某

    C. 乙公司　　　　　　　　　　　　　　D. 丙公司

85. 杨某在从事该笔经纪业务中的违法行为为(　　)。

    A. 在其他经纪机构兼职　　　　　　　　B. 到乙公司寻找房源

    C. 与乙公司订立房屋买卖合同　　　　　D. 未调查清楚办公用房的具体情况

(二)

宋某是某房地产经纪事务所总经理，在某房地产开发公司开发的 A 花园公寓项目中拥有小额股份。该花园公寓地处城市近郊，依山傍水，周围绿树成荫，到市区交通也非常方便。李某是宋某的朋友，委托宋某购买一套环境好、价格适中、建筑面积 140 m² 左右的住房。于是宋某向李某推荐了 A 花园。李某经考虑后，委托宋某所在经纪事务所代其选购一套 A 花园公寓。但李某在迁入 A 花园仅 1 个月，突遇一场百年不遇的暴雨后不久，便发现客厅墙体出现数处小裂缝，于是自己请人修缮。但 3 个月后，裂缝扩大，并渗水，致使一幅价值不菲的名画污损。李某通过调查发现自己的购房价格比一般市场价格高 15% 左右。

86. 宋某向李某推荐购买 A 花园住房，(　　)。

    A. 考虑了李某对环境的要求　　　　　　B. 是一种恰当行为

    C. 可能是一种不恰当行为　　　　　　　D. 应说明各种利益关系

87. 关于墙体裂缝，下列说法中正确的有(　　)。

    A. 宋某不应故意隐瞒危险因素

    B. 宋某无法预知"百年不遇暴雨"这一可能危险因素

C. 李某应预先请熟人检查导致裂缝原因

D. 李某应在墙体出现小裂缝时向经纪人提出

88. 对于李某名画污损，下列说法中正确的有（　　）。

A. 李某应向开发商索赔

B. 李某应向经纪事务所索赔

C. 李某自己有过失，无法索赔

D. 李某可以向房屋所在地人民法院提起诉讼

89. 李某购房价格高出市场价格 15%，下列说法中正确的有（　　）。

A. 宋某提供了较高的价格信息

B. 经纪事务所收取了更高佣金

C. 经纪事务所必须退还李某部分房款

D. 李某可与经纪机构协商降低房屋价格与佣金

（三）

刘某拥有一间商铺，并用该商铺向银行抵押贷款，抵押合同约定：刘某如欲出售、出租该商铺，应征得银行的书面同意。刘某委托丁房地产经纪机构的房地产经纪人李某出租该商铺，并答应该业务完成后给李某"好处费"。李某为了隐瞒这笔业务，便用偷盖了丁房地产经纪机构印章的空白合同与刘某订立了委托合同，委托合同约定的佣金为每年两个月的租金收入。后来李某找到王某，游说王某委托李某个人为其承租商铺，李某代表王某与刘某订立了房屋租赁合同，该合同的租赁双方均有李某的签名，出租方有刘某的签名，李某向刘某出具了王某的授权委托书，委托书载明王某委托李某全权代理承租商铺事宜（合同期限不长于10 年）。

90. 关于刘某与丁房地产经纪机构订立的委托合同一事，下列表述中正确的有（　　）。

A. 有效　　　　　　　　　　B. 无效

C. 效力待定　　　　　　　　D. 该合同由李某个人承担责任

91. 关于佣金和"好处费"，下列表述中有误的有（　　）。

A. 李某个人不能收受"好处费"

B. 丁房地产经纪公司收取的佣金应按合同约定的标准，但应当符合国家有关规定

C. 如果该经纪业务未做成，刘某自愿支付给李某"跑路费"，李某就可以收取

D. 如果该经纪业务未做成，而委托合同约定：丁房地产经纪公司仍可以要求刘某支付从事该经纪活动支出的必要费用 1200 元。丁房地产经纪公司据此收取了刘某1200 元

92. 下列关于上述房屋租赁合同的表述中，正确的有（　　）。

A. 有效

B. 无效

C. 经过王某签名确认后有效

D. 如果租赁期限为 11 年，即使王某在其上签名确认，该租赁合同仍然无效

93. 若王某在承租期内，因刘某不能归还银行到期的抵押贷款，银行依法行使抵押权，处分该商铺，则下列表述中正确的有（　　）。

A. 王某的装修损失由刘某承担

B. 李某如果告知王某该商铺已抵押，王某仍然委托李某订立租赁合同，李某不对王某的装修损失承担责任，丁房地产经纪机构也不承担责任

C. 银行不承担王某的装修损失

D. 该租赁合同因未经银行书面同意而无效，丁房地产经纪机构和李某因此不对王某的装修损失承担责任

94. 下列关于李某的上述经纪业务活动的表述中，正确的有（　　）。

A. 李某私自收取"好处费"违规，其他行为不违背经纪人执业的基本规范

B. 李某如将收取的"好处费"上交丁房地产经纪机构，就不存在其他违规行为

C. 即使李某未收取"好处费"，仍然存在违规行为

D. 该经纪业务如对王某造成损失，则丁房地产经纪机构应承担侵权赔偿责任

95. 该商铺的租赁合同未经银行书面同意，银行因此享有的权利义务有（　　）。

A. 宣布该租赁合同无效

B. 追究刘某的违约责任

C. 从发现刘某擅自出租商铺之日起，直接收取王某应当支付的房屋租金

D. 一旦发现刘某擅自出租商铺，立即将承租户王某驱逐

（四）

H 市 A 房地产经纪公司（以下简称"A 公司"）的经纪人贾某接受甲市宏程公司委托，为其在 H 市代理承租一间合适的办公室。双方在经纪合同中约定，A 公司应在两个月内代理宏程公司承租一位置适中、月租金不超过 3 万元、面积在 300 m² 左右的办公室，经纪佣金为 3 万元。

96. 如果经纪合同订立后 70 天，A 公司以宏程公司名义承租一间合适的办公室，下列选项中正确的是（　　）。

A. 宏程公司应当支付部分经纪佣金

B. 如果 A 公司代理承租前，以传真方式告知了宏程公司，宏程公司未提出异议，则宏程公司应当支付租金和经纪佣金

C. 如果 A 公司代理承租前，以传真方式告知了宏程公司，宏程公司未提出异议，则宏程公司应当支付租金，但可以不支付经纪佣金

D. 宏程公司应当支付全部经纪佣金

97. 如果经纪合同订立 5 天后，A 公司经宏程公司同意，将该经纪事务转委托欣欣房地产经纪人事务所。下列选项正确的是（　　）。

A. A 公司与欣欣房地产经纪人事务所就经纪事务承担全部连带责任

B. A 公司仍然是独立承担责任

C. A 公司不承担任何责任

D. A 公司仅就欣欣房地产经纪人事务所的选任及其对欣欣房地产经纪人事务所的指示承担责任

98. A 公司在经纪活动中发现面积在 300 m²、位置适中的办公室，月租金普遍在 4 万元左右。A 公司应当（　　）。

A. 按照委托人的指示处理委托事务

B. 经委托人同意后，代理承租月租金 4 万元左右的办公室

C. 增加 1 万元经纪佣金

D. 经委托人同意后，代理承租月租金 4 万元左右的办公室，但不能要求增加佣金

99. 如果经纪合同订立 5 天后，A 公司未经宏程公司同意，将该经纪事务转委托欣欣房地产经纪人事务所。下列选项正确的是（　　）。

A. A 公司应当亲自处理委托事务

B. A 公司仅就欣欣房地产经纪人事务所的选任及其对欣欣房地产经纪人事务所的指示承担责任

C. A 公司承担主要责任，欣欣房地产经纪人事务所承担次要责任

D. A 公司应当对欣欣房地产经纪人事务所的行为承担连带责任

100. 如果经纪合同订立 5 天后，宏程公司通知 A 公司，拟同时委托欣欣房地产经纪人事务所办理该经纪事务，A 公司对此表示同意，欣欣房地产经纪人事务所与 A 公司共同办理了该经纪事务。下列选项中有误的是（　　）。

A. 欣欣房地产经纪人事务所对经纪事务独立承担责任

B. A 公司对经纪事务独立承担责任

C. A 公司与欣欣房地产经纪人事务所对经纪事务承担连带责任

D. 委托人应当预付处理委托事务的费用。受托人为处理委托事务垫付的必要费用，委托人应当偿还该费用及其利息

实战模拟试卷（五）参考答案

一、单项选择题

1. C	2. A	3. C	4. B	5. B
6. C	7. A	8. C	9. C	10. D
11. B	12. D	13. C	14. D	15. B
16. A	17. C	18. D	19. C	20. B
21. B	22. A	23. B	24. A	25. A
26. C	27. A	28. A	29. B	30. C
31. C	32. B	33. B	34. D	35. D
36. B	37. D	38. D	39. A	40. A
41. D	42. A	43. B	44. C	45. D
46. B	47. D	48. B	49. C	50. D

二、多项选择题

51. CE	52. ABC	53. BCDE	54. ADE	55. ABCD
56. BCDE	57. ABDE	58. ABCD	59. ABCD	60. ABE
61. AE	62. ABDE	63. ABCE	64. CDE	65. ABC
66. CDE	67. ACE	68. ABCE	69. CDE	70. ACDE
71. ABCD	72. ABCD	73. ABCE	74. BCDE	75. CDE
76. CD	77. ABDE	78. ABCD	79. ABCE	80. BCDE

三、综合分析题

81. A	82. B	83. AC	84. A	85. AC
86. D	87. B	88. C	89. AC	90. B
91. D	92. D	93. C	94. C	95. B
96. B	97. D	98. ABC	99. D	100. ABD

实战模拟试卷（六）

一、单项选择题（共 50 题，每题 1 分。每题的备选答案中只有一个最符合题意，请在答题卡上涂黑其相应的编号）

1. 经纪服务的主要方式中，（　　）在活动中产生的权利和责任由委托人承担，经纪人只收取委托人的佣金。
   A. 居间　　　　　　　　　　　　　　　B. 行纪
   C. 代理　　　　　　　　　　　　　　　D. 包销

2. 《中介服务收费管理办法》规定，（　　）具体指提供土地、房产、物品、无形资产等价格评估和企业资信评估服务，以及提供仲裁、检验、鉴定、认证、公证服务等机构。
   A. 代理性中介机构　　　　　　　　　　B. 公证性中介机构
   C. 信息技术服务性中介机构　　　　　　D. 技术服务性中介机构

3. 居间是指提供交易信息并撮合成交收取佣金的行为，它与代理的根本区别是（　　）。
   A. 在居间活动中，经纪人不作为任何一方的代理人
   B. 居间是经纪人向委托人报告订立合同的机会或者提供订立合同的媒介服务
   C. 居间是经纪人撮合交易成功并向委托人收取佣金等经纪服务费用的经济行为
   D. 在居间活动中，经纪人作为买方代理人

4. 房地产转让方式中，（　　）是发生频率最高、交易量最大的一种转让方式。
   A. 交换　　　　　　　　　　　　　　　B. 赠与
   C. 买卖　　　　　　　　　　　　　　　D. 以房地产抵债

5. 房地产经纪活动直接影响到生产、生活资料的使用效率，因而其活动后果具有广泛的（　　），对各行各业和人民生活都有直接的影响。
   A. 专业性　　　　　　　　　　　　　　B. 中介性
   C. 地域性　　　　　　　　　　　　　　D. 社会性

6. 从事房地产经纪活动的基本条件是（　　）。
   A. 取得房地产经纪人执业资格
   B. 取得房地产经纪人协理从业资格
   C. 经所在经纪机构考核合格
   D. 能坚持在注册房地产经纪人岗位上工作

7. 在人与人的交往中，（　　）的人使人容易接近，因而更受人欢迎。
   A. 自知、自信　　　　　　　　　　　　B. 积极、主动
   C. 乐观、开朗　　　　　　　　　　　　D. 坚韧、奋进

8. 下列选项中，（　　）是房地产经纪人劳动价值得以实现的基本前提，因此它是房地产经纪业务流程中关键的一环。
   A. 交易达成　　　　　　　　　　　　　B. 议价谈判
   C. 供需搭配　　　　　　　　　　　　　D. 市场分析

9. 最能显化职业道德状况的层面是（　　）。
   A. 行为习惯　　　　　　　　　　　　　B. 职业荣誉感

C. 思想观念
D. 职业成就感

10. 房地产经纪机构在领取工商营业执照后的( )日内,应当持营业执照、章程、注册房地产经纪人员情况等书面材料到登记机构所在地的市、县人民政府房地产行政管理部门或其委托的机构备案,领取备案证明。

A. 40
B. 50
C. 30
D. 20

11. 资金来源于国外的房地产经纪机构,按其资金组成形式将房地产经纪机构进行分类,其划分的类型不包括( )。

A. 中外合资房地产经纪公司
B. 合伙制房地产经纪公司
C. 中外合作房地产经纪公司
D. 外商独资房地产经纪公司

12. 是否采取无店铺经营模式的房地产经纪机构,受多方面因素的影响。其中影响的关键因素是( )。

A. 房地产经纪机构所在地的社会经济特征
B. 潜在客户类型
C. 客户类型
D. 房地产经纪机构所在地的社会文化特征

13. 房地产经纪机构的部门设置中,基础部门主要是指一些常设部门,不属于常设部门的是( )。

A. 业务部
B. 财务部
C. 行政部
D. 人事部

14. 下列选项中,( )不属于售楼处的布置。

A. 内部功能区域布置
B. 人流动线设计
C. 售楼处周边环境布置
D. 装修装饰风格及档次设计

15. 现代企业战略调整是指根据企业情况的发展变化,即参照实际的经营状况、变化的经营环境、新思维和新机会,及时对所制定的战略进行调整,以保证战略对企业经营管理进行指导的( )。

A. 科学性
B. 有效性
C. 目的性
D. 时效性

16. 房地产经纪机构的经营战略中,横向多样化战略的类型有( )。

A. 技术关系多样化、产品开发型、产品与市场开发型
B. 市场开发型、技术关系多样化、产品与市场开发型
C. 市场开发型、产品开发型、技术关系多样化
D. 市场开发型、产品开发型、产品与市场开发型

17. 品牌管理工作的根本保证是( )。

A. 推广
B. 组织架构与流程
C. 识别
D. 定位

18. 关于客户关系管理核心思想的表述有误的是( )。

A. 客户是企业的一项重要资产
B. 客户关怀是中心

C. 客户关怀的目的是与所选客户建立长期和有效的业务关系，在与客户的每一个"接触点"上都更加接近客户、了解客户，最大限度地增加企业的市场份额和利润水平

D. 客户是企业的一项无形资产

19. 当经纪企业发展到一定规模时，就必须认真考虑其规模化经营的具体方式，有店铺的经纪企业规模化运作的主要方式是（　　）。

A. 直营连锁经营   B. 特许加盟经营

C. 连锁经营   D. 设立分支机构

20. 房地产经纪机构的财务管理目标中，（　　）决定企业财务管理的基本方向。

A. 理财目标   B. 资金管理目标

C. 财务规划目标   D. 资金运用目标

21. 财务管理目标具有可操作性，具体包括（　　）。

A. 可以分析、可以追溯、可以控制   B. 可以计量、可以分析、可以控制

C. 可以计量、可以追溯、可以控制   D. 可以计量、可以追溯、可以分析

22. 下列选项中，不属于房地产经纪机构人力资源薪酬管理的内容是（　　）。

A. 基本薪酬   B. 绩效薪酬

C. 奖金   D. 绩效考核

23. 企业风险管理最主要的目标是（　　）风险，以防止和减少损失，保障企业生产经营顺利开展和有序运作。

A. 控制与处置   B. 控制

C. 处置   D. 识别

24. 下列风险中，不属于房地产经纪业务中可能出现的风险的是（　　）。

A. 操作不规范引起的风险   B. 意外事故引起的风险

C. 信息欠缺引起的风险   D. 产权纠纷引起的风险

25. 卖主给经纪人一个底价，卖出超过部分归经纪人作佣金指的是美国房地产代理业务运作方式中的（　　）。

A. 独售权合同   B. 独售权共享合同

C. 开放出售权合同   D. 净卖权合同

26. 目前在我国，以存量房经纪业务为主的房地产经纪机构，大多采用有店铺经营模式，这种模式非常强调通过（　　）来开拓客户。

A. 客户介绍   B. 品牌效应

C. 商圈经营   D. 商圈效应

27. 参与房产交易行为的基本原则是（　　）。

A. 房屋产权完整   B. 没有房屋产权纠纷

C. 房屋产权清晰   D. 自住有余

28. 下列选项中，（　　）是房地产成交的标志。

A. 登记过户手续   B. 协调交易价格

C. 签订交易合同   D. 进行交易结算

29. 新建商品房销售代理业务基本流程中，（　　）阶段的第一项工作是项目执行部门根据已签署的代理合同，对营销策划报告进行修改，并初步制定项目的执行指标（销售期、费

用预算等）和佣金分配方案，召集各分管业务的高层管理者及有关部门（如交易管理部、研究拓展部、财务部等）合作会议。

A. 项目研究与拓展   B. 项目签约

C. 项目信息开发与整合   D. 项目执行企划

30. 经预告登记的预购商品房，在房屋所有权初始登记后申请转移登记的，申请人为预告登记的预购人。申请人申请预购商品房转移登记一般应当向登记机构提交的文件不包括（   ）。

A. 房地产登记申请书（原件）

B. 预购商品房预告登记的登记证明（原件）

C. 房屋平面图（原件两份）

D. 预购商品房转让合同（原件）

31. 购房抵押贷款的贷款金额上限一般为所购房价的（   ）。

A. 70%   B. 60%

C. 80%   D. 50%

32. 确定房地产的价值，主要通过房地产估价公司给出评估价格，按评估价与实际交易价两者中较低值的（   ）予以确定。

A. 50%或60%   B. 50%或70%

C. 60%或80%   D. 70%或80%

33. 关于房地产经纪人从事房地产价格咨询注意事项的表述有误的是（   ）。

A. 房地产价格咨询不同于鉴证性的估价，不强调公正性，房地产经纪人员可站在委托人的立场上，在合法的原则下，以满足委托人的要求、实现其最大的利益为目标

B. 如某宗地块的转让方咨询转让价格，房地产经纪人员可以提供给委托方一个市场价格，供委托方在交易时参考

C. 房地产经纪人也可以为委托方提供一些合理的参考意见，比如改善交易条件、把握交易时机等

D. 与房地产估价人员不同，房地产经纪人员提供给委托方的估价结果可以更灵活，不一定是一个确切的值，可以是一个价格的区间

34. 标的房地产的价值即是房地产投资将要投入的固定资产投资，主要采用房地产估价方法中的（   ）来进行估算。

A. 成本法   B. 效益法

C. 总收益   D. 净收益

35. 房地产买卖是一种民事法律行为，双方当事人必须具备法定条件，其签订的合同才能具有法律效力。关于双方当事人必须符合条件的表述有误的是（   ）。

A. 买方可以是房屋承租人，且承租人拥有优先购买权

B. 买方必须具有购买能力，不仅指支付合同价款的能力，其购买房屋的行为也应当为法律所允许

C. 双方当事人应是完全民事行为能力人

D. 卖方必须是房屋所有权人

36. 原房屋租赁合同期满，承租人如需继续使用的应提前（   ）个月告知出租人，如果出租

人同意续租，双方要重新签订租赁合同并办理登记手续。

    A. 2   B. 3

    C. 1   D. 4

37. 根据合同条款所起的作用，合同条款可以分为（   ）。

    A. 主要条款和普通条款   B. 实体条款和程序条款

    C. 明示条款和默示条款   D. 有责条款和免责条款

38. 房地产经纪人受被代理人的指示处理事务，房地产经纪人在处理事务的过程中所发生的费用应当由（   ）承担。

    A. 代理人   B. 被代理人

    C. 经纪人   D. 委托人

39. 下列选项中，（   ）是经纪人与委托人通过约定为委托人的房屋租赁活动向其提供经纪服务而订立的合同。

    A. 房屋买卖经纪服务合同   B. 房地产租赁经纪服务合同

    C. 新建商品房经纪服务合同   D. 存量房经纪服务合同

40. 房地产经纪信息具有正外部性，不会因为使用者的增加而减少每个使用者所获得的信息的价值，体现了房地产经纪信息的（   ）特征。

    A. 共享性   B. 多维性

    C. 积累性   D. 时效性

41. 房地产经纪信息的（   ）要素是传递信息的媒体，也是信息的表现形式和工具。

    A. 语言   B. 内容

    C. 载体   D. 系统

42. 房地产经纪信息的（   ）彻底改变了传统的广告媒体宣传，可以在较短的时间内实现对海量数据的上传、处理，使房地产经纪信息在尽可能短的时间，最大限度地展现给市场，并得以有效的利用，从而节约大量的时间和成本。

    A. 网络化   B. 共享性

    C. 协同性   D. 时效性

43. 房地产经纪信息 MLS 系统不仅是一种销售模式，更是先进的房地产流通管理系统，它是房地产经纪人实现销售的有效工具，其本质在于实现（   ）。

    A. 信息共享   B. 佣金共享

    C. 协同合作   D. 信息共享和佣金共享

44. 目前，我国唯一全国性的房地产经纪执业规范是中国房地产估价师与房地产经纪人学会在 2006 年 10 月 31 日发布的（   ），这个执业规则将不定期进行修订。

    A.《房地产经纪人道德准则与执业标准》   B.《不动产中介经纪业伦理规范》

    C.《房地产经纪执业规则》   D.《地产代理操守守则》

45. 对于房地产代理来说，房地产经纪机构作为受托方应当和委托方遵循（   ）确定彼此的权利和义务，既不能"店大欺客"，也不能"妄自菲薄"。

    A. 平等原则   B. 合法原则

    C. 公平原则   D. 诚信原则

46. 下列选项中，（   ）是指房地产经纪机构和人员为推广业务与获得委托，让公众知悉、了解房地产经纪机构和人员及其获得授权的房源客源，进行宣传广告或者发布信息的行为过程。

A. 房地产经纪业务开发　　　　　　　B. 房地产经纪业务承接

C. 房地产经纪业务招揽　　　　　　　D. 房地产经纪业务办理

47. 侵权责任是指侵犯经纪服务合同所约定的债权之外的其他权利而应承担的民事责任，侵权责任的构成要件是（　　　）。

A. 无侵权行为和无免责事由　　　　　B. 有侵权行为和无免责事由

C. 有侵权行为和有损害事实　　　　　D. 有损害事实和有免责事由

48. 房地产经纪信息的加工整理程序通常为（　　　）。

A. 鉴别→整序→筛选→编辑→研究　　B. 筛选→鉴别→整序→编辑→研究

C. 鉴别→筛选→整序→编辑→研究　　D. 筛选→整序→鉴别→编辑→研究

49. 从发达国家和地区的经验来看，对服务过程规范性方面的管理，其内容不包括（　　　）。

A. 行业竞争与协作的管理

B. 房地产经纪收费

C. 各国（地区）房地产经纪行业管理费都严令禁止房地产经纪机构赚取合同约定的佣金以外的经济利益，如房地产交易差价

D. 房地产经纪业执业规范

50. 房地产经纪行业组织在承担起（　　　）的行业组织全面职能的基础上，承担对行业成员经营行为的规范、监管职能。

A. 服务、自律、代表、规范　　　　　B. 规范、自律、代表、协调

C. 服务、自律、规范、协调　　　　　D. 服务、自律、代表、协调

二、**多项选择题**（共30题，每题2分。每题的备选答案中有两个或两个以上符合题意，请在答题卡上涂黑其相应的编号。错选不得分；少选且选择正确的，每个选项得0.5分）

51. 与房地产经纪有关的中介机构是指依法通过专业知识和技术服务，向委托人提供（　　　）等中介服务的机构。

A. 公证性

B. 代理性

C. 专业性

D. 信息技术服务性

E. 科学性

52. 房地产经纪的作用包括（　　　）。

A. 降低交易成本，提高市场效率　　　B. 规范交易行为，保障交易安全

C. 促进交易公平，维护合法权益　　　D. 克服交易谈判和决策的困难

E. 避免决策失误

53. 目前，我国房地产经纪业正呈现出由传统房地产经纪业向现代房地产经纪业发展的趋势，具体而言，表现在（　　　）。

A. 由传统服务业向现代服务业转变的产业升级将部分呈现

B. 主要生产要素由劳动密集型转向知识密集型转变

C. 资本和信息化成为推动房地产经纪业发展的两大支柱

D. 主要业务逐渐由传统经纪业务向现代经纪业务转变

E. 以互联网为依托的新型房地产经纪业态将迅速发展

54. 房地产经纪人享有的权利包括（　　）。

A. 依法发起设立房地产经纪机构

B. 加入房地产经纪机构，承担房地产经纪机构关键岗位

C. 指导房产经纪人协理进行各种经纪业务

D. 经所在机构授权订立房地产经纪合同等重要文件

E. 要求委托人提供与房地产管理有关的资料

55. 房地产经纪人员的职业技能有（　　）。

A. 供需搭配的技能　　　　　　　　B. 议价谈判的技能

C. 获取数据的技能　　　　　　　　D. 市场分析的技能

E. 人际沟通的技能

56. 房地产经纪机构享有的权利包括（　　）。

A. 享有工商行政管理部门核准的业务范围内的经营权利，依法开展各项经营活动，并按规定标准收取介绍费及其他服务费用

B. 按照国家有关规定制定各项规章制度，并以此约束在本机构中注册经纪人员的执业行为

C. 有权在委托人隐瞒与委托业务有关的重要事项、提供不实信息或者要求提供违法服务时，中止经纪服务

D. 有权向房地产管理部门提出实施专业培训的要求和建议

E. 由于委托人的原因，造成房地产经纪机构或房地产经纪人员的经济损失的，有权向委托人提出赔偿要求

57. 房地产经纪特许经营具有的共同特点包括（　　）。

A. （法人）对商标、服务标志、独特概念、专利、经营诀窍等拥有所有权

B. 权利所有者授权其他人使用上述权利

C. 在授权合同中包含一些调整和控制条款，以指导受许人的经营活动

D. 受许人需要支付权利使用费和其他费用

E. 受许人需要支付广告费和其他费用

58. 房地产经纪机构的分部制组织结构形式的缺点是（　　）。

A. 不利于培养高层管理者的后备人才

B. 职能机构和人员相互间的沟通协调性差，各自的观点有局限性

C. 职能部门重叠，管理人员增多，费用开支大

D. 如分权不当，易导致各分部闹独立性，损害组织整体目标和利益

E. 各分部之间的横向联系和协调较难

59. 租到一个符合公司定位需求的店铺，并不是一件简单的事，而且还有一个如何保障自己合法权益的问题。因此，在办理房屋租赁手续时，应注意的要点包括（　　）。

A. 了解门店实际状况　　　　　　　B. 了解出租人是否有权出租店铺

C. 协商租赁条件　　　　　　　　　D. 了解同业门店的情况

E. 确定门店的租金

60. 关于房地产经纪机构战略管理意义的表述正确的是（　　）。

A. 强化员工使命感、责任感，树立对企业未来发展的信心

B. 为房地产经纪机构的长远发展奠定基础

C. 优化房地产经纪机构的资源配置

D. 实现房地产经纪机构的全动态管理

E. 决策更加科学化和规律化

61. 房地产经纪机构品牌管理的特点主要体现在(　　)。

A. 品牌管理的目标是提升客户价值，造就忠诚客户和终身客户

B. 品牌建立以客户对企业服务的感知价值为核心

C. 品牌维护主要通过影响客户价值感知的途径，利用交互过程中的良好的态度、快捷灵活的服务、合理的价格以及建立良好的客户关系来实现

D. 品牌战略关系到一个企业兴衰成败的根本性决策

E. 品牌战略是企业品牌经营的提纲和总领

62. 房地产经纪机构的经营战略选择包括 (　　)。

A. 低成本战略　　　　　　　　　　B. 高效率战略

C. 一体化成长战略　　　　　　　　D. 聚焦战略

E. 多元化战略

63. 房地产经纪机构业务流程分析和重组的步骤包括(　　)。

A. 对现有流程进行调研

B. 绘制再造流程，对流程中的每个活动进行描述

C. 组织小组讨论，找出流程中每个阶段存在的问题

D. 将问题分类，确定解决问题的先后顺序

E. 寻找解决问题的方法

64. 房地产经纪机构财务管理中，经营预算的具体内容包括 (　　)。

A. 经营质量　　　　　　　　　　　B. 经营收入

C. 利率　　　　　　　　　　　　　D. 经营费用

E. 利润

65. 房地产经纪人员与房地产经纪机构之间的关系主要包括(　　)。

A. 执业关系　　　　　　　　　　　B. 法律责任关系

C. 经济关系　　　　　　　　　　　D. 隶属关系

E. 雇佣与被雇佣的关系

66. 存量房经纪业务基本流程有(　　)。

A. 客户开拓　　　　　　　　　　　B. 客户接待与业务洽谈

C. 协助交易达成　　　　　　　　　D. 物业查验

E. 项目研究与拓展

67. 房地产交易是房地产经纪人员在交易双方之间斡旋促成的。在卖方的确认和说服工作中，重点把握的事项有(　　)。

A. 资格甄别　　　　　　　　　　　B. 真实意愿

C. 珍惜常客　　　　　　　　　　　D. 判断决策人

E. 需求内涵

68. 新建商品房销售代理业务基本流程有(　　)。

A. 项目信息开发与整合   B. 项目研究与拓展

C. 项目签约   D. 项目执行企划

E. 售后服务

69. 房地产经纪人员在为购房者进行个人住房贷款代办服务时，一般需要协助购房者制定合理的贷款方案，贷款方案主要由（　　）组成。

A. 货款方式   B. 贷款金额

C. 贷款期限   D. 偿还比率

E. 贷款偿还方式

70. 可行性研究报告是可行性研究的成果性文件。一般来说，一份正式的可行性研究报告应包括（　　）部分。

A. 序言   B. 附图和附表

C. 目录   D. 正文

E. 封面、摘要

71. 房地产价格咨询业务的操作程序包括（　　）。

A. 明确价格咨询基本事项   B. 搜集、整理基本资料

C. 拟定作业计划   D. 实地查看

E. 选定价格评估方法、确定评估价格

72. 房屋转租必须符合的条件有（　　）。

A. 承租人在租赁期限内，必须征得出租人同意，出租人可以从转租中获得收益，承租人与出租人之间的租赁合同继续有效，第三人对租赁房屋造成损失的，承租人应当赔偿损失

B. 应当订立转租合同，可以是三方当事人共同签订，也可以在出租人的同意下由承租人与转承租人双方签订

C. 转租合同的终止日期不得超过原租赁合同规定的终止日期，但承租人与转租人双方有约定的除外

D. 转租合同生效后，转租人享有并承担原租赁合同规定的承租人的权利和义务，并应当履行原租赁合同规定的承租人的义务，但出租人与转租双方另有约定的除外

E. 转租期间原租赁合同变更、解除或终止，转租合同也随之变更、解除、终止

73. 房地产代理合同中委托人的义务包括（　　）。

A. 亲自处理事务的义务   B. 承担赔偿损失的义务

C. 给付房地产经纪人报酬的义务   D. 承担处理事务的费用的义务

E. 承担后果的义务

74. 房地产经纪服务合同纠纷主要类别有（　　）。

A. 缔约过失造成的纠纷   B. 合同不规范造成的纠纷

C. 产权不明确造成的纠纷   D. 房地产经纪人违规操作造成的纠纷

E. 房地产经纪人不实相告造成的纠纷

75. 房地产经纪信息的利用主要包括（　　）。

A. 鉴别房地产经纪信息，将有用信息保留减少以后查询所需的时间

B. 挖掘市场内在规律，对其未来发展有一个相对准确的判断

C. 对信息进行综合的分析和研究，以提高自身判断、思考能力

D. 以信息提供的具体内容来指导具体的业务活动

E. 通过信息的发布来影响消费者（如发布房源信息，吸引潜在客户）

76. MLS 系统根据在实现交易过程中代理的形式来划分运作形式，可分为（   ）。

A. 独家代理的 MLS 系统

B. 仅买方代理的 MLS 系统

C. 全国性的 MLS 系统

D. 企业之间的 MLS 系统

E. 企业内部的 MLS 系统

77. 为使客户或顾客在选择房地产经纪机构时，对其房地产经纪机构的资质及实力有一定的了解，房地产经纪机构应当在其经营场所公示的内容包括（   ）。

A. 营业执照

B. 房地产管理部门备案证明

C. 房地产经纪行业组织会员证书

D. 服务内容、服务标准及业务流程

E. 服务收费行业标准及收取程序

78. 房地产经纪人员执业中，承担违约责任的方式主要有（   ）。

A. 消除危险

B. 排除妨碍

C. 违约金

D. 强制实际履行

E. 损害赔偿

79. 从现实经济生活看，房地产经纪活动中常见的纠纷类型主要有（   ）。

A. 缔约过失造成的纠纷

B. 擅自自建的房屋引起的产权纠纷

C. 产权不清晰造成的纠纷

D. 合同不规范造成的纠纷

E. 服务标准与收取佣金标准差异造成的纠纷

80. 房地产经纪行业管理的发展方向包括（   ）。

A. 健全房地产经纪科学理论体系

B. 推广房地产经纪业务合同文本

C. 完善、优化房地产经纪行业管理体制

D. 加强房地产经纪行业管理的法制建设

E. 建立科学的行业管理指导思想

三、综合分析题（共 20 小题，每小题 2 分。每小题的备选答案中有一个或一个以上符合题意，请在答题卡上涂黑其相应的编号。错选不得分；少选且选择正确的，每个选项得 0.5 分）

（一）

周某是甲房地产经纪公司（以下简称甲公司）的注册房地产经纪人，周某代表甲公司与乙公司订立了办公用房委托租赁合同。该合同约定甲公司代为寻找承租方，并以乙公司的名义与承租方订立房屋租赁合同。合同还约定租金不得低于 50 元/（m²/月）的标准，租期不得超过 3 年，承租方不得转租。周某寻找到了有意向承租的公司，经谈判，周某代表乙公司与丙公司订立了房屋租赁合同。该合同约定：租金为 60 元/（m²/月），租期 2 年，租赁期内丙公司可以转租。丙公司承租 1 年以后，将其承租的办公用房的一半转租给丁公司，转租合同约定：租期 2 年，租金为 65 元/（m²/月）。丁公司承租半年之后，贷款银行因为乙公司未能按期返还贷款本息，要依法处分该已经设定抵押的办公用房（抵押登记在丙公司承租之前）。

81. 甲公司与乙公司订立的办公房委托租赁合同，属于房地产经纪中的（   ）。

A. 居间合同

B. 代理合同

C. 委托合同   D. 行纪合同

82. 对于周某代表乙公司与丙公司订立的房屋租赁合同，下列说法中正确的有（   ）。

A. 因为租金增加了 10 元（m²/月），周某可以从乙公司获取佣金

B. 因为租金增加了 10 元（m²/月），甲公司可以要求乙公司额外追加佣金

C. 租期的约定没有违规

D. 转租的规定违背了甲公司与乙公司订立的委托租赁合同的约定，因而无效

83. 对于丙公司与丁公司订立的房屋转租合同，下列说法中正确的有（   ）。

A. 该转租合同无效   B. 该转租合同部分有效，租期只有 1 年

C. 该转租合同有效   D. 该转租合同的效力待定

84. 贷款银行依法处分该办公用房，对于丙公司的装修损失，下列说法中正确有（   ）。

A. 贷款银行承担一部分   B. 乙公司承担

C. 甲公司承担一部分   D. 周某承担一部分

85. 贷款银行依法处分该办公用房，对丁公司的装修损失，下列说法中正确的有（   ）。

A. 丙公司承担一部分   B. 乙公司承担一部分

C. 贷款银行承担一部分   D. 甲公司承担一部分

（二）

甲、乙、丙三人拟发起设立一家合伙制的房地产经纪机构。甲、乙二人均为考试合格取得《房地产经纪人执业资格证书》人员，丙仅取得《房地产经纪人协理从业资格证书》，但甲、乙二人考虑到丙的业务开拓能力极强，还是准备将丙吸收为合伙人，共同发起设立合伙制的房地产经纪机构。该机构的出资总额为人民币 50 万元，其中甲以现金出资 10 万元；乙以房屋出资作价 15 万元；丙出资 25 万元，其中现金出资 10 万元，以成立该机构办理手续的劳务、装修办公用房的劳务以及丙第一年的业务开拓的劳务作价 15 万元。该机构成立后，丙将担任业务拓展部经理，具体负责经纪业务的开拓和合同的审查、签订工作。

86. 该房地产经纪机构的名称可以选（   ）。

A. 房地产经纪有限公司   B. 第一房地产经纪事务所

C. 资本家房地产经纪有限责任公司   D. 为民房地产经纪事务所

87. 关于该房地产经纪机构的出资，下列说法中正确的有（   ）。

A. 必须达到 10 万元以上的出资

B. 丙可以用劳务作为出资，但应委托法定评估机构进行评估

C. 丙不能以劳务作为出资，其现金出资合法

D. 甲、乙以个人财产对该房地产经纪机构承担无限连带责任

88. 关于丙在该房地产经纪机构的行为，下列说法中正确的有（   ）。

A. 丙不能作为合伙人

B. 丙可以代表机构签订房地产经纪合同

C. 丙不能担任业务拓展部经理

D. 丙不能作为合伙人，但可以用现金出资，参与利润分配

（三）

李某与同事张某合住在公司分配的一套两室一厅的公寓内，此住房作为公司对员工的住房福利，不收取租金；水电等费用由李某、张某共同负担。2010 年 2 月公司暂调张某去省

外的分公司工作,于是李某一人住在这套公寓内。同年 4 月,李某将张某的房间租给了大学生赵某,并就租金、租规、解除租约事项达成了书面协议。赵某预付了两个月房租后,住进了张某的房间。

89. 李某出租房间的行为属于( )。

    A. 房地产经纪行为   B. 房地产代理行为

    C. 个人民事行为   D. 居间行为

90. 赵某在上述承租房屋的过程中,不应忽略的重要环节有( )。

    A. 审查李某的合法身份证明

    B. 审查张某的合法身份证明

    C. 审查该房屋的合法产权证明

    D. 租房合同的备案手续

91. 下列关于该租房事宜的表述中,正确的有( )。

    A. 该租房协议无效

    B. 李某收取的房租应归张某所有

    C. 如李某所在公司事后认可该租房协议,则该租房协议有效

    D. 张某房间的私人物品出现丢失,张某可以要求李某承担责任

（四）

    赵某有一处住过两年的房屋要转让,委托 B 房地产经纪公司的小王办理房屋的买卖事宜。假如你是小王,请回答以下问题:

92. 小王接受赵某委托时,应签订委托合同。对于赵某的这处物业,最有可能的合同形式是( )。

    A. 居间合同   B. 代理合同

    C. 行纪合同   D. ABC 均可

93. 经过小王的努力,贾女士与赵某完成了买卖交易,并签订了买卖合同,之后,合同双方当事人必须办理的手续是( )。

    A. 房地产权属公证   B. 房地产他项权利登记

    C. 物业价格评估   D. 房地产变更登记

94. 如果贾女士与赵某签订了买卖合同后,由于某种法定事由合同被确定无效,则对小王及所在经纪公司的佣金处理方式应为( )。

    A. 小王付出了服务,并促成交易达成,理应获得佣金

    B. 由于买卖合同无效,买卖物业的当事人无须支付佣金

    C. 在买卖合同签订后且被确定无效前,佣金已经结算,所以理应获得佣金

    D. 即便在买卖合同签订后且被确定无效前佣金已经结算,佣金必须返还当事人

95. 买卖合同被确定无效,则小王为此项业务发生的 800 元费用,( )。

    A. 该经纪公司可以要求赵某支付 800 元费用

    B. 该经纪公司可以要求赵某支付 800 元费用中的必要费用

    C. 该经纪公司可以要求赵某和贾女士共同支付 800 元费用

    D. 该经纪公司为小王报销 800 元费用

96. 贾女士以此房屋作抵押,向人民银行申请贷款,则下列说法有误的是( )。

A. 贾女士贷款的人民银行必定是债权人

B. 抵押合同签订后，由贾女士持房地产权利证书到房地产登记机构办理抵押登记手续

C. 贾女士办理了抵押登记手续后，须将房地产权利证书送给银行保管，直至债务清偿完毕

D. 贾女士办理了抵押登记手续后，房地产权利证书应由本人保管

（五）

小张到 C 房地产公司买了一套期房，并按照《商品房买卖合同示范文本》的条款签订了《商品房买卖合同》。合同约定面积为 140 m²，期房单价为 3000 元/m²。

97. 小张购买的期房达到交付使用条件后，产权登记面积为 130 m²，如果小张不要求退房，则 C 房地产公司应向小张退还部分房价款，退款金额为（ ）元。

A. 12 600　　　　　　　　　　　　B. 30 000

C. 59 976　　　　　　　　　　　　D. 47 376

98. C 房地产公司进行商品房预售必须具备的条件包括（ ）。

A. 交付全部土地使用权出让金，取得土地使用权证书

B. 土地使用权的出让合同已签订，并缴纳了担保金

C. 持有建设工程规划许可证

D. 向县级以上人民政府房产管理部门办理预售登记，取得商品房预售许可证明

99. 小张所购买的商品房的保修期从（ ）开始。

A. 商品房竣工之日　　　　　　　B. 商品房竣工验收合格之日

C. 商品房交付使用之日　　　　　D. 商品房交付使用 10 日后

100. 在小张所购住房的保修期内，一旦质量出现问题，则应由（ ）承担相应的保修责任。

A. 负责此工程的施工单位　　　　B. 负责此工程的材料供应商

C. C 房地产公司　　　　　　　　D. 接管此物业的物业管理公司

实战模拟试卷（六）参考答案

一、单项选择题

1. C	2. B	3. A	4. C	5. D
6. B	7. C	8. A	9. A	10. C
11. B	12. A	13. A	14. C	15. B
16. D	17. B	18. D	19. C	20. A
21. C	22. D	23. A	24. B	25. D
26. C	27. D	28. C	29. D	30. C
31. A	32. D	33. B	34. A	35. A
36. B	37. A	38. B	39. B	40. A
41. A	42. A	43. D	44. C	45. C
46. C	47. B	48. C	49. A	50. D

二、多项选择题

51. ABD	52. ABC	53. BCDE	54. ABCD	55. ABDE
56. BCDE	57. ABCD	58. CDE	59. ABC	60. ABCD
61. ABC	62. ACD	63. ACDE	64. ADE	65. ABC
66. ABCD	67. ABDE	68. ABCD	69. BCDE	70. BCDE
71. ABCD	72. ABDE	73. BCDE	74. AB	75. DE
76. AB	77. ABCD	78. CDE	79. ADE	80. CDE

三、综合分析题

81. B	82. CD	83. A	84. B	85. D
86. D	87. D	88. C	89. C	90. ACD
91. A	92. A	93. D	94. BD	95. B
96. BC	97. D	98. ACD	99. C	100. C

第四部分 历年考题

2011年度全国房地产经纪人执业资格考试试卷
《房地产经纪概论》

一、单项选择题（共50题，每题1分。每题的备选答案中只有1个最符合题意，请在答题卡上涂黑其相应的编号）

1. 下列房地产经济活动中，属于房地产经纪活动的是（　　）。
    A. 受人民法院委托，评估拟拍卖房地产的市场价值
    B. 受房地产开发企业委托，对房地产开发项目进行策划
    C. 促成委托人与他人达成房地产交易
    D. 为他人提供房地产咨询服务

2. 提供房地产经纪服务收取的费用，规范的名称是（　　）。
    A. 报酬
    B. 中介费
    C. 佣金
    D. 劳务收入

3. 目前我国房地产代理活动的主要类型是（　　）。
    A. 新建商品房销售代理
    B. 存量房承购代理
    C. 存量房租赁代理
    D. 新建商品房租赁代理

4. 在我国房地产市场中，房地产经纪业务相对较少的是（　　）。
    A. 房地产一级市场
    B. 房地产二级市场
    C. 房地产三级市场
    D. 房屋租赁市场

5. 房地产经纪的核心功能是（　　）。
    A. 提升房地产价值
    B. 促成房地产交易
    C. 维护房地产正常运营
    D. 规范房地产交易行为

6. 关于房地产经纪人协理的说法，正确的是（　　）。
    A. 房地产经纪人协理从业资格考试合格人员即可从事房地产经纪业务
    B. 房地产经纪人协理实行全国统一大纲、统一命题、统一组织的考试制度
    C. 房地产经纪人协理从业资格证书在全国范围内有效
    D. 房地产经纪人协理应当在房地产经纪人的指导下执行经纪业务

7. 房地产经纪人执业资格证书自签发之日起超过（　　）年未进行初始注册的，应当参加规定的业务培训，达到要求后，方可申请初始注册。
    A. 1
    B. 2
    C. 3
    D. 4

8. 在房地产经纪人执业资格注册有效期内，房地产经纪人若想调到另一家房地产经纪机构执业，应当办理注册（　　）手续。

A. 调动   B. 调离

C. 转移   D. 变更

9. 房地产经纪人的权利不包括（   ）。

  A. 依法发起设立房地产经纪机构

  B. 处理房地产经纪有关事务并获得合理的报酬

  C. 同时受聘于两个或两个以上房地产经纪机构

  D. 要求委托人提供与交易相关的资料

10. 房地产经纪人员知识结构核心的外层是（   ）。

  A. 房地产经纪相关专业基础知识   B. 文化修养方面的知识

  C. 外语知识   D. 房地产经纪专业知识

11. 一个房地产经纪人根据所掌握的信息，采用一定的方法进行分析，进而对市场供给、需求、价格的现状及变化趋势作出了准确的判断，这说明该房地产经纪人具有（   ）。

  A. 收集信息的技能   B. 市场分析的技能

  C. 人际沟通的技能   D. 供需搭配的技能

12. 房地产经纪机构因歇业或者其他原因终止经纪活动的，应当自办理注销登记后的（   ）日内向原办理登记备案手续的房地产管理部门办理注销手续。

  A. 15   B. 20

  C. 30   D. 45

13. 下列房地产经纪机构中，以其全部资产对其债务承担责任的机构是（   ）。

  A. 房地产经纪有限责任公司   B. 房地产经纪机构的分支机构

  C. 合伙制房地产经纪机构   D. 个人独资房地产经纪机构

14. 房地产经纪门店可辐射的核心区域一般为以该门店为圆心，半径为（   ）的区域。

  A. 500 m   B. 500～1000 m

  C. 1000～2000 m   D. 2000～3000 m

15. 在某种连锁经营模式中，房地产经纪机构与直接从事经营活动的组织之间的关系是契约合作关系，该种模式通常称为（   ）。

  A. 直营连锁经营   B. 无店铺经营

  C. 特许加盟连锁经营   D. 混合经营

16. 房地产经纪机构选择设置存量房业务门店具体区域时，其出发点和根据是（   ）。

  A. 客源情况   B. 房源情况

  C. 目标市场定位   D. 市场状况

17. 房地产经纪机构品牌战略的目标包括品牌愿景、品牌结构和（   ）。

  A. 品牌承诺   B. 品牌个性

  C. 品牌定位   D. 品牌价值

18. 房地产经纪机构客户关系管理系统的核心是（   ）。

  A. 决策支持子系统   B. 客户分析子系统

  C. 客户联络中心   D. 客户资料数据库

19. 房地产经纪机构经营管理的首要任务是（   ）。

  A. 建立品牌战略   B. 进行集约性管理

C. 选择恰当的经营模式　　　　　　　D. 完成业务额

20. 存量房的买卖双方在房地产经纪机构的协助下签订了买卖合同后，发现房屋产权存在问题，房屋无法交易及过户。这种情况提示房地产经纪人必须高度重视签约前的（　　）。

    A. 买方调查　　　　　　　　　　　　B. 合同审查
    C. 产权确认　　　　　　　　　　　　D. 房屋现场查验

21. 房地产经纪机构在风险管理过程中，因买卖双方客户"飞单"而产生的风险，属于（　　）。

    A. 操作不规范的风险　　　　　　　　B. 经纪业务对外合作的风险
    C. 房地产经纪人员的道德风险　　　　D. 客户道德风险

22. 房地产经纪机构为房地产开发企业代理销售商品房的业务属于（　　）。

    A. 存量房经纪业务中的买方代理
    B. 存量房经纪业务中的卖方代理
    C. 新建商品房经纪业务中的买方代理
    D. 新建商品房经纪业务中的卖方代理

23. 根据房地产经纪活动促成的房地产交易类型，可将房地产经纪业务分为房地产转让经纪业务和（　　）等。

    A. 房地产买卖经纪业务　　　　　　　B. 房地产居间经纪业务
    C. 房地产租赁经纪业务　　　　　　　D. 房地产代理经纪业务

24. 房地产经纪机构通过门店，将一个业务团队固定在一个特定的客户开发范围之内，使之针对特定的客户提供服务，这叫做（　　）。

    A. 取向经营　　　　　　　　　　　　B. 聚焦经营
    C. 单一经营　　　　　　　　　　　　D. 商圈经营

25. 房地产经纪人员在房屋查验过程中，对房屋产权的确认，应以（　　）为准。

    A. 出售方口头陈述
    B. 房地产权属管理部门登记的产权信息
    C. 出售方出示的产权书面说明
    D. 房屋买卖合同

26. 房地产经纪人受理委托业务后，收集所需标的物业信息，是指标的物业的物质状况、权属状况和（　　）等方面的信息。

    A. 政策导向　　　　　　　　　　　　B. 环境状况
    C. 价格　　　　　　　　　　　　　　D. 供求

27. 在房地产居间业务中，代办房地产登记属于房地产经纪机构向客户提供的（　　）。

    A. 居间服务内容之一　　　　　　　　B. 后续服务项目之一
    C. 咨询服务内容之一　　　　　　　　D. 信息服务内容之一

28. 纪某通过甲房地产经纪机构购买了其代理销售的某新建商品房，拟办理预告登记。该预告登记的申请人为纪某和（　　）。

    A. 甲房地产经纪机构
    B. 甲房地产经纪机构指派的房地产经纪人
    C. 该新建商品房的房地产开发企业

D. 当地房地产管理部门

29. 购房人通过房地产经纪机构居间介绍购买了房屋后，委托该房地产经纪机构办理抵押贷款，该房地产经纪机构（　　）。

    A. 可以收取一定费用   B. 只能代替银行收费

    C. 只能收取交通费等必要费用   D. 不能收取任何费用

30. 林某 2005 年 6 月向银行借款 50 万元购买了一套价格为 80 万元的商品房，林某家庭月收入 1 万元，月还款 4100 元，2011 年 3 月还有贷款余额 26.8 万元，则偿还比率为（　　）。

    A. 41.00%   B. 48.40%

    C. 53.60%   D. 62.50%

31. 某房地产的土地面积为 201 000 m²，土地单价为 19 000 元/m²，建筑面积为 98 000 m²，建筑物价值为 2300 元/m²，房地产投资收益率为 10%，计算房地产投资可获得的净收益为（　　）亿元。

    A. 0.23   B. 2.09

    C. 4.04   D. 4.28

32. 在房地产经纪服务合同中，主要条款如"标的"、"劳务报酬与酬金"等属于（　　）。

    A. 程序条款   B. 免责条款

    C. 默示条款   D. 明示条款

33. 关于房地产经纪人在代理合同中的义务的说法，错误的是（　　）。

    A. 应按照被代理人的指示处理事务

    B. 应亲自处理受托事务

    C. 在处理被代理人事务时，应及时报告事务的进展情况

    D. 如以自己的名义取得的孳息，可以自己保留

34. 新建房屋租赁活动的经纪服务一般采用的形式是（　　）。

    A. 居间   B. 包租转租

    C. 行纪   D. 代理

35. 在房地产卖方代理合同中，房地产经纪人的基本义务是（　　）。

    A. 尽快卖出标的物   B. 实现标的物的最高出售价格

    C. 多找买家   D. 撮合双方交易

36. 房地产广告中的图片属于房地产广告的（　　）。

    A. 内容要素   B. 载体要素

    C. 潜在要素   D. 语言要素

37. 同一条房地产经纪信息，对不同的人有不同的价值，在不同时间、不同环境的价值也可能不同。这说明房地产经纪信息具有（　　）的特征。

    A. 共享性   B. 积累性

    C. 多维性   D. 复杂性

38. 为积极开拓业务，房地产经纪人钱某在亲朋好友中收集房地产买卖的信息。钱某所采用的信息收集渠道属于（　　）。

    A. 直接渠道   B. 间接渠道

C. 媒介渠道　　　　　　　　　　　　D. 关联渠道

39. 房地产经纪信息的加工整理程序通常包括鉴别、筛选、（　　）、编辑和研究五个环节。

A. 分析　　　　　　　　　　　　　　B. 整序

C. 集中　　　　　　　　　　　　　　D. 调整

40. 关于多重上市服务系统（MLS）的运行基础是（　　）。

A. 信息共享制度　　　　　　　　　　B. 会员联盟制度

C. 独家代理制度　　　　　　　　　　D. 佣金共享制度

41. 房地产经纪执业规范的适用对象是（　　）。

A. 房地产经纪行业组织和政府房地产管理职能部门

B. 房地产经纪机构和房地产经纪人员

C. 房地产经纪机构和从事房地产信贷业务的银行

D. 房地产经纪行业组织和房地产经纪机构

42. 在房地产经纪活动中，房地产经纪人员与房地产交易一方当事人有利害关系的，房地产经纪人应当回避，但（　　）除外。

A. 经所在房地产经纪机构同意后　　　B. 征得另一方当事人同意的

C. 经公证机构公证的　　　　　　　　D. 有合法委托手续的

43. 两个或者两个以上房地产经纪机构就同一宗房地产经纪业务开展合作的，收费按（　　）。

A. 两宗业务分别收取

B. 两宗业务收取，但收费额不能高于一宗业务的两倍

C. 一宗业务收取，但收费额可高于一宗业务

D. 一宗业务收取

44. 未完成房地产经纪服务合同约定的事项，或者服务达到房地产经纪服务合同约定标准的，房地产经纪机构（　　）。

A. 不得收取佣金

B. 可酌情收取佣金

C. 可根据完成情况按比例收取佣金

D. 可与委托人协商确定是否收取佣金

45. 房地产经纪服务合同的保存期限（　　）。

A. 不少于 3 年　　　　　　　　　　　B. 不少于 5 年

C. 5～10 年　　　　　　　　　　　　D. 10 年以上

46. 目前我国台湾地区房地产经纪行业管理的模式是（　　）。

A. 行政主管模式　　　　　　　　　　B. 行业自治模式

C. 行政与行业自律并行管理模式　　　D. 市场调节模式

47. 美国房地产经纪行业协会主导建立的（　　），从客观上促使房源信息在全国范围内得以共享。

A. 联合销售制度　　　　　　　　　　B. 个人信用保障制度

C. 房屋质量保证制度　　　　　　　　D. 产权查询制度

48. 对房地产经纪服务费的管理主要是从（　　）方面进行。

A. 是否符合收费标准与开具发票

B. 是否明码标价与开具发票

C. 是否依照合同约定与开具发票

D. 是否符合收费标准和明码标价

49. 房地产经纪行业学（协）会是房地产经纪人员的自律性组织，是（　　）。

A. 社团法人　　　　　　　　　　　B. 公司法人

C. 专业行政组织　　　　　　　　　D. 公益组织

50. 房地产经纪行业组织行使管理职责的依据是房地产经纪执业规则和（　　）。

A. 职业道德　　　　　　　　　　　B. 执业技术标准

C. 执业纪律　　　　　　　　　　　D. 行业组织章程

二、多项选择题（共30题，每题2分。每题的备选答案中有2个或2个以上符合题意，请在答题卡上涂黑其相应的编号。错选不得分；少选且选择正确的，每个选项得0.5分）

51. 房地产经纪机构承接业务时，正确的做法有（　　）。

A. 可以接受交易一方委托的居间业务

B. 可以同时接受交易双方委托的居间业务

C. 只能接受交易一方委托的代理业务

D. 同时接受交易双方委托的代理业务

E. 可以选择接受交易一方或双方委托的代理业务

52. 房地产经纪必不可少的主要原因有（　　）。

A. 房地产的特殊性　　　　　　　　B. 房地产价格的波动性

C. 房地产交易的复杂性　　　　　　D. 房地产交易的经常性

E. 房地产信息不对称性

53. 房地产经纪机构在房地产市场中的作用有（　　）。

A. 降低交易成本　　　　　　　　　B. 规范交易行为

C. 保障交易成本　　　　　　　　　D. 提高市场效率

E. 抬高市场价格

54. 关于房地产经纪人员的说法，正确的有（　　）。

A. 房地产经纪人可以在全国范围内注册执业

B. 取得房地产经纪人协理从业资格是从事房地产经纪活动的基本条件

C. 未取得房地产经纪人员职业资格证书的人员，一律不得以房地产经纪人员的名义执业

D. 房地产经纪人员应当在房地产经纪机构中承担关键岗位

E. 房地产经纪人员有权依法发起设立房地产经纪机构

55. 我国房地产经纪人员职业资格包括（　　）。

A. 房地产经纪人协理职业资格

B. 房地产经纪人从业资格

C. 房地产经纪人执业资格

D. 房地产经纪人协理从业资格

E. 房地产经纪人协理执业资格

56. 房地产经纪人员职业道德的主要内容包括（　　）。

   A. 遵纪守法　　　　　　　　　　　B. 规范执业

   C. 诚实守信　　　　　　　　　　　D. 业绩至上

   E. 尽职尽责

57. 按照主营业务类型，可将房地产经纪机构分为（　　）。

   A. 以存量房经纪业务为主的房地产经纪机构

   B. 以新增商品房经纪业务为主的房地产经纪机构

   C. 公司制房地产经纪机构

   D. 合伙制房地产经纪机构

   E. 以策划、顾问业务为主的房地产经纪机构

58. 在房地产经纪机构的经营模式中，直营连锁与特许经营连锁的主要区别有（　　）。

   A. 连锁经营组织经营权的独立性不同

   B. 房地产经纪机构对连锁经营组织的管理模式不同

   C. 房地产经纪机构采取的规模化动作方式不同

   D. 房地产经纪机构与连锁经营组织的经纪关系不同

   E. 连锁经营组织的投资方不同

59. 布置售楼处应考虑的户外功能有（　　）。

   A. 广告功能　　　　　　　　　　　B. 广场功能

   C. 停车场功能　　　　　　　　　　D. 通往样板房的道路功能

   E. 商业功能

60. 房地产经纪机构在客户关系管理中，为了争取新客户而采取的措施有（　　）。

   A. 提供个性化服务　　　　　　　　B. 提供附加服务

   C. 建立长期合作关系　　　　　　　D. 正确处理投诉

   E. 鼓励客户推荐

61. 房地产经纪机构在选择企业规模时，应着重考虑与其经营规模是否匹配的因素有（　　）。

   A. 信息资源　　　　　　　　　　　B. 已有店面的布局

   C. 管理水平　　　　　　　　　　　D. 企业声誉

   E. 人力资源

62. 房地产经纪人员薪酬制度有（　　）。

   A. 固定薪金制　　　　　　　　　　B. 佣金制

   C. 固定薪金和佣金混合制　　　　　D. 计时薪金制

   E. 分红薪金制

63. 从法律上看，房地产居间包括（　　）。

   A. 向委托人报告订立房地产交易合同的机会

   B. 提供房地产交易政策咨询服务

   C. 提供订立房地产交易合同的媒介服务

   D. 为房地产经纪服务委托人代办房产证

   E. 代办房地产抵押贷款手续

64. 目前我国房地产卖方代理包括（　　）。

    A. 境外公司在我国境内承租房屋的代理

    B. 境外个人在我国境内承租房屋的代理

    C. 新建商品房销售代理

    D. 房屋出租代理

    E. 存量房出售代理

65. 根据所促成的房地产交易类型，可将房地产经纪业务分为（　　）。

    A. 房地产转让经纪业务　　　　　　　B. 房地产租赁经纪业务

    C. 房地产担保经纪业务　　　　　　　D. 房地产抵押经纪业务

    E. 房地产顾问经纪业务

66. 房地产经纪人员从事房地产价格咨询时，常用的估价方法有（）。

    A. 市场法　　　　　　　　　　　　　B. 长期趋势法

    C. 成本法　　　　　　　　　　　　　D. 收益法

    E. 特征价格法

67. 房地产法律咨询服务的方式主要有（　　）。

    A. 个案解答　　　　　　　　　　　　B. 房地产经营咨询

    C. 商业文书审查　　　　　　　　　　D. 土地开发投资咨询

    E. 房地产全程法律服务

68. 房屋所有权即房屋产权，包含（　　）权能。

    A. 占有　　　　　　　　　　　　　　B. 使用

    C. 共有　　　　　　　　　　　　　　D. 收益

    E. 处分

69. 在房地产经纪服务合同上应当签章的主体有（　　）。

    A. 房地产经纪机构

    B. 从事该业务的一名房地产经纪人或两名房地产经纪人协理

    C. 房地产经纪管理部门

    D. 房地产经纪行业组织

    E. 委托人

70. 关于房地产经纪服务合同特征的说法，正确的有（　　）。

    A. 房地产经纪服务合同属于实践性合同

    B. 房地产经纪服务合同属于双务合同

    C. 房地产经纪服务合同属于有偿合同

    D. 房地产经纪服务合同属于单务合同

    E. 房地产经纪服务合同一般为书面形式的合同

71. 房地产经纪服务合同的主要条款包括（　　）

    A. 当事人的名称或姓名　　　　　　　B. 标的房屋

    C. 服务事项和服务标准　　　　　　　D. 劳务报酬

    E. 委托人的家庭情况

72. 房地产经纪信息管理的原则有（　　）。

A. 强化房地产信息的垄断性

B. 加强房地产信息的目的性

C. 提高房地产信息的时效性

D. 重视房地产经纪信息的系统性

E. 实现房地产经纪信息的共享性

73. 房地产经纪信息的特征有（　　）。

A. 增值性　　　　　　　　　　B. 多维性

C. 负外部性　　　　　　　　　D. 积累性

E. 复杂性

74. 关于多重上市服务系统（MLS）的说法，正确的有（　　）。

A. 是一种销售模式

B. 是先进的房地产流通管理系统

C. 本质是实现信息共享和佣金共享

D. 是一种组织结构形式

E. 能够实现交易各方的共赢

75. 房地产经纪人员和房地产经纪机构在进行房地产经纪活动时，应遵循（　　）原则。

A. 合法　　　　　　　　　　　B. 合理

C. 平等　　　　　　　　　　　D. 自愿

E. 诚信

76. 房地产经纪机构在接受承购或者承租委托时，应书面告知委托人的事项有（　　）。

A. 法律、法规、政策对房地产交易的限制性、禁止性规定

B. 住房贷款的政策及有关规定

C. 经纪业务完成的标准及收费标准

D. 发票的样式和内容

E. 合同的履行期限

77. 房地产经纪服务合同的主要内容包括（　　）。

A. 房地产经纪人与委托人的利害关系

B. 房地产经纪事项及服务要求、收费标准

C. 交易物质量、安全状况及责任约定

D. 合同当事人的权利义务

E. 合同履行期限

78. 房地产经纪行业管理的基本原则主要有（　　）。

A. 鼓励自由竞争，促进市场活跃

B. 遵循行业规律，实施专业管理

C. 营造良好环境，鼓励行业发展

D. 严格依法办事，强化行业自律

E. 顺应市场经济，维护有序竞争

79. 房地产经纪行业管理的专业性主要体现在（　　）。

A. 对房地产经纪活动主体实行专业资质、资格管理

B. 规范房地产经纪收费

C. 对房地产经纪人员的职业风险进行管理

D. 重视房地产经纪管理的地域性

E. 制定房地产经纪职业道德

80. 房地产经纪行业公平性管理的内容包括（ ）。

A. 房地产经纪行业竞争与协作的管理

B. 房地产经纪人员的职业风险管理

C. 房地产经纪行业的诚信管理

D. 房地产经纪收费管理

E. 房地产经纪纠纷管理

三、综合分析题（共 20 小题，每小题 2 分。每小题的备选答案中有 1 个或 1 个以上符合题意，请在答题卡上涂黑其相应的编号。错选不得分；少选且选择正确的，每个选项得 0.5 分）

（一）

张某为甲合伙制房地产经纪机构（以下称甲机构）的注册房地产经纪人。王某因举家南迁将自己的住房委托甲机构销售。在甲机构授权下，张某与王某签订了房地产经纪服务合同，合同约定甲机构为王某提供订立房地产交易合同的机会和交易媒介服务，王某向甲机构支付佣金。张某接受业务后，便开始进行相关信息的收集和整理工作，通过信息搜集迅速找到了合适的潜在购房者田某。经张某撮合，王某和田某在较短的时间内就交易事项达成了共识，并签订了房地产买卖合同。

81. 王某委托甲机构为其销售住房，而不是自己销售的好处为（ ）。

A. 缩短交易时间

B. 降低搜寻成本

C. 保障交易安全

D. 获得较高售价

82. 甲机构和张某为王某提供的经纪服务属于（ ）。

A. 房地产代理

B. 房地产居间

C. 房地产包销

D. 房地产经销

83. 张某能够在较短时间内迅速找到合适的潜在买主田某，说明张某具有较好的（ ）。

A. 收集信息的技能

B. 市场分析的技能

C. 议价谈判的技能

D. 供需搭配的技能

84. 关于甲机构合伙人出资、经营与风险承担的说法，错误的为（ ）。

A. 合伙人共同出资

B. 合伙人合伙经营

C. 合伙人共担风险

D. 合伙人原则上以家庭财产对合伙企业承担无限连带责任

85. 根据房地产经纪活动所促成的房地产交易类型来分类，这宗房地产经纪业务属于（ ）。

A. 房地产买卖经纪业务

B. 房地产租赁经纪业务

C. 房地产居间业务

D. 房地产代理业务

（二）

甲房地产经纪机构（以下称甲机构）是个人独资的房地产经纪机构。张某和王某为甲机构聘用的房地产经纪人员，张某具有房地产经纪人执业资格，王某具有房地产经纪人协理从业资格。甲机构成立至今已有五年时间，五年中甲机构不仅经营业绩逐年增长，而且形成了自己的品牌。目前正在积极寻找新的发展机遇，有意在机构扩张的同时向房地产开发领域拓展。一天，张某接待了一位客户朱某，朱某委托甲机构代理销售其拥有的一间办公用房，张某在甲机构的授权下与朱某签订了房地产经纪服务合同，并对该办公用房进行了产权调查。

86. 张某与甲机构之间的关系为（　　）。

　　A. 执业关系　　　　　　　　　　　B. 职业关系

　　C. 法律责任关系　　　　　　　　　D. 经济关系

87. 关于甲机构投资人对机构的债务承担责任的说法，正确的为（　　）。

　　A. 在其投资的财产范围内承担无限责任

　　B. 对机构债务承担有限责任

　　C. 对机构债务承担无限责任

　　D. 以其个人财产对机构债务承担责任

88. 甲机构在发展壮大后拟向房地产开发领域拓展的经营战略为（　　）。

　　A. 聚焦战略　　　　　　　　　　　B. 低成本战略

　　C. 一体化成长战略　　　　　　　　D. 多样化战略

89. 在该办公用房经纪活动中，张某应（　　）王某开展有关工作。

　　A. 领导　　　　　　　　　　　　　B. 指导

　　C. 协助　　　　　　　　　　　　　D. 监督

90. 张某在对该办公用房的产权调查环节应着重关注的问题为（　　）。

　　A. 该办公用房权属的类别和范围

　　B. 该办公用房的产权是否完整，是否有纠纷，是否有其他权利设定

　　C. 相邻房屋的物业类型和权属情况

　　D. 该办公用房产权的登记情况

（三）

张某委托甲房地产经纪机构（以下称甲机构）为其寻找一套房子。经过反复比较，张某最终选择了一套两房一厅的房子，并同甲房地产经纪机构、房屋出售方签订了房地产经纪服务合同。后在甲机构房地产经纪人员李某的协助下，张某与出售方签订了房地产买卖合同。并委托甲机构为该房屋交易办理后续的贷款及产权过户手续。

91. 甲机构和张某的关系是（　　）。

　　A. 民事法律关系　　　　　　　　　B. 行政法律关系

　　C. 行政隶属关系　　　　　　　　　D. 劳动关系

92. 张某与出售方签订房地产买卖合同后，如果出售方违约，则（　　）。

　　A. 甲机构可以向出售方追究违约责任

　　B. 张某可以向出售方追究违约责任

　　C. 张某应向甲机构追究责任，不能直接向出售方追究责任

　　D. 甲机构和张某之间只有一方可以向出售方追究违约责任

93. 张某和甲机构、房屋出售方签订的房地产经纪服务合同应为（　　）。

    A. 房地产买方代理合同　　　　　　　　B. 房地产指示居间合同

    C. 房地产媒介居间合同　　　　　　　　D. 房地产卖方合同

94. 关于甲机构在该笔经纪业务收费的说法，正确的为（　　）。

    A. 只能向张某收取佣金

    B. 可以向出售方收取佣金

    C. 可以分别向张某和出售方收取佣金

    D. 可以仅向张某收取佣金

95. 甲机构代办贷款及产权过户手续，应当（　　）。

    A. 另行签订合同，但不能收费

    B. 另行收费，但无需再签合同

    C. 另行签订合同，可以约定另外收费

    D. 另行收费，但必须再签居间合同

（四）

    廖某委托甲房地产经纪机构（以下称甲机构）寻找房源，并签订了房地产经纪服务合同，后经甲机构介绍，廖某拟购买杨某的一处房产。在相关情况调查中，甲机构发现该房产虽然登记在杨某名下，实际上为杨某与妻子朱某在婚后共同购置。随后廖某与杨某签订了房屋买卖合同，并将定金2万元交给杨某，同时委托甲机构为其代办房地产登记。

96. 甲机构对杨某的卖方主体条件确认的谨慎做法为（　　）。

    A. 只要杨某个人签字同意出售该房产

    B. 要求杨某提供朱某的身份证明文件

    C. 只要朱某一人签字同意出售该房产

    D. 要求杨某出示朱某同意并签字的出售该房产的书面材料

97. 甲机构在接受杨某的售房委托时，应开展的工作为（　　）。

    A. 实地查勘房屋状况　　　　　　　　　B. 验看杨某的房产证

    C. 进行产权调查　　　　　　　　　　　D. 帮助杨某修复房屋缺陷

98. 如果杨某违约，廖某交给的定金应（　　）。

    A. 由甲机构原额返还　　　　　　　　　B. 由甲机构双倍返还

    C. 由杨某原额返还　　　　　　　　　　D. 由杨某双倍返还

99. 廖某和甲机构签订的房地产经纪服务合同属于（　　）。

    A. 房地产买卖经纪服务合同　　　　　　B. 房地产租赁经纪服务合同

    C. 新建商品房经纪服务合同　　　　　　D. 房地产代理合同

100. 关于甲机构代办房地产登记收费的说法，正确的为（　　）。

    A. 不应收取任何费用　　　　　　　　　B. 可以收取一定的费用

    C. 只能收取交通费　　　　　　　　　　D. 只能收取信息费

2011年度全国房地产经纪人执业资格考试试卷
《房地产经纪概论》参考答案

一、单项选择题

1. C	2. C	3. A	4. A	5. B
6. D	7. C	8. D	9. C	10. A
11. B	12. C	13. A	14. A	15. C
16. C	17. C	18. D	19. C	20. C
21. D	22. D	23. C	24. D	25. B
26. B	27. B	28. C	29. A	30. A
31. C	32. D	33. D	34. D	35. B
36. D	37. C	38. B	39. B	40. C
41. B	42. B	43. D	44. A	45. B
46. B	47. A	48. D	49. A	50. D

二、多项选择题

51. ABC	52. ACE	53. ABD	54. ABDE	55. CD
56. ABCE	57. ABE	58. ABDE	59. ABCD	60. BE
61. ACE	62. ABC	63. AC	64. CDE	65. ABD
66. ACD	67. ACE	68. ABDE	69. AE	70. BCE
71. ABCD	72. BCDE	73. ABDE	74. ABCE	75. ACDE
76. ACD	77. BCDE	78. BCDE	79. ACD	80. ACE

三、综合分析题

81. AB	82. B	83. ABD	84. D	85. A
86. ACD	87. CD	88. C	89. BD	90. ABD
91. A	92. B	93. B	94. BC	95. C
96. D	97. ABC	98. C	99. A	100. A